GTB
Gütersloher Taschenbücher
1449

W0072062

Klaus Berger

geb. 1940 in Hildesheim, Professor für Neutestamentliche
Theologie an der Ev.-Theol. Fakultät der Universität
Heidelberg

Klaus Berger

Wie kann Gott **Leid** und **Katastrophen** zulassen?

Gütersloher Verlagshaus

Die Deutsche Bibliothek – CIP-Einheitsaufnahme

Berger, Klaus:
Wie kann Gott Leid und Katastrophen zulassen? / Klaus Berger. –
Gütersloh: Gütersloher Verl.-Haus, 1999
(Gütersloher Taschenbücher; 1449)
ISBN 3-579-01449-8

ISBN 3-579-01449-8
© Quell / Gütersloher Verlagshaus, Gütersloh 1999
Die Originalausgabe erschien 1996 unter gleichem Titel im Quell Verlag,
Stuttgart.

Umschlaggestaltung: INIT, Bielefeld
Gesamtherstellung: Clausen & Bosse, Leck
Gedruckt auf chlorfrei gebleichtem Werkdruckpapier
Printed in Germany

Für Ruth und Willi Oelmüller

Inhalt

I Einführung

II Gibt Gott dem Leiden einen Sinn?

III Konsequenzen im Christenleben

IV Wo kommt die Sünde her?

V Ausblick

I Einführung

DIE GRUNDFRAGEN

Unsere Erfahrungen

Uns stockt der Atem, wenn wir hören, wie heimtückisch die Krebskrankheit jung und alt befällt, scheinbar wahllos und unterschiedslos. Unser Schmerz wird zur Anklage gegen den Himmel, wenn das Kind aus dem Nachbarhaus durch einen Unfall zu Tode gekommen ist, wenn die fünfundzwanzigjährige Tochter von Freunden an Lymphkrebs erkrankt, im »blühenden Alter«, wie man sagt. Verstört und ratlos sind wir, wenn gleichaltrige befreundete Ehepaare uns eines Morgens erklären, sie wollten sich scheiden lassen. Eine hochangesehene, alteingesessene Firma zerbricht aufgrund von Mißgeschick, die Inhaber müssen vom Sozialamt leben, qualifizierte Menschen werden und bleiben arbeitslos. Jugendliche geraten vom Wege ab, und niemand kann helfen. Warum geht es so unendlich grausam zu auf der Welt?

In meinen ersten Jahren als Universitätslehrer in Deutschland teilte ich mein Dienstzimmer mit einem jüdischen Talmudlehrer. Er war mehrere Male in Vernichtungslagern gewesen und wurde am Ende von den Alliierten befreit. Nach Kriegsende lebte er lange Jahre ohne Rechte und unter erbärmlichen Umständen, und er hat oft gesagt, daß dieser »Nachschlag« den Lagererfahrungen nicht nachgestanden habe. Seine Verwandten waren umgebracht worden. Auf die Frage, wie er über seine Erfahrungen denke, antwortete er: »Solange die Sonne noch ihre Bahn zieht und die Sterne am Himmel stehen, ist die Welt in Ordnung.«

Wir fragen: Warum trifft das entsetzliche Leid gerade mich? Warum werde gerade ich unheilbar krank, so daß ich nie wieder auf der aktiven Seite des Lebens stehen kann? Warum mußte der Liebste, die Liebste so früh sterben? Vor allem: Warum trifft es immer wieder unschuldige Kinder?

Ist Gott die Ursache unseres Leidens? Ist er allmächtig, aber nicht gut – oder umgekehrt? Denn wenn Gott allmächtig ist und gut, darf er kein Leiden zulassen. Wenn er gut ist, aber nicht allmächtig, ist er nicht Gott (Epikur). – Oder: Wenn Gott allmächtig ist und gut, wenn er Gott ist, warum läßt er dann die Menschen elend sterben und leiden?

Oder: Entweder ist Gott nicht allgütig, oder er ist total unverständlich. Hat er seit Anfang der Schöpfung auf alle Macht verzichtet? – Kommt beides von Gott, Liebes und Leides, oder ist er abwesend, und es gibt keine Spur von ihm?

Oder mit dem Philosophen Boethius: Wenn es keinen Gott gibt – woher kommt das Gute? Wenn es aber einen Gott gibt – woher kommt dann das Böse?

Und wir hören Einwände: Wenn es den Tod nicht gäbe, würden keine neuen Menschen geboren werden, dann gäbe es keine Entwicklung. Und: In der ganzen Schöpfung herrscht eine umfassende Ordnung des Stirb und Werde. Aber: Warum hat Gott die Welt nicht gleich vollkommener geschaffen?

Muß man sich begnügen mit dem Satz Karl Rahners: »Die Unbegreiflichkeit des Leids ist ein Stück der Unbegreiflichkeit Gottes«? Oder verpassen wir eine entscheidende Chance, miteinander zu reden, wenn wir hier schweigen?

So gehen wir vor: Ich versuche, die Antwort auf die gestellten Fragen mit Hilfe der Bibel zu geben, nicht aus philosophischen Quellen. Dabei lege ich – und das ist das Neue an diesem Versuch – den Ton nicht auf die Hiob-Frage, wie das schon oft versucht worden ist, sondern auf die Zeugnisse des Neuen Testaments. Die Antworten werden für viele

Berger argumentiert an hand des NT !

14

sperrig und äußerst ungewohnt, hoffentlich aber auch befreiend sein. Ich verstehe mich dabei nur als Anwalt, der die neutestamentlichen Autoren möglichst selbst zur Sprache bringen will.

Nach einer Klärung der Begriffe fragen wir zunächst, ob Leid und Böses überhaupt etwas mit Gott zu tun haben. Dann fragen wir nach der Rolle des Bösen angesichts von Gottes »guter« Schöpfung. Am Ende dieses Gedankenganges soll die Überlegung stehen, ob man Leiden und Böses als Zeichen und Wegweiser auf Gott hin verstehen kann. Wir wollen konsequent versuchen, die Frage aus dem Bereich der (bloßen) Moral in die Dimension der »Zeichen« zu überführen. Können Leid und Böses zu Zeichen werden, zu Signalen und Hinweisen, die auf etwas anderes zeigen? Die auf dieses Andere stoßen wollen?

Daß bei dem Versuch, die biblischen Gedanken systematisch einander zuzuordnen, die Größe »Gebet« eine herausragende Rolle spielt, ist gegenüber der neutestamentlichen Forschung der letzten beiden Jahrhunderte eine sicher zunächst recht irritierende Neuerung. Doch wird man die biblischen Aussagen über Gott auf die Dauer kaum losgelöst vom Milieu, dem sie ihre Entstehung verdanken, betrachten können.

Was ist das: Böses, Leid, Sünde?

Damit wir uns verständigen können, muß ich kurz sagen, wovon ich rede.

»Das Böse« ist im folgenden die umfassendste Bezeichnung. Leiden, Sünde, Katastrophen sind dem Bösen ein- und untergeordnet.

Das Böse ist ein Ordnungsbegriff, eine Kategorie, mit deren Hilfe wir uns in der Wirklichkeit zurechtfinden. Ein wirklich hilfreicher Begriff, wie es scheint, denn so wird alles das zusammengefaßt, was die Ordnung des Lebens bedroht oder zerstört. Das Böse ist der Feind allen Lebens und umgekehrt.

Das bedeutet: Leben ist bedroht und in der Welt geradezu die Ausnahme. Wie Kulturland ist es von Wüste umgeben, die tot und bedrohlich ist. Wo so viel Tod ist, bedarf Leben des Schutzes. Dem dient die Unterscheidung Gut – Böse.

Wenn wir versuchen, das Böse von der zentralen Botschaft der Bibel her zu bestimmen, dann heißt das: Der Gott Israels ist der lebendige Gott, von ihm kommt alles Leben, und seine Torah dient diesem Leben. Der Gegenpol des Bösen ist das Gute, alles, was im Sinne dieses Gottes Leben, Miteinanderleben unter Menschen, mit der Erde und unter Gottes Himmel fördert.

Der Vorzug dieser Begriffsabgrenzung liegt in einer gewissen Nähe zu Überlegungen der modernen Biologie. Denn offenbar ist für die Gestalt sehr vieler Lebensvorgänge entscheidend, ob sie zweckmäßig im Sinne der Erhaltung des Lebens sind.

Das Doppelgespann Gut – Böse erleichtert die Orientierung, besonders für Kinder und solche, die sich in unsere Kultur der Lebensförderung einleben wollen.

Unter *Leiden* verstehe ich jede von einer belebten Kreatur wahrgenommene – zumeist länger andauernde – Beeinträchtigung des Lebens. Leiden kann ein Zeichen des Bösen sein. Während das Böse die an der Norm (Regel des Lebens) gemessene Verletzung der Lebensordnung ist (»das moralisch Böse«), ist Leid(en) oft die subjektive Seite der Verletzung in der Wahrnehmung des Lebewesens (»das physisch Böse«). Leiden können Symptome oder Signale für Unordnung sein, auch wenn sie nicht unbedingt eine direkte Folge des Bösen sind.

Dabei kann man schlicht davon ausgehen, daß Pflanzen eine vegetative, Tiere eine vegetative und sensitive, Menschen eine vegetative, sensitive und rationale Kraft (Fähigkeit, Potenz) haben, mit der sie Leiden wahrnehmen können (früher nannte man diese Potenz »Seele«). Sofern man das Leiden auch punktuell im »Ausdruck« der betreffenden Kreatur wahrnehmen kann, spricht man von (körperlichem

16

oder seelischem) Schmerz. Dabei ist Schmerz nicht zwangsläufig dem Bösen zugeordnet. Wenn etwa eine Gebärende
leidet und Schmerz empfindet, dann »dient« dieses im
ganzen nicht nur dem Leben, sondern ist geradezu seine
Voraussetzung.

Unter *Sünde* verstehe ich die Verletzung der moralischen
Lebensordnung, die nach Auffassung der Bibel speziell *dem
Menschen* von der Autorität Gottes gegeben worden ist, um
dem einzelnen langwierige Erfahrungen über den Zusammenhang zwischen Tun und Ergehen zu ersparen, um diesen
Weg des Klugwerdens abzukürzen. Die Bibel verknüpft
also diese Lebensweisheit mit der Autorität Gottes. Das ist
sinnvoll, weil er als der Schöpfer angesehen wird. – Die Bibel unterscheidet nicht zwischen Sünde und Schuld, und daher wollen wir sagen, daß oft nicht die bewußte Übertretung
eines Gebotes den Sünder macht, sondern das Gebotene
nicht zu sehen, es zu übersehen, auszulassen oder undank-
bar zu sein. Der Sünder ist daher der Kostverächter. Der
Suppenkasper, der das Geschenkte nicht annimmt, das Ermöglichte nicht wahrnimmt, ist ein Bild für den Sünder (O.
Bayer).

Der Fall Hiob

Als Quintessenz des biblischen Buches Hiob könnte man
dieses ansehen: Ein Gerechter leidet – ohne Schuld. Es erweist sich, daß er wirklich tadellos gelebt hat. Wird er an seinem Leid irre werden? Wird er den Glauben an Gott aufgeben, weil für sein Leiden kein logischer Grund erkennbar
ist? So kehrt sich die Fragerichtung um, und sie richtet sich
gegen Gott: Kann Gott noch ein gerechter Gott sein, wenn
er das Leiden des Unschuldigen zuläßt? – Gott ist Hiob zum
Feind geworden, denn Gott hält sich selbst nicht mehr an
das Recht. Er vernichtet Schuldige und Unschuldige.
Darum fordert Hiob Gott auf, sich einem Prozeß zu stellen.
Gott gibt die Antwort im Sturmwind. Er fragt Hiob: Wo

warst du denn, als ich die Erde gründete? Du warst nicht dabei, als ich die Schöpfung ordnete! Überlaß es daher mir, was ich tue und zulasse. – Die Reaktion: Hiob unterwirft sich dem rätselhaften Tun Gottes, der es eben so will. Er schweigt. Er bekennt: Der Herr hat es (das Gute im Leben) gegeben, der Herr hat es genommen, der Name des Herrn sei gelobt.

Über Hiob hinaus

Hiob hatte nur leiden müssen, nicht aber sterben. Der Tod war ausgeklammert. Vielmehr wird der biblische Hiob am Ende in all seine Güter wieder eingesetzt. – Wie aber, wenn der Gerechte zusätzlich auch noch sterben muß? Wenn also nichts wieder einzusetzen ist? Wird Gott einen unschuldig Hingerichteten wieder lebendig machen? Aber es ist doch auch sonst im allgemeinen nicht Gottes Art, Tote lebendig werden zu lassen, den irdischen Zusammenhang so deutlich zu durchbrechen.

Doch nicht nur zum Negativen hin ist das Pendel weiter ausgeschlagen, in dem Sinne, daß es nun regelrechte Märtyrer gibt, deren Tod und Blut gen Himmel schreit. Auch in positiver Hinsicht wird die Gotteserfahrung radikaler, indem man für jeden einzelnen Menschen, der sich zu Gott hält, von der unverbrüchlichen Liebe Gottes spricht, die über den Tod hinaus dauert. So spricht man vom »ewigen Leben« und von der »Auferstehung der Gerechten«. Schon in den späteren Schriften des Alten Testaments und im Frühjudentum gelangt man zu dieser Sicht.

Damit verändert sich die Einschätzung des irdischen Leidens grundlegend. Das konkrete Leiden und Sterben wird dadurch nicht gemildert, aber es wird in einen größeren Zusammenhang eingeordnet.

In der Gestalt des Messias Jesus, an den zuerst Juden(christen) glaubten, verbinden sich beide Pendelausschläge. Denn einerseits ist er – wie die Evangelien sagen – als der

Messias der Auserwählte und von Gott geliebte Mensch schlechthin, dem Gott unter allen Umständen seine Treue bewahrt, den er in Ewigkeit nicht umkommen läßt. Und zum anderen wird gerade dieser Jesus als Märtyrer ermordet. So mußte die Frage lauten: Wird Gott zu diesem Gerechten stehen?

Über Hiob hinaus führen daher zwei Dinge. Das eine: Wie reagiert Gott, wenn keine Möglichkeit besteht, den, der gelitten hat, auf Erden wieder zu seinem Recht kommen zu lassen? Und das andere: Wenn Gott irgend jemanden geliebt hat, dann wohl seinen Sohn. Wird er es zulassen, daß der Tod diese Liebe beendet? Wird Gott ihn wegen Pilatus fallen lassen?

Das andere: Über Hiob hinaus führt daher das Geschick Jesu Christi. Sein Leiden und Sterben wird zu einer Anfrage, wie Gott auf dieses Unrecht, das alles andere überbietet, reagieren wird, da er doch andererseits erklärt, seine Liebe zu Jesus überbiete die zu jedem anderen Menschen. Tod und Auferstehung Jesu werden daher zwangsläufig einzuordnen sein in die Frage: Wie kann Gott Leid und Katastrophen zulassen?

Doch wir müssen auf einer weit grundsätzlicheren Ebene einsetzen.

 WAS HAT DAS BÖSE MIT GOTT ZU TUN?

Warum fragen wir das?

Alles, was die Ordnung des Lebens stört, gefährdet und bedroht, wird als Böses wahrgenommen. Das kann ganz Verschiedenes sein. Weil diese Unterscheidung etwas mit praktischer Lebenserfahrung zu tun hat, verlangt sie jeweils eine Entscheidung: Ja oder Nein, Wahl des einen oder des anderen, des Lebensförderlichen oder des Gefährlichen, am Ende: Leben oder Tod. Dieses Grundmuster nennt man

»dualistisch«, weil es auf eine Einteilung nach Schwarz und Weiß zielt. Insbesondere in den Weisheitsschriften der Bibel (Sprüche Salomos, Jesus Sirach usw.) ist dieses strenge Muster zu beobachten. Denn es geht um Torheit oder Weisheit, Krankheit oder Gesundheit, nicht um etwas Drittes. Hier ist die Lebensweisheit des Orients gesammelt, sie mahnt oder verbietet aufgrund der Lebenserfahrung langer Jahrhunderte. – Dies alles ist das nähere Umfeld der Unterscheidung von gut und böse. Von sich aus hat das nichts mit Gott oder gar speziell mit dem Gott Israels zu tun. Daher konnte man auch etwa im Buch der Sprüche (Salomos) lange Passagen aus ägyptischer Weisheit übernehmen.

Man hat nun gleichwohl diese Rede von Gut und Böse mit Gott in Verbindung gebracht und das Gute mit Gott verbunden. So muß man nach der Existenz des Bösen angesichts der Wirklichkeit Gottes in besonderer Weise fragen. Für das Böse zeigt sich eine vergleichbare Neigung, es mit einer Person gleichzusetzen, eben mit dem Teufel.

Daß das Böse etwas mit Gott zu tun hat, ist inzwischen alles andere als selbstverständlich geworden. Viele nennen gar das Böse »faszinierend« und »attraktiv«, ohne die Frage nach Gott auch nur zu stellen. Aus meiner Sicht hat das Böse aus folgenden Gründen direkt etwas mit Gott zu tun:

– *weil sonst niemand Antwort gibt*
– *weil sonst niemand das Schreien der Gepeinigten hört*
– *weil sonst niemand Schuld vergibt*
– *weil sonst niemand richtet*
– *weil es Gerechtigkeit nur für alle gemeinsam geben kann*
– *weil Gott der gute Gott sein soll*
– *weil die Frage nach Sinn mit der Frage nach Gott zu tun hat*
– *weil es das eine, erlösende Wort gibt, das vor der Kälte der Erstarrung bewahrt.*

Wir gehen diese Punkte im einzelnen kurz durch.

Immer wieder wird uns auf unserem Weg das Bild der Wüste begegnen, zuerst hier. Denn wer leidet oder stirbt, ist dort, wo alles gegen ihn zu sein scheint, mitten in der lebensfeindlichen Wüste, einsam und dem Tod gegenüber. Trostlos ist besonders, daß niemand Antwort gibt auf die Frage nach dem Warum. Zur Angst kommt hinzu, daß der Himmel stumm und bleiern ist.

Andererseits: Seit Johannes dem Täufer, vielleicht auch seit der Zeit der Siedler in der Wüste von Qumran, ganz besonders aber seit Jesu nächtlichem Beten und seit der Zeit der frühen Mönche, der Wüstenväter, suchen Menschen Gott gerade in der Wüste. Ausgerechnet sie wird zum Ort, an dem Gott Antwort gibt. Und auf dem Sinai und bei der Verklärung Jesu war es nicht anders: Bergwüste.

Ist der trostlose Ort, ist die Trostlosigkeit, als Ort verstanden, der Raum, in dem Gott spricht und antwortet, in dem Neues beginnt? Hat es seinen tieferen Sinn, daß Menschengruppen zur Zeit Jesu immer wieder von der Wüste aus, wie einst beim Auszug aus Ägypten, mit allem, auch mit der Geschichte ihres Volkes, neu anfangen wollten? Machen nicht viele Kranke die Erfahrung, daß ihnen die Trostlosigkeit langer Tage und Nächte auf dem Krankenlager die Chance bietet, nachzudenken und zu sich zu kommen?

Es ist die Auffassung der Bibel, daß auf dem Grunde des Schweigens der Wüste, im tiefsten Inneren dieser Stille jemand ist, der zu den Menschen sprechen kann. Der das Geheimnis dieses Schweigens ist, der uns zumindest dies sagt: Ich bin nicht gegen euch, sondern für euch. Man muß genau hinhören, denn dieses Geheimnis redet nur sehr leise.

Wer einmal mitten in der Wüste einen blühenden Busch gesehen hat, weiß, daß ein solcher Busch zum Bild des Wunders des Lebens überhaupt werden kann. Und in der Wüste ist Leben zäh, unglaublich zäh und kräftiger als sonst. Wüstenerprobtes Leben ist resistent.

Wir kennen alle die Redewendung: das Gras wachsen hören. Wer das Gras wachsen hört, ist gut dran. Denn er erkennt die Trends der Zeit, hat den entscheidenden Wissensvorsprung. Denn was ist wichtiger, als die Zukunft zu kennen? Nur zwei Bedingungen gibt es, dieses Wissen zu erlangen. Wer das Gras wachsen hören will, muß sehr still sein. Und er muß sich tief, sehr tief hinunterbeugen. Bis da unten hin, wo überhaupt und immer etwas wird und entsteht. Die Bibel nennt dieses Sich-Beugen Demut.

Aber *wie* antwortet Gott? Oft betrachten wir die Bibel als ein Überangebot von Antworten, zu denen keine Fragen mehr passen. Diese fruchtlose Betrachtungsweise ist eine direkte Folge unserer Hektik.

Ganz entgegengesetzt zu dieser Umtriebigkeit kann unser erster Schritt der persönlichen Annäherung an das Thema nur darin bestehen, daß wir uns »in die Wüste zurückziehen«. Es wird eine Weile dauern, bis sich dann erste Spuren des Geheimnisses der schöpferischen Trostlosigkeit erschließen. Aber dann kann es glücken, wenn wir auf die leisen Spuren der Offenbarung, der Zuwendung Gottes in unserem Leben, achten. Je lauter die Zeit ist, um so leiser werden diese Spuren sein. Wie ein altes Tanzkleid, das wir wieder in die Hand nehmen, noch eine Spur des Duftes von ausgelassenen Festen an sich zu haben scheint, ein altes Kirchengewölbe noch eine Spur Gesang, so entdecken wir als Geschöpfe oder sogar als Getaufte die zarten Spuren der Gnade Gottes in unserem Leben; denn dies scheint zunächst das Wichtigste zu sein, Gründe zur Dankbarkeit zu finden.

Der Rückzug in die Wüste bedeutet für unsere Frage: Zeichen der Versöhnung wieder zu entdecken, das, was in unserem Leben bereits wirklich wurde, was sich aus der Botschaft der Bibel schon vor langer Zeit einwurzeln konnte und das unscheinbar ist wie Spuren von Leben im Wüstensand. In der Situation von Leid und Ausweglosigkeit fordere ich Menschen gerne dazu auf, sich zunächst einmal zu erinnern: an das Kreuz, vor dem sie gebetet haben, als sie konfirmiert wurden, als das Kind krank war oder die Mutter starb. Dann kommen aus der Erinnerung Zeichen, die vielleicht geistliche Heimat bedeuten: ein Taufstein oder die Stufen des Altares, an dem man den Ehesegen oder den Muttersegen nach dem ersten Kind empfing. Irgendwann wird bei der Suche nach Erinnerungen immer das Kreuz auftauchen. Hier kann man anknüpfen.

Niemand sonst hört das Schreien der Gepeinigten

Aus den Kriegen unseres Jahrhunderts weiß man: Auch Erwachsene schreien in der Stunde äußerster Pein nach ihrer Mutter. Jesus schrie am Kreuz nach Gott. Die meisten schreien einfach vor Schmerz. Für mich ist die Frage nach Leid und Katastrophen auch die Frage, ob diese Schreie sinnlos verhallen. Ist denn der Mensch allein verantwortlich für sein Leiden? Ist nicht der Schrei der Gepeinigten das äußerste Einfordern von Gerechtigkeit? Für mich ist der Schrei der Gepeinigten in diesem Sinne der Anfang des Glaubens.

Niemand sonst vergibt Schuld

Menschen werden schuldig, bewirken moralisch Böses. Gerade die im 20. Jahrhundert zum Beispiel von den Deutschen aufgehäufte Schuld ist größer, als daß Menschen sie von sich aus vergeben könnten, und das sollte man auch gar nicht erwarten. – Andererseits leidet die kirchliche Praxis darunter, daß Vergebung keine glaubwürdige Erfahrung ist. Man wird daher neu fragen müssen, ob die Abkehr von den Kirchen nicht auch damit zusammenhängt, daß zwar immerzu von Sünde gesprochen, die Botschaft von der Vergebung aber nicht Wirklichkeit wird.

Wird die Ungerechtigkeit in der Welt bis in alle Ewigkeit dauern? Mit dem biblischen Gott verbindet sich die Erfahrung, daß er die Mächtigen vom Thron stürzt und die Opfer erhöht. Christen sind sich sicher, daß dies kein reines Postulat ist. Denn indem Gott Israel erwählt, den Gekreuzigten auferweckt und arme, unangesehene Menschen zu seinen Heiligen erwählt hat, gab er bereits einen Vorgeschmack dafür, daß Brutalität nicht auf immer triumphieren wird. Denn der die Niedrigen und Erniedrigten erhöht, der aus Sündern Heilige macht, wird auch umgekehrt nicht Gewalt und Vertreibung für immer bestehen lassen.

Es geht hier auch um Hoffnung, und die verbindet sich mit Gott als Person. Ursache ist, daß man gut und böse nicht als zwei gleichstarke, gleich wertvolle oder gar gleichrangige und gleichberechtigte Parteien ansieht. Dem Guten räumt man den Vorrang ein, daß es sinnvoll, mit ordnender Intelligenz und am Ende auch mit Liebe wirkt. Das aber kann nur eine Person. Entsprechendes konnte und kann man von der Kraft des Bösen nicht oder nur begrenzt sagen. Denn Chaos und Zerstörung können auch durch Erdbeben und Wirbelstürme, Brände und Fluten, Epidemien und Hungersnöte angerichtet werden. Dazu bedarf es keiner Intelligenz, dazu genügen die sprichwörtlich blinden Gewalten.

Gegen den Augenschein räumt man dem Guten auf lange Sicht größere Chancen ein. Gegen die Erfahrung des blinden Chaos steht die Hoffnung auf die ordnende Hand Gottes. Ausdruck dieser Hoffnung ist, daß man von Gott als Person redet, einer Person, die Ordnung plant, Klugheit und Liebe walten läßt. Die Hoffnungsstruktur des menschlichen Denkens äußert sich eben darin, daß Menschen wählerisch sind in der Rede von Personen. Und selbst dort, wo der Teufel als Person angenommen wird, wo es auch personhaft gedachte Dämonen gibt, rangieren diese insgesamt nie auf gleicher Höhe wie der Herrgott. Auch hier kann von irgendeiner »Gleichberechtigung« oder zugestandener »Chancen-gleichheit« nicht die Rede sein.

So besteht ein Anfangsverdacht der Überlegenheit Gottes über das Böse. Dieser Verdacht wird bei allen mir bekannten Lösungsversuchen durchgehalten. Offen ist immer nur das Zueinander der Größen Gott und Böses. Nirgends lautet die Auskunft, Tod, Sinnlosigkeit und Chaos seien das sichere Ende. Das menschliche Fragen ist ein einziger Aufstand gegen diese an und für sich naheliegende Möglichkeit. Die Bibel ergänzt diesen Protest durch den Hinweis darauf, daß hinter dem am Ende nicht trostlosen, sondern hoffnungsvollen Gang der Weltgeschichte die Hand Gottes steht.

Niemand sonst stiftet dauerhaft Gerechtigkeit

Diese Einsicht hängt direkt mit der Gottesfrage zusammen. Denn der Gott der Bibel wird als der erfahren, der auch darin Gerechtigkeit stiftet, daß er das Zusammenleben unter Menschen gnädig schenkt und ermöglicht. Die Bibel betrachtet Gemeinsamkeit unter Menschen, ihr gerechtes Zusammenleben (Konvivenz) als so selten und so kostbar, als so heilig und so notwendig, daß sie dieses als das eigentliche Wunder ansieht, in dessen Zentrum Gott selbst steht.

Niemand sonst soll der Gute sein

Ist das Böse, die Tatsache, daß es überhaupt existiert, nicht ein klassisches Argument gegen Gott? Antwort: Ja, aber nur dann, wenn man Gott als den »absolut Guten« voraussetzt. Vor allem dort hat man von der Religion eine Antwort auf die Frage nach dem Bösen erwartet, wo Gott als *der Gute* schlechthin galt. Diese Vorstellung entstand nicht ganz ohne den Einfluß platonischer Philosophie auf das Christentum. Das »höchste Gute« Platons wurde mit dem jüdisch-christlichen Gott identifiziert. Wenn Gott aber der Gute schlechthin ist, ja *das* Gute, dann stört das »Böse« in der Welt, dann stellt sich die Frage, wie Gott unter diesen Umständen noch Alleinurheber der Welt sein kann.

Beides scheint in die Irre zu führen. Zunächst aber zu Gott als dem »Guten«:

Die Ansicht von Gott als dem schlechthin Guten ist viel zu eng. Denn sie betont ganz übermäßig die moralische Seite des Gottesbildes, so daß Gott immer mehr an das »Prinzip« des Guten herangerückt wird. Denn je mehr man Gott als den »reinen Guten« sieht, desto mehr wird das Böse von ihm gelöst und zum völlig eigenständigen Phänomen. Je mehr Gott auf das Gute festgelegt wird, desto weniger kann er selbständige Person mit »Eigenwillen« sein, denn er stellt ja die reine Normgerechtheit in sich selbst dar. Schon der frühchristliche Aufklärer Markion (Anfang des 2. Jahrhunderts) hat daher einen guten und einen bösen Gott als zwei Prinzipien gedacht. Und auch der völlig unpersönliche »Gott« der frühen europäischen Aufklärung (Deismus) ist nur noch gut. – Wenn man dagegen, wie die Bibel es tut, Gott als Person und sein Wirken als persönliche Äußerungen betrachtet, dann kann die Geschichte mit Gott nicht einseitig auf die bloße Frage nach Gut und Böse reduziert werden.

In unserer Zeit äußern sich derartige Einseitigkeiten vielfach: Einerseits dort, wo der Satz »Gott ist die Liebe« zum Prinzip und zur angeblich einzigen Aussage der ganzen Bibel wird. Andererseits dort, wo – im Gefolge der Überbetonung von »Sünde« – Christentum fast nur noch aus Vernunft und Moral besteht. Und eben auch darin, daß die Frage: Wie kann Gott Böses zulassen? so beliebt ist. Löst man diese Frage aus dem Zusammenhang der Bibel, so wird daraus eine nur moralische Frage. Und das führt dann auf direktem Weg zu einem über die Maßen moralisierten Christentum, in dem Betroffenheit die letzte Antwort auf verfehlte individuelle und soziale Befreiungsversuche ist. – Man kann geradezu sagen: Wer meint, von sich aus Gott als den rein Guten, als das Prinzip Liebe festlegen und bestimmen zu müssen, der versteht weder die Bibel noch die Wirklichkeit.

Je stärker man die Bilder (natürlich sind es nur Bilder!), in denen Gott persönliche Züge trägt, in Erinnerung behält, desto weniger läßt sich die ganze Bibel und die Geschichte der Menschen mit Gott lediglich in eine moralische Frage nach Gut und Böse auflösen. Wenn man diese Züge aber ignoriert, ist sie ohne Spannung und bleibt nur eine Sammlung von Material, das man fortgesetzt moralisch beurteilen müßte. Das geht jedoch am Ende auf Kosten der Personalität Gottes wie der Menschen selbst. In der Bibel, im Judentum und Christentum, geht es vielmehr um Personen und Geschichte. In der biblischen Geschichte sind Gott und Teufel nie Prinzipien, und vor allem stehen sie nie einander gleichberechtigt gegenüber. Interessanterweise ging übrigens die fortgesetzte Moralisierung nicht nur zu Lasten Gottes und seiner Personalität, sondern verwässerte auch die Vorstellung vom »Bösen«. Man verlor den Blick für seine Infamie und List, Faszination und Schillerndheit, Tücke und Widerwärtigkeit, die alle in einem Prinzip nicht unterkommen könnten.

Daß man im 19. Jahrhundert so stark die Sündigkeit des Menschen betonte, war ein Einfallstor für den geschichtslosen Moralismus. Das heißt: Wo man das Christentum darauf konzentrierte, daß alle Sünder sind, war die rein moralische Beurteilung aller Geschichte eng benachbart. Die allein wichtige Frage »Gut oder böse« hatte man allzu oft schon zugunsten des »böse« entschieden. Geschichtslos ist diese Betrachtung deshalb, weil keine konkrete geschichtliche Erscheinung oder Gestalt, auch keine Person und Individualität mehr übrig blieb. Es entstand die verhängnisvolle Einstellung »je frömmer, desto pessimistischer«. Verhängnisvoll wirkte sich diese Haltung besonders im letzten Drittel dieses Jahrhunderts darin aus, daß viele Christen keinen Sinn mehr aufbrachten für so zerbrechliche geschichtliche

Gestalten wie Institutionen, sichtbare Formen und Körperschaften, für Verbindlichkeit und – trotz allen Strukturalismus – auch für Strukturen.

Niemand sonst gibt Sinn

Das Böse wird ferner auch deshalb im Zusammenhang mit der Gottesfrage gesehen, weil jedenfalls die jüdisch-christliche Religion grundsätzlich Wirklichkeit als einen *Zusammenhang* erschließen will. Als religiös wird eine Welterklärung aufgefaßt, die für die verschiedenen Erfahrungen jedes einzelnen Menschen den roten Faden ans Licht bringt, der eine Zuordnung der verschiedensten Erlebnisse und Phasen erlaubt und ein Auseinanderfallen verhindert. Religiös ist daran, daß dieser »rote Faden« im Gegenüber zu dem *einen und einzigen* Gott erschlossen wird.

Angesichts des Bösen in der Welt wird dieses Modell buchstäblich in eine Zerreißprobe gestellt, aber, anders gesagt, so wird es auch erst eigentlich interessant. Denn das Böse bedroht den einheitlichen sinnvollen Zusammenhang elementar. Einerseits kann man es nicht »entübeln«, indem man es verharmlost und einfach als Wirken einer »anderen Macht« darstellt. Der mythische Ausweg ist versperrt. Der lebendige eine und einzige Gott entlarvt die Faszination des Bösen als den Weg zum Tod. Nur hier kann daher erfahrungsgemäß auch Ethik einen wirklich zentralen Platz im Rahmen eines Gottesglaubens einnehmen. Das heißt: Zwischen der Frage nach dem Sinn des Lebens und der Frage nach den Normen des Handelns und Verhaltens besteht ein unlösbarer Zusammenhang. Andererseits wird so die Frage immer drängender, woher denn das Böse kommt, was seine Rolle angesichts des einzigen und lebendigen Gottes sein soll. Nun ist die Bibel kein metaphysisches, sondern ein zutiefst praktisches Buch. Es geht ihr immer um die Bedingungen, unter denen man leben und überleben kann. Von daher allein bestimmt sich, was das »Böse« ist.

Gelingendes menschliches Miteinander ist oft wie ein erlösendes Wort. So ist die Überwindung des Bösen, der lebensfeindlichen Starre, in jedem Fall wie ein Wunder, etwas, was den Menschen geschenkt wird. Die Erfahrung dieser »Gnade« ist eine Art von Gotteserfahrung. Das mag die folgende Meditation veranschaulichen

Es gab einst einen Fuhrunternehmer in einer kleinen Stadt. Mit seinem Pferdefuhrwerk brachte er nicht nur Waren an den Bestimmungsort, sondern auch kleinere Reisegesellschaften auf einem Weg über das Gebirge auf dessen andere Seite. So geschah es an einem Wintermittag, daß eine bunt zusammengewürfelte Gesellschaft mitgenommen werden wollte: ein Mann mit seiner Schwester und ein weiterer Mann mit seiner Frau. Nur die beiden Männer kannten sich flüchtig, denn sie betrieben Handel mit den gleichen Waren, so daß sie einander – wie man erwarten kann – nicht übermäßig freundlich gesonnen waren. So setzte sich die Reisegesellschaft in den nicht gerade bequemen Planwagen, zwei Pferde wurden vorgespannt, und es bestand die Absicht, bis zum Abend den Weg über das Gebirge genommen zu haben. Doch als man auf dem Kamm des Gebirges angelangt war, setzte Schneetreiben ein, das bald so heftig wurde, daß an ein Weiterkommen nicht zu denken war. Denn Wind war hinzugekommen und hatte hohe Schneeverwehungen geschaffen. So blieb der Wagen unglücklich stecken. Zwar begann man zu graben, doch daran, Hilfe zu holen, war erst am nächsten Morgen zu denken. So blieb den Menschen nichts anderes, nachdem sich auch der Kutscher zu ihnen gesetzt hatte, als die Plane gegen die Kälte abzudichten und sich dicht nebeneinander zu setzen. Als allen die Not offenbar geworden war, begannen sie, die zuvor kein Wort miteinander gewechselt hatten, ihr Schweigen zu brechen. Denn wenn sie sprachen, froren sie weniger. Und da sie eine lange Nacht miteinander teilen mußten und nichts weiter tun konnten als miteinander zu reden, sprach einer nach dem anderen nicht nur über andere Menschen und andere Dinge, sondern bald auch über das, was für ihn selbst wichtig war und woran er hing, was er also liebte. Und in den langen Stunden der Nacht wurden die Gespräche tiefer und gingen zunehmend auf die Fragen, die immer niemand beantworten konnte, auf die Fragen von Sinn und Sein, von Liebe und Zweifeln, von Gott und Tod, von Leben und Leiden. – Und die Fahrgäste und der Kutscher, die einander nicht sahen, da es ganz dunkel war, die vielmehr nur die Stimme des anderen hörten, entdeckten, daß ihnen weitaus mehr Dinge gemeinsam lieb waren, als sie es vorher hatten zugeben können oder wußten. Und sie fanden heraus, daß sie nie zuvor so viel Zeit nur füreinander und miteinander hatten aufbringen können. Und sie bemerkten, daß sie in den Dingen, die sie liebten, als Menschen einander sehr ähnlich waren. Das war auch bei den Männern so, die sonst nichts kannten, als einander die Kunden wegzuschnappen. Jetzt merkten sie, daß sie in Wirklichkeit in dem, was allein zählt, in den menschlichen Dingen, jetzt, da sie keine Maske mehr trugen, einander gute Freunde sein konnten. Und sie teilten einander ihre Sehnsucht mit nach Sonne und Leben, nach Schönheit und Frühling. Und sie verspürten kein Müdewerden miteinander. Als dann der Morgen hereingebrochen war, fanden sie zu ihrem Erschrecken, daß die Pferde erfroren waren, denn es war, wie sie erfuhren, die kälteste Nacht seit Menschengedenken gewesen. Glücklich sprachen sie miteinander über ihre Rettung. Einer sagte: War es nicht, wie wenn es *ein* Geist des Lebens gewesen wäre, der uns so etwas wie Flügel gab, daß wir nicht erstarrten? Und eine Frau sagte: War es nicht ein Wunder, als das erste Wort unser Schweigen löste? Kommt es nicht immer wieder auf das erste Wort an? Und der andere Mann sagte: War es nicht wie der Singsangton eines alten Segensspruches, was als Grundmelodie hinter unseren langen Gesprächen stand in der Nacht? Und die andere Frau sagte: Ich war zum ersten Male nicht mehr so einsam wie sonst. Sind wir nicht viel tiefer Freunde geworden, als es Freunde sonst oft sind? Und der Kutscher sagte: War es nicht ein Engel, der uns beschützt hat, der seine Hände um uns herum gehalten hat und zugleich mitten unter uns gewesen ist? Und als wir immer herzlicher Freunde wurden in unseren tiefen und offenen Gesprächen – waren wir je so wach trotz kalter Nacht? War je so ein Leuchten trotz aller Dunkelheit?

Wir halten fest: Die Frage nach dem Bösen wird mit der Rede von Gott verknüpft, weil man Gut und Böse nicht als zwei gleichrangige Prinzipien ansieht. Angesichts des Bösen in der Welt sind Sinn und Hoffnung entscheidend mit der Gottesfrage verbunden.

Die Frage nach dem Bösen hängt auch deshalb mit der Frage nach Gott zusammen, weil für die Bibel Gott ebenso fraglos gegeben ist wie die Mächte der Finsternis.

WARUM TRIFFT ES GERADE MICH?

Besonders bei Leid, das zufällig, unvorhergesehen oder heimtückisch ist, suchen wir nach einer Begründung: Warum gerade ich? Warum trifft es gerade mich? Vor allem bei Kindern, die leiden müssen, stellen wir besonders dringlich die Frage: Warum trifft es sie, die ohne Schuld sind und die noch nicht lange leben konnten?

Bei Erwachsenen melden sich dann oft Schuldgefühle. Gewiß, es gibt medizinische Zusammenhänge, zum Beispiel zwischen Rauchen und Lungenkrebs, die schon jedes Kind weiß. Aber oft wird das Vergehen auf einer moralischen Ebene gesucht, und dann belastet die vermeintliche Schuld besonders. Im Neuen Testament jedenfalls wird der Zusammenhang zwischen Sünde und Gebrechen, Sünde und Krankheit ausdrücklich abgewiesen. Der von Geburt an Blinde in Johannes 9 hat weder selbst gesündigt, noch haben es seine Eltern getan. Auch in Lukas 13,1–5 wird das Unglück der von Pilatus erschlagenen Galiläer oder der vom Einsturz des Turmes in Siloah Getöteten nicht auf deren Sünde zurückgeführt. Wohl aber wird es zur Warnung vor dem Gericht.

Andererseits ist auch nichts gewonnen, wenn man sich mit der Auskunft begnügt, es sei eben Zufall gewesen. Gewiß, irgendwelche naturgesetzlichen Zusammenhänge, teilweise auch noch unaufgeklärte, stehen hinter jedem sogenannten Zufall. Eine Ursache gibt es, so gesehen, immer. Aber damit ist noch nicht geklärt, was ein Ereignis in diesem Leben »soll«. Und warum ein gütiger Gott es nicht verhindert hat.

Nun ist, soweit wir in Mitteleuropa Wirklichkeit wahrnehmen können, Gott nicht ständig damit beschäftigt, die Naturgesetze zugunsten des einen Menschen zu durchbrechen, zugunsten des anderen aber nicht. Dem Seelsorger begegnet das öfter, zum Beispiel so: Bei einer Massenkarambolage kam ein einziges Auto »wie durch ein Wunder« heil davon. War hier Gott am Werk, bei den anderen vierzehn Unfallautos dagegen nicht? Immer wieder gibt es das: Einer wird verschont, und er führt das dankbar auf Gott zurück. Was sollen die anderen, die Opfer wurden, von Gottes Handeln in diesem Fall halten?

Gewiß können wir mit unserer Weltsicht längst nicht alles erfassen, was wirklich sein könnte. Diesen Vorbehalt muß man immer wieder anmelden. Aber vielleicht geht es auch in diesem Fall nicht darum, daß der Theologe die *Ursachen* besser erkennt und sortieren kann. Woher sollte er das können? Denn vielleicht geht es, wie so oft, überhaupt nicht um die Frage nach dem Warum? und Woher? und Wie ist das zustande gekommen? und Wie kann ich das erklären?

Geht es nicht viel eher darum, daß Gottes Offenbarung lehrt, alle Geschehnisse, gleich welcher Art, auf unterschiedliche Weise in das Gespräch mit Gott einzubeziehen? Man beachte: auf unterschiedliche, nicht auf die gleiche Weise.

Wenn ich daher als einziger verschont werde, habe ich Anlaß, Gott zu danken. Wenn mich Leid trifft, so ist das Anlaß, mein Leben zu bedenken oder mich fester an Gott zu klammern. Wenn Gott unübersehbare Wirklichkeit ist, dann hat alles, was mir begegnet, etwas mit dem grundlegenden Verhältnis zu ihm zu tun. Dann kommt es in diesem Verhältnis vor und wird Teil meines Redens mit Gott, meines Danks oder meiner Klage, meines Schreiens oder meines Jubels, des »Sammelns meiner Wege« vor ihm, wie Augustinus es nennt, oder des Bekennens von Schuld.

Und wenn ich Anlaß habe zu fragen: Warum ich? Warum trifft es gerade mich?, dann gehören diese Fragen als erstes vor Gott. Sie sollen, können und dürfen Teil des Gesprächs zwischen Gott und mir sein. Dazu sind diese Ereignisse da. Denn wenn wir auch die Ursache nicht erklären können, so läßt sich doch das Wozu angeben. Was mir geschieht und besonders alles das, was mich aufwühlt, ist dazu da, Teil des Redens mit Gott zu werden.

Oder anders gesagt: Gerade die unterschiedliche und so zufällige Streuung von Leid und Katastrophen wird für mich zum Hinweis darauf, daß der geheimnisvolle Gott so etwas ist wie eine Person. Eine Person deshalb, weil er eben nicht von einer mechanischen Gleichheit aller vor ihm ausgeht, sondern mit jedem Menschen einen eigenen Weg haben kann und will. Nochmals: Es geht nicht darum, daß er jedem sein »Päckchen« schickt – das wissen wir einfach nicht, und es bleibt dunkel. Aber was wir als Christen sagen können, ist dies: Jedes Päckchen ist dazu da, daß jeder einzelne Mensch seinen eigenen Weg mit Gott haben kann und soll.

Gelehrt ausgedrückt: Daß die Natur eine unendlich differenzierte Geschichte hat, daß jedes Lebewesen in Raum und Zeit an einer bestimmten Stelle existiert und also »kontingent« ist, endlich und individuell, das ist die Grundlage unseres Sprechens von Gott als einer Person. Über die uns fremden Seelen der Tiere wissen wir fast nichts. Aber über uns Menschen können wir dieses sagen: Jeder Mensch ist einmalig und kann daher eine (zwangsläufig) sehr individuelle Antwort geben auf das, was ihm widerfährt. Das gilt auch dann, wenn es nur das Lächeln eines Kleinkindes war oder der dankbare Augenaufschlag eines Menschen, der vielleicht nicht weiter als bis dahin, an diese Station, gelangt ist. Aber es war doch seine Antwort.

Nach unserem Christenglauben richten sich alle diese Antworten, wie auch immer sie ausfallen, an Gott. Er ist das Wozu aller Widerfahrnisse, die Antwort vor ihm ist der letzte Sinn. Früher hat man das schlicht so gesagt: Wir sind da, um Gott zu ehren und zu loben. Das ist zu brav ausgedrückt. Denn auch Klagen und Schreien nennen, ob ausdrücklich oder nicht, Gott als Gegenüber.

Juden- und Christenglaube ist daher, daß die Antwort aller Kreatur auf ihren Lebensweg, sei er kurz oder lang, nicht einfach verhallt, sondern gehört wird und damit zu einem Ziel kommt. Daß es sich nicht um Selbstgespräche handelt, sondern daß jemand zuhört, daß es einen Adressaten gibt, der zugleich gemeinsames Ziel aller ist. Eben darin, daß es sich um einen gemeinsamen Gott aller Kreatur handelt, liegt auch gemeinschaftlicher Sinn für alle.

Wir halten fest: Leben hat seinen Sinn darin, daß die Kreatur »reagiert«, Antwort gibt. All die Antworten zerfallen und verwehen nicht, sondern sind an jemanden gerichtet, der so etwas ist wie die letzte Wirklichkeit, das Gedächtnis allen Sinns, die höchste Liebe, die sie alle bejaht und trotz Vergänglichkeit geborgen sein läßt. Sinn geschieht im Reden mit ihm. Jede Kreatur hat ihren Weg und ihre Antwort. Sinn heißt, daß keine Antwort verloren ist, sondern daß alle einzeln geliebt und geborgen sind in diesem geheimnisvollen Gegenüber. Wenn ich sage »Gedächtnis des Sinns«, so meine ich damit Gedächtnis und Gedenken im Sinne der hebräischen Bibel: Wenn Gott jemandes gedenkt, dann ist das nicht Theorie, sondern dann ist der betreffende Mensch vor Gott wirklich, dann handelt Gott für ihn und nicht gegen ihn.

Die Frage »*Warum* trifft es gerade mich?« haben wir umgewandelt in die andere: »*Wozu* trifft es gerade mich?« Und die Antwort ist: Alles, was mir begegnet, gehört zu mir. Es gibt kein Recht auf ein bestimmtes, durchschnittliches Maß an Schicksal oder Lebenslänge, an Besitz oder Bildung. Es gibt aber jeden einzelnen Menschen mit seinem eigenen Weg. Für den Christenglauben ist dieser Weg eine Antwort vor dem, in dessen Hand wir für immer geborgen sind.

II Gibt Gott dem Leiden einen Sinn?

Unser Vorgehen: Die gestellte Frage versuchen wir anhand von fünf einzelnen Antworten zu behandeln. Diese Antworten beziehen sich auf die Themen »Schöpfung«, »Versuchung«, »Feindseligkeit Gottes«, »Wille und Plan Gottes« sowie »Gottes Eigenwilligkeit«. Alle diese Themen sind direkt auf die biblischen Aussagen über Gott bezogen. Wir werden sehen, daß die Frage nach dem Leiden ganz zentral die Frage nach Gott selbst ist.

SCHÖPFUNG:
DAS BÖSE IST NICHT GESCHAFFEN, SONDERN GEGEBEN

Wir fragen: Hat Gott die Welt nicht so geschaffen, daß sie »gut« war? Heißt es nicht in der Schöpfungsgeschichte immer wieder »Und Gott sah, daß es gut war«? Sollte man nicht dies betonen – und dann die Herkunft des Bösen schlicht als Geheimnis bezeichnen? Aber wird man mit einer solchen Antwort der Bibel gerecht, die vielfach über das Böse spricht, es jedoch nirgends einfach »Geheimnis« nennt?

Wenn Gott die Welt zwar gut erschaffen hat, könnte es dann nicht sein, daß all das Böse erst im Verlauf der weiteren Geschichte hinzutrat? Das wäre der einfache Weg der Erzählung der Geschehnisse, wie die Bibel sie liefert. Nur hat die reine Nacherzählung die Menschen nicht befriedigt, und zwar mit Recht. Denn die Erzählung läßt zumindest eine Reihe neuer Fragen entstehen, die zu stellen niemand verbieten konnte und kann.

Also: Warum wurde der Mensch so geschaffen, daß er sündigen konnte? Da die Bibel (auch das Neue Testament) keine »Freiheit zu...« im Sinne der Selbstbestimmung kennt, sondern nur eine »Freiheit von...«, kann man die Tatsache, daß der Mensch sündigen kann, nicht als eine ihn auszeichnende Freiheit verstehen. Die Bibel spricht von einer Freiheit »von« der Verurteilung durch das Gesetz, von einer Freiheit »von« der Vergänglichkeit, aber nicht von Freiheit zu Selbstverwirklichung und »Autonomie«. Solches Denken wäre allzu neuzeitlich und nicht biblisch zu nennen. Die Möglichkeit zu sündigen ist, wenn man überhaupt im Horizont der Bibel darüber nachdenken will, keine Freiheit oder Auszeichnung, sondern ein Mangel.

Oder: Wie kommt es, daß die Bibel die Entstehung des Bösen nicht erklärt? Und ist es nicht möglicherweise ein Mißverständnis, daß man nach der »guten« Schöpfung den Sündenfallbericht als eine Art Vorgeschichte zur Schilderung der Sintflut las und also mit fortschreitender Verschlechterung rechnete, die nach dem guten Anfang dann dem Menschen zur Last gelegt wurde? Könnte der Bericht über den Sündenfall nicht eher eine Ätiologie sein, das heißt eine Erklärung gegenwärtiger Zustände, dessen, »wie die Welt so ist«, als Baustein in einer Verfallsgeschichte?

Oder: Warum hat Gott die Schlange (das heißt zumindest die Vertreterin des Bösen) erschaffen, die die Menschen verführte? Die Antwort gab man mit Hilfe eines mehr oder weniger komplizierten Mythos vom Engelfall: Eine Gruppe von Engeln wurde vom Himmel gestürzt, weil sie neidisch waren, daß Gott den Menschen bevorzugte. Der Mensch wurde Gottes Ebenbild genannt, in ihm war Gott zu verehren. Das konnten die Engel nicht tun. Also wurden sie, die sich gegen die Bevorzugung des Erdenwürmchens namens »Mensch« empörten, in die Finsternis gestürzt. Dieser Mythos begegnet uns in verschiedenen Formen, zuerst im »Leben Adams und Evas« etwa im 1. Jahrhundert n. Chr. – Hier wird die Frage nach der Entstehung des Bösen in die Engelwelt verlagert. Damit haftet den Engeln der Mangel an, den man sonst auf seiten des Menschen vermutete. Aber warum wurden dann die Engel mit Mängeln erschaffen?

Oder: War nicht das Böse nötig, um Gottes Gnade um so leuchtender erscheinen zu lassen? Hier wird die Frage nach dem Ursprung des Bösen nicht geklärt, es hat lediglich ein Ziel und insofern einen Sinn »am Ende«. Insoweit ist dieser Versuch wenigstens »biblisch« gedacht.

Oder: Führt nicht die Einsicht weiter, daß auch das Böse eine Art Gutes ist, nur ein Scheingutes? Denn erstrebt wird immer ein Gut, zum Beispiel Leben. Auch Lust ist etwas Gutes. Daher wird die Verführung des Menschen durch die Schlange als Betrug dargestellt. Aber: Warum konnte der Mensch betrogen werden? Warum wurde er nicht mit schärferer Kraft zur Unterscheidung ausgestattet?

Oder noch einmal mit anderem Akzent: Gelten die Aussagen »Und Gott sah, daß es gut war« nur von der Schöpfung, und ist dann erst in der Geschichte alles durch menschliche Schuld so elend verlaufen? In welchem Verhältnis stehen überhaupt nach biblischem Denken Schöpfung und Geschichte zueinander? Ist die Geschichte nicht Teil der geschaffenen Welt? Oder verselbständigt sie sich gegenüber der anfangs gesetzten Ordnung?

Schöpfung als Ordnung

Die Schöpfungserzählungen in der Genesis (1. Buch Mose) stimmen darin überein, daß Schöpfung als Ordnung vorgestellt wird. Die Abfolge der Schöpfungswerke ist zugleich Darstellung einer bis in die Gegenwart gültigen Ordnung des Geschaffenen. So begründen die sieben Schöpfungstage die Woche. Die Erschaffung des Menschen am Ende bedeutet, daß er eine Art Verwalter der Schöpfung werden soll. Das alles ist – zumindest in der theologischen Auslegung – längst bekannt. Schon das Frühjudentum ist bestrebt, möglichst viele Einzelregelungen des Gesetzes in der Schöpfungsordnung zu begründen, und im Neuen Testament ist die Schöpfungsordnung ein kritischer Maßstab für die späteren Einzelgesetze des Mose, die jedoch grundsätzlich als eine Entfaltung der Schöpfungsordnung anzusehen sind. Da besteht kein genereller Widerspruch.

Im Blick auf unsere Fragestellung heißt das: Bei allen einzelnen Schöpfungstaten Gottes geht es weniger um die materielle Herstellung der Geschöpfe als um einen Vorgang der Scheidung und Unterscheidung, der Einteilung und Anordnung. Das heißt: Schöpfung ist primär ein Herstellen von Ordnung. Daher wird unterschieden zwischen Himmel und Erde, zwischen Licht und Finsternis, und der Unterschied des Menschen gegenüber allen Tieren besteht darin, daß er »Bild Gottes« ist. Denn »jemandes Bild« ist stets derjenige, der dem Bildner am nächsten steht. Daher ist später Seth »Bild Adams« (Genesis 5,3) und im Neuen Testament Jesus »Bild Gottes«, weil er Gott am nächsten steht.

Die Ordnung des Ungeordneten und Ungeschiedenen ist also der Hauptgesichtspunkt, unter dem die Schöpfung erzählt wird. Denn das Alte Testament kennt die »Erschaffung aus dem Nichts« noch nicht. Erst später, in frühjüdischer Zeit (seit 2 Makkabäer 7,28), ist der Gedanke belegt, daß Gott die Welt aus dem Nichtseienden, aus Nichts erschaffen habe. Daß dieser Gedanke vorher nicht zu finden ist, bedeutet für das Alte Testament: Erschaffen ist vor allem Ordnen. Und auch die »Neue Schöpfung«, von der schon die späteren Jesaja-Kapitel sprechen, ist vor allem eine Neuordnung der bestehenden Welt.

»Schaffen« geschieht immer gegenüber vorgegebener Unordnung. Anders wären auch die Aussagen des Paulus über das Existieren der anderen Götter (1 Korinther 8,4f) gar nicht begreiflich. Denn wozu sollte Gott sie erschaffen?

Trifft das alles zu, dann sind die Kommentare »Und Gott sah, daß es gut war« bezogen auf die Sinnhaftigkeit der Ordnung Gottes, die er jeweils einführt. Über diese Ordnung besteht kein Zweifel.

Nur dann, wenn Gott schlechterdings alles, von dem die Rede sein kann, aus dem reinen Nichts erschaffen hat, ist er auch für dessen Qualität »verantwortlich«. Eben dieses meint die Bibel aber an keiner Stelle. Gott der Schöpfer ist derjenige, der Ordnung stiftet, und diese Ordnung gewinnt am Ende im Gesetz des Mose ihre vollendete Gestalt.

So wird Gott an verschiedensten Stellen der Bibel, besonders in den älteren Schöpfungsberichten, die einige Psalmen bieten, als derjenige geschildert, der, abgekürzt gesagt, den Chaosdrachen besiegt habe und der aufgrund dieses Sieges auch je wieder neu um Hilfe angerufen werden kann. Dies ist ein sehr altes Bild. Es stellt Schöpfung nicht als ein Rufen aus dem Nichts dar, sondern als einen Kampf gegen destruktive, lieblose und verwüstende Mächte, deren fortdauernde Wirksamkeit niemand bezweifelt.

Es gab im Umkreis der Bibel eine ganze Reihe verwandter Chaos-Mythen, die in verschiedenen Texten des Alten Testaments ihren Niederschlag gefunden haben. Nur zwei Texte seien als Beispiele genannt:

Psalm 89,10–12: *Du bändigst des Meeres Übermut, das Toben seiner Wellen beruhigst du. Rahab hast du zertreten wie einen Erschlagenen, mit deinem starken Arm deine Feinde zerstreut. Dein ist der Himmel, dein auch die Erde; die Welt und was sie erfüllt, du hast sie gegründet.*

Gottes Schöpfung bedeutet zugleich einen Sieg über das Meer, die bedrohliche Urflut. Dieser Sieg steht Pate beim späteren Vorgehen Gottes gegen Israels Feinde.

Psalm 74,13–18: *Du hast in deiner Kraft das Meer erschüttert, auf den Fluten die Köpfe der Drachen zerschmettert. Du hast des Seedrachen Köpfe zerschlagen, gabst ihn den Haien zum Fraße. Du ließest aufbrechen Quelle und Bach und legtest nie versiegende Ströme trocken. Dein ist der Tag und dein auch die Nacht, du hast Leuchte und Sonne befestigt. Du hast alle Zonen der Erde bestimmt, Sommer und Winter hast du ge-*

macht. So denke daran: Der Feind schmäht den Herrn, ein törichtes Volk lästert deinen Namen.

Gott zeigt sich hier in seiner Schöpfertätigkeit als der Herr über alles, was mit Wasser zusammenhängt. Denn er hat den Seedrachen besiegt und läßt Quellen hervorsprudeln. Zugleich hat er auch die Einteilung der Zeiten geschaffen. Dieses ordnende Handeln ist damals wie jetzt durch Feinde bedroht.

Die Schlange im Paradies, die mit Adam und Eva zu tun hat, ist eine Art »Taschenausgabe« dieses Urdrachens.

Für Jesaja 51,9f und die beiden zitierten Texte gilt: »An diesen Stellen wird Gott an sein früheres Heilshandeln erinnert, um ihn in der gegenwärtigen Not zum Eingreifen zu bewegen. Die Absicht in diesen Texten ist nicht die Gegenüberstellung oder Verbindung von Schöpfung und Erlösung..., sondern die Gegenüberstellung eines machtvollen Eingreifens in der Gegenwart mit einem machtvollen Eingreifen in der Urzeit. Nicht das Reden von der Schöpfung als solcher, sondern die besondere Überlieferungsform des Kampfes ist das eigentlich Bestimmende und Beabsichtigte. Es läßt sich dem nicht ausweichen, daß in Israel das machtvolle Eingreifen Gottes für sein Volk in der Gegenwart in Entsprechung zu einem Urgeschehen gestellt wurde, in dem Gott eine Chaosmacht besiegte, anschließend an eine breite vor- und außerisraelitische Tradition, in der eine Linie den Chaoskampf mit der Schöpfung verband, die andere nicht. Der Chaoskampf ist das allen diesen Stellen Gemeinsame, nicht die Schöpfung.«[1]

Wir halten fest: Nach einem wichtigen Zweig der biblischen Überlieferung von der Schöpfung der Welt ist der Sinn der Schöpfung das Stiften einer Ordnung. Alles, was diese Ordnung zerstört, ist böse. Und das Geschaffene ist »gut«, weil es von Gott geordnet ist. Das aber bedeutet: Nicht das Böse

[1] Claus Westermann, Genesis I, BKAT 1/1, Neukirchen, 3. Aufl. 1983, 46.

ist das zu Erklärende, es ist das Vorgegebene. Erstaunlich und nur auf Gottes Eingriff zurückzuführen ist vielmehr das Gute und die Ordnung. Die gute Schöpfung reicht so weit, wie Gottes Ordnung reicht. An verschiedenen Stellen und immer wieder kommt die naturgegebene Unordnung zum Vorschein.

Der Schöpfungsbericht der Priesterschrift, der im Buch Genesis (1. Buch Mose) am Anfang steht, hat ein Stück aus dieser Auffassung bewahrt, und der Verfasser wendet diesen Gesichtspunkt für eine feine Unterscheidung zwischen Himmel und Erde an. Denn es heißt: *Gott schuf Himmel und Erde, und die Erde war wüst und leer.* Das hebräische Wort für *wüst und leer* heißt *tohuwabohu* und hat selbst noch im heutigen Deutsch als Bezeichnung für »chaosähnliche Zustände« überleben können. Mit *tohu* geht es genau wieder um die Lebensfeindlichkeit der Wüste. Die Ausleger sprechen von »dem Zustand, in den hinein Gottes Schöpfung geschah«, oder vom Chaos.

Das Frühjudentum knüpft an dieser Stelle an: Der Himmel hat diese »chaotische« Eigenschaft nicht, nur die Erde. Folglich ist Gottes Herrschaft und Regiment im Himmel schon ganz durchgesetzt, nur auf der Erde währt der Kampf noch.

Diese Sichtweise bedeutet im einzelnen: Gottes Ordnung ist im himmlischen Bereich ganz und gar verwirklicht. Denn alle Engel sind Gott untertan und führen seine Befehle aus. Sie sind über die verschiedenen Werke der Schöpfung »gesetzt«, zum Beispiel über Regen, Schnee, die Gestirne usw. Vom intakten Himmel her wird also alles das gesteuert, was sehr gut funktioniert. Und ähnlich ist es um die auf der Erde bestehenden Ordnungen bestellt. Sofern die Ordnungen bestehen, zum Beispiel die Gattungsunterschiede unter den Tieren, läuft die Schöpfung geregelt. Die Torah ist nichts weiter als ein Ordnungsinstrument. Nur weiß schon die Schrift, daß die Menschen diese Ordnung nur unvollkommen erfüllen.

An zwei Stellen ist diese Auffassung auch im Neuen Testament bewahrt, und hier ergeben sich direkte Zusammenhänge zur Frage nach dem Bösen:

Im Vaterunser betet Jesus: *Dein Wille soll getan werden, wie schon immer im Himmel, so nun auch auf Erden.* Das heißt: Im Himmel ist Gottes Wille und Herrschaft schon immer durchgesetzt, nur auf Erden noch nicht ganz. Gottes guter Schöpferwille ist auf Erden noch nicht ganz durchgedrungen. – Übrigens läuft die gewöhnliche und volkstümliche Auslegung dieser Bitte der Ursprungsbedeutung ganz entgegen. Sie versteht *Dein Wille geschehe* etwa so: Wir nehmen hin, was du an Leid beschlossen hast. Wir beugen uns vor dem, wogegen wir nichts tun können. Wir sehen ein, daß gegen den Tod, wenn du ihn willst, niemand etwas machen kann. – Eine düstere, karfreitägliche Auslegung, die nach Beerdigung »riecht«. Doch »Gottes Wille« ist nach der Jesusüberlieferung nicht alles mögliche Leid und Unheil. Sondern er besteht darin, daß man seine Gebote bewahrt. Gerade diese übliche falsche Auslegung der Vaterunserbitte macht unsere verdrehten Vorstellungen über Gott und das Böse sichtbar.

In Offenbarung 12 berichtet der Seher Johannes, daß Michael den Drachen schon besiegt und auf die Erde gestürzt hat. Das heißt: Im Himmel ist Gottes Herrschaft schon hergestellt und durchgesetzt. Auf Erden aber noch nicht. Alles Böse auf Erden wird jetzt eben dadurch geradezu erklärt, daß der prinzipiell schon besiegte Feind hier noch den Rest seines lebensbedrohlichen Chaos auslebt. Die Erde ist der Bereich, in dem Gottes Herrschaft noch nicht ganz durchgesetzt ist.

Das Böse und Gottes Reich

Gottes Reich ist nichts anderes, als daß die Menschen die Ordnung des Schöpfers und Gesetzgebers verwirklichen. Damit erkennen sie Gott als Herrn und königlichen Regenten an.

Böse ist alles, was diese Ordnung stört, was sich gegen Gott als König und Gesetzgeber richtet. Deutlich ist immer, daß es um keine andere als um die verwirklichte Schöpfungsordnung geht. – Von daher ergibt sich auch, daß Jesus als der Verkündiger des Reiches Gottes Gebote kritisiert, sofern sie der Schöpfungsordnung entgegenlaufen.

Seit der Schöpfung ging es schon immer um Gottes Reich. Die Schöpfung ist gut, sofern sie Gottes Reich beginnen läßt als Ordnung und als Unterscheidung.

Vollendung der Schöpfung durch den Zweiten Adam

Diesem Ansatz entspricht, daß nach Paulus, insbesondere nach 1 Korinther 15 (und Römer 8), erst mit der Besiegung des Todes durch Jesus Christus, den neuen, »Zweiten Adam«, die Schöpfungsgeschichte wirklich erfüllt worden ist. Denn die beiden Schöpfungsberichte von Genesis 1 und Genesis 2 sind nach Paulus so zu denken, daß die Schöpfung nach Genesis 1 noch ausstand und erst mit Jesus Christus verwirklicht wurde, zum Teil auch Wirklichkeit erst noch werden wird. Mit ihm wird der Tod besiegt und werden die Menschen durch den Geist Gottes auferweckt werden. Paulus spricht hier sehr deutlich vom Schöpfungshandeln Gottes, und es ist tatsächlich so, daß die Schöpfung Gottes nach der Bibel erst teilweise in die Tat umgesetzt worden ist. Für die Frage nach dem Bösen bedeutet das eine neue, überraschende und befreiende Perspektive: Da Gott mit der Schöpfung noch nicht fertig ist, kann man sie auch gar nicht abschließend beurteilen. Was Gott noch tut, besteht in der Besiegung der lebensfeindlichen Mächte.

Das geht vor allem aus 1 Korinther 15 hervor, denn es heißt dort in Vers 25f, Christus müsse als Erhöhter regieren, *bis Gott ihm alle Feinde zu Füßen gelegt hat. Als letzter Feind wird der Tod vernichtet, denn alles hat er ihm zu Füßen gelegt.* Und in 15,45–49 zitiert und deutet Paulus die Schöpfungsgeschichte: *Der erste Adam »entstand als lebendige*

Seele«, der letzte Adam als lebenschaffender heiliger Geist. Entgegen der Reihenfolge der Erzählung war aber nicht der Adam aus heiligem Geist der erste, sondern Adam, der nur Seele war. Erst danach kommt der Adam aus heiligem Geist... Und wie wir Abbild des irdischen Adam waren, so werden wir auch Abbild des himmlischen sein.

Einwände: Einschränkend sei bemerkt: Um zu systematischen Aussagen gelangen zu können, haben wir uns hier nicht am – recht unterschiedlichen – Gesamtbefund der Bibel orientiert, sondern einige Stränge herausgenommen.

Aber hat nicht Gott nach Genesis 1,1 »alles« geschaffen, eben Himmel und Erde, und damit auch die bedrohlichen Mächte? Oder geht es bei diesen Mächten nicht doch um später abgefallene Mächte, wie Legenden im Judentum und bei den Kirchenvätern es wollen (Sturz der Engel aus Hochmut usw.)? – Antwort: Es fragt sich, ob »schaffen« bedeutet: aus dem Nichts hervorzaubern. Diese Denkmöglichkeit (Entstehung aus Nichts) bestand, wie wir schon sahen, für die hebräische Bibel gar nicht. Wenn die Bibel daher »schaffen« sagt, meint sie es ähnlich wie man von einem Baumeister sagt, er habe ein Palais »geschaffen«. Schaffen heißt biblisch: aus vergleichsweise gestaltlos Vorgegebenem eine Gestalt bilden, wie der Töpfer es aus Ton tut. Die Bibel spricht nicht von der Erschaffung »der Materie«; auch diese abstrakte Redeweise kennt sie nicht. Schon die Erschaffung von »Himmel und Erde« im ersten Vers der Bibel bedeutet ein Ordnen und Organisieren, eben eine Einteilung in zwei Bereiche, wie es sich ähnlich später bei Festland und Meer wiederholt.

Und wenn es in Jesaja 65,17 heißt: *Siehe, ich will einen neuen Himmel und eine neue Erde schaffen, daß man der vorigen nicht mehr gedenken und die nicht mehr zu Herzen nehmen wird,* so setzt dies doch nicht voraus, daß zuvor die alte Welt vollständig vernichtet und wieder zu Nichts geworden ist. Sondern nach dem gesamten Kontext wird Gott durch seine

Torah und sein Volk der Welt eine neue Ordnung geben. So versteht auch das Judentum immer die Rede von der »neuen Schöpfung«. Deshalb kann Paulus jemanden, der Christ geworden ist, als »neue Kreatur« bezeichnen, ohne daß dieser zuvor in Nichts zerfallen sein müßte.

Wir halten fest: Die Bibel begreift Schöpfung als einen fortwährenden, erst mit der Besiegung des Todes im zweiten Adam abgeschlossenen Schöpfungsvorgang. Erschaffen bedeutet, daß Gott die lebensbedrohenden Mächte am Ende eindämmt. Er hat sie nicht geschaffen, aber er wird sie vernichten. Denn Schöpfung ist ein ganz und gar zielgerichteter Vorgang.

Gute und böse Mächte

Wir erfahren die Welt des Unsichtbaren nicht als einheitlich. So wie Dietrich Bonhoeffer von »guten Mächten« sprechen kann, in denen wir uns »geborgen« fühlen, kann man auch von unheimlichen oder bösen Mächten sprechen, die wir als das Grauen erfahren. Darin unterscheiden wir uns nicht von den Menschen zur Zeit der Entstehung der Bibel; der moderne Film konnte diese Wirklichkeit recht plausibel darstellen. Unsichtbare Mächte bedrohen oder begünstigen den Menschen. Das Böse erscheint in diesem Zusammenhang auch als eine Macht von außen, als etwas, das Menschen allemal überragt. Gegenüber der Macht des Bösen sind wir Menschen ganz klein. Der Schriftsteller Georges Bernanos hat diese Erfahrung beschrieben, zum Beispiel in seinem Buch »Die Sonne Satans«.

Die guten und bösen Mächte sind wirklich, weil ihre Macht, ihr Eigenwille, ihre Laune und Gnade erfahrbar werden. Niemand muß beweisen, daß es sie gibt. Denn sie gehören zur Wirklichkeit dazu.

Für die Menschen der Bibel war es entscheidend, die Namen der Mächte zu kennen. Dann konnte man sie anrufen, um ihr Kommen bitten. Auf welchen Namen sollte man setzen? Wer ist der Mächtigste, der Herr der Herren, vor dem die anderen kuschen? Auch der Tod wird als eine solche Macht angesehen. Auch das »Böse« ist unsichtbarer Geist, verderbenbringend und schrecklich. Der Name des Gottes Israels ist geheim und unverständlich. Aber man weiß: Er ist der Herr der Herren, er ist das Leben selbst, er allein kann aus dem Tod retten.

Wichtig ist: Die Bibel führt keinen Gottesbeweis. Die guten und die bösen Mächte sind einfach gegeben. Weder das eine noch das andere muß bewiesen werden. Auch für uns ist das so, jedenfalls folgen wir dem Dichter gern, der sagt »von guten Mächten wunderbar geborgen«. Ihm nehmen wir sogar die Mehrzahl »Mächte« ab. Denn offensichtlich ist unsere Erfahrung nicht einheitlich. Nur wenn wir beten und bekennen, dann richten wir uns an den einen »Herrn der Geister«. Denn eigentlich suchen wir den, der das Böse überwinden kann.

Wir halten fest: In der gesamten Bibel wird kein einziger Gottesbeweis versucht. Die Existenz Gottes ist nicht das Problem, wichtig ist nur die Frage, welcher aus der Vielzahl der Götter derjenige ist, auf den man seine Hoffnung setzen darf. Die Frage der Bibel ist daher, ob der Gott Abrahams und Moses, der Gott Jesu Christi derjenige ist, der dem erfahrenen Leid standhält.

Diese Selbstverständlichkeit ist heute nicht mehr gegeben. Die Frage nach der Existenz Gottes selbst ist zur Kernfrage geworden. Wer unbefangen von Gott redet, hantiert wie mit abgegriffener Münze aus Kirchengewölben, die keinen Gegenwert außerhalb der Kirchenmauern hat.

Keine Theorie über das Böse

Ebensowenig wie die Bibel einen Gottesbeweis versucht, unternimmt sie es, eine Theorie des Bösen aufzustellen. Die Frage, woher das Böse kommt, wird weder gestellt noch beantwortet. Sicher ist nur: Böses besteht außerhalb des Herr-schaftsbereiches Gottes. Das Böse als das Lebensfeindliche ist damit schlicht gegeben. Der Gott Israels hat klar den Weg gezeigt, wie es zu meiden ist. So gibt die Bibel keine metaphysische Theorie über das Böse, wohl aber nennt sie immer wieder eindeutig die Bedingungen des Lebens und damit der Vermeidung des Bösen.

Die Position des biblischen Gottes gegenüber den anderen Göttern, die es noch gibt, hat etwas mit der Frage nach Gut und Böse zu tun. Denn die schillernde Vielgestaltigkeit menschlicher Irrwege spiegelt sich in der Götterwelt. Diese anderen Mächte existieren zwar, aber als zu unterwerfende Feinde des einen Herrn. Sie werden zu »Mächten« oder Dä-monen herabgestuft. Sie bringen nur Unheil. Da sie nicht den Weg des Lebens gaben, verkörpern sie das Böse. Von daher ist die Frage des Bösen eine Frage der exklusiven Zu-gehörigkeit zum Gott Israels, denn sofern man zu ihm gehört, steht man im Kreis des Lebens. – Aus dieser Tradi-tion heraus wird verständlich, daß man sich den Teufel als ein Engelwesen oder als einen Dämon vorstellte.

Der erhöhte Jesus als Überwinder

Das Neue Testament geht noch weiter. Es geht nicht nur darum, daß man den richtigen Namen anrufen muß, den richtigen Gott also. Vielmehr werden auch die dem Men-schen übel gesonnenen Mächte durch den Triumph des er-höhten Christus überwunden, ausgeschaltet oder mundtot gemacht. Zu diesen Mächten gehört am Ende besonders auch der Tod. Die Überwindung der bösen Mächte, die durch die Erhöhung Jesu bewirkt oder zumindest in Aus-sicht gestellt wird, ist endgültig. Das ist die besondere Ant-wort des Neuen Testaments auf die Frage nach dem Wesen und dem Schicksal des Bösen. Die bösen »Mächte und Ge-walten«, wie sie oft genannt werden, sind daher wesentlich für die Bestimmung des Heils.

Nicht das Böse ist zu erklären. Vielmehr fordert die Bibel dazu auf, das Wunder der Ordnung des Lebens zu bestaunen wie eine Oase inmitten der Wüste.

Es wird deutlich, daß die Sichtweise der Bibel unserer modernen Betrachtung gerade entgegengesetzt ist. Dort wird die gefährdete, bedrohte, zwiespältige Existenz des Menschen in der Welt als gegeben vorausgesetzt. Gesucht wird ein Zusammenleben, das diese negativen Merkmale nicht aufweist, gesucht wird der geschützte Garten, wo ringsum nur Wüste ist. Das Böse und Unsichere ist vorgegeben, der Gott Israels schenkt die Ausnahme. Man fragt nicht in einer für »gut« erklärten Welt danach, woher plötzlich das Böse kommen kann. Darauf gibt es keine Antwort. Die Welt wird ganz realistisch als bedroht und korrupt verstanden, voll von lebensfeindlichen Mächten. Und mitten in dieser bösen Welt tut sich ein Weg des Lebens auf, eine Macht, die nicht in den Untergang zerrt. Eben das nennt man Offenbarung.

Genau diese unterschiedlichen Fragerichtungen markieren den Unterschied zwischen Philosophie und biblischem Denken. Das biblische Denken setzt ganz realistisch bei Alltagswahrnehmungen an. Und hier läßt sich ganz leicht eine Brücke zu unseren Erfahrungen schlagen. Denn von dem auszugehen, was ist, macht es unmöglich, die Wirklichkeit an irgendeinem Punkte zu verschleiern oder zu überspielen.

Wir halten fest: Das Lebensfeindliche, Chaotische und Böse, die Wüste sind vorgegeben und nicht zu erklären, auch nicht durch irgendeine Aktivität Gottes. Damit wenden wir uns gegen die (stets mißlungenen) Versuche, aus einer »an sich« guten Schöpfung dann doch noch das Böse entstehen zu lassen. Vielmehr heben wir gerade Gottes Kampf gegen das Böse hervor.

Thema dieses Abschnitts war damit Ursprung und Ziel von

Gottes Schöpfung. Gott steht von Anfang an dem Lebens-feindlichen und Lieblosen gegenüber. Er bekämpft es und wird es am Ende besiegen.

Kommt der »böse Tod« von Gott?

Wenn Gott das lebensfeindliche Chaos zurückdrängt, dann ist damit vor allem der Tod gemeint. Er ist der letzte Feind Gottes. Hat der Tod deswegen nichts mit Gott zu tun? Ist er eine Art Unfall? – Wir wählen den Weg einer Meditation, um dieses große Problem anzugehen.

Ein großer Schatz an elementarer Symbolik sind die unter-irdischen Kirchen, die auf uns gekommen sind. »Krypten« nannte man sie, »die Verborgenen«. In diesen Räumen lebt das Erbe der Katakomben fort, in denen die ersten Christen sich versteckten, ihre Erfahrung des Todes und auch der Glaube an den, der als das Licht das Dunkel des Schatten-reichs besiegte.

Das Halbdunkel dieser Räume unter den Kirchen läßt die christliche Deutung des Todes mit Händen greifen. In ihnen gewinnt auch die faszinierende uralte jüdische Anschauung noch einmal Gestalt, nach der die Erde wie ein Mutterschoß ist, dem die Toten anvertraut sind bis zum Tag der Auferste-hung, an dem die Erde nach schrecklichen Wehen das in ihr Geborgene wieder herausrücken muß. Jesus wird daher im Neuen Testament als der genannt, der als erster aus der Schar der Toten durch seine Auferstehung schon von der Erde gerade in diesem Sinne »geboren« ist, eben der Erst-geborene aus den Toten, geboren wie von einer Mutter.

Es ist eine romanische Krypta, an die ich denke, sie liegt zur Hälfte unter der Erde. Durch die schmalen romanischen Fenster an der Seite dringt spärliches Licht. Ich muß mich an das Halbdunkel erst gewöhnen. Nach Osten hin läuft der Mittelgang auf ein einziges Fenster zu. Rechts und links Säulen, mannshoch, bekrönt von steinernen Kapitellen. Seit neunhundert Jahren liegt Schweigen in diesem Raum. Aus den Halbreliefs der Kapitelle aber quillt dem Betrachter in Stein gebannte Macht und Stärke entgegen. Die Grimassen und Wülste, Klauen und Schwänze zeigen geballte Vitalität. Immer wieder verschlingen sich die Wülste, die aus den Mäulern kommen, zum Zeichen der Acht, und das ist wie ein Ausrufungszeichen: Achtung! Hier geht es nicht um vergängliche Wesen, sondern um Ewigkeit. Haltet dieses Getier nicht für gering. Kein Zweifel: Die Köpfe und Leiber der steinernen Wesen, manche katzenartig, manche wie Löwen oder Eber, sind die Mächte und Gewalten der Bibel. Und erst die letzte Säule gen Osten hin, zum Licht und zum Altar hin, zeigt ein Menschenantlitz, weil in Daniel 7 ein Mensch die Reiche des Bösen ablösen wird.

Die Mächte und Gewalten tragen das steinerne Gewölbe, ihre wilde Kraft ist zum Dienen gezwungen, eingepfercht in Gottes Bau. Das eine Fenster am Ende ist Bild für den unfaßbaren einen und einzigen Gott, der sie alle besiegt und bezwungen hat. So sind die Mächte und Gewalten in den Rhythmus der romanischen Säulen gebannt und dienen der Herrschaft des einzigen Lichts. Das Spiel von Dunkel und Licht, in das der Betrachter einbezogen wird, spiegelt die Dramatik der Weltgeschichte und die jeder einzelnen Menschenseele zwischen Finsternis und Morgenlicht.

In diesem Raum lebt auch die Legende von Salomo, der die Geister dazu zwingen konnte, die Säulen seines Tempels zu tragen. Um wieviel mehr vermag dieses der neue Salomo, der Sohn Davids aus Mariens Schoß, der Erstgeborene aus den Toten. Kreuzgänge und Krypten erschließen sich, wenn man sie durchschreitet. So gewahrt der Betrachter: Diese Mächte und Gewalten sind nicht tot, sie bersten vor Leben und Kraft, sind ewig wie Gott selbst. Daher bedeutet auch der Triumph über sie nicht, daß sie verschwunden oder tot wären. Vielmehr sind sie Stationen auf dem Weg zum Licht, zum einen und einzigen Gott. Und wenn sie schon so voller Kraft und Leben sind, wie sehr trifft das erst für Gott selbst zu!

Krypten sind Totenhäuser wie die Katakomben. Die Mächte und Gewalten an den Kapitellen sind daher einzubeziehen in die christliche Deutung des Todes. Schon das Judentum denkt und erfährt den Tod als einen mächtigen, strahlenden Engel. Und für Paulus ist es ganz selbstverständlich, daß der Tod unter die Mächte, Gewalten und Herrschaften zu rechnen ist. Der Kampf, in dem sie besiegt und unterworfen werden müssen, wird sich bis zum Ende der Zeiten hinziehen. Und erst als der letzte Feind wird der Tod besiegt werden, erst dann kann Auferstehung sein. Der Tod gehört also mitten hinein in diese herrlichen, bedrohlichen, mächtigen Wesen, die durchweg den Menschen nicht wohlgesonnen sind. Erst seit Christus, so sagt Paulus, werden diese Mächte Zug um Zug unterworfen, einbezogen in die Herrschaft Gottes.

Ist der Tod etwa nicht der mächtigste Herrscher auf Erden, dem alle unterworfen sind? Andererseits besteht seit der Auferstehung Jesu die Hoffnung, daß diese Auferstehung kein Einzelfall bleibt, sondern daß der Tod zurückgedrängt werden kann und all seine Macht begrenzt und vernichtet wird. Bis dahin sind die Mächte und Gewalten durch Christus den König schon prinzipiell unterworfen, doch sie haben noch Macht. Das gilt besonders für den Tod.

Wir fragen: Was heißt »prinzipiell« unterworfen? Die Säulenkapitelle der Krypta beantworten diese Frage. Die feindlichen Mächte sind lebendig, noch nicht ausgeschaltet. Sie sind im wahrsten Sinne des Wortes widerborstig, aber sie dienen bereits. Sie sind feindlich und abgründig in ihrer ewigen Macht, aber auf dem Weg zum Licht sind sie notwendige Stationen. Denn in ihrer Vitalität, die der feindlicher Bakterien vergleichbar ist, weisen sie auf die ungleich größere Vitalität dessen, der sie in seinen Bau hineingezwungen hat.

Die christliche Theologie hat immer die Frage bewegt, in welchem Verhältnis diese Mächte und Gewalten zu Gott stehen. Man ahnte: Ihr Verhältnis zum Menschen ist nicht gut. Denn sie können in ihrer Majestät den Menschen nur verachten. Sie sind ewig und rein, der Mensch ist dagegen kurzlebig und in Unreinheit geboren, schwach und voll von Keimen des Todes. Noch die Kunst des 20. Jahrhunderts (Franz Marc) hat in der Reinheit der Tiere etwas entdecken können, das dem Menschen wie etwas Göttliches schlechthin überlegen ist, und daher ist es nicht verwunderlich, daß die Kunst der Romanik die Mächte und Gewalten als Engel oder eben als Bestien darstellt. Und wenn diese Mächte nun in einer Krypta in Gottes Bau dienen, dann stellen sie auf ihre Weise die Herrlichkeit Gottes dar. Das gilt in zweifacher Hinsicht. Einmal sind sie selbst stark und voll großer Macht – wie der Tod. Wie herrlich ist dann erst Gott. Und zum anderen hat Gott sie schon durch den Spruch des Sohnes Davids zu Zeugen seiner Herrlichkeit werden lassen.

Schon das Judentum läßt keinen Zweifel daran: Die Engel und Mächte, die Gewalten und Herrschaften rivalisieren mit dem Menschen, sind auch neidisch auf ihn, aber sie stellen – ganz anders als der schwache Mensch es vermöchte – Gottes überragende Herrlichkeit dar. Diese überragende Herrlichkeit ist als solche nicht menschenfreundlich. Das wäre die Rolle des Erbarmens Gottes. Aber seine Herrlichkeit, die sich in der Herrlichkeit dieser Wesen spiegelt, weist Menschen ab, ist deshalb menschenfeindlich, weil der Mensch nie Schritt halten kann mit ihnen. Der Vergleich wird nie zu seinen Gunsten ausfallen.

Wenn also schon das Judentum und Paulus den Tod unter diese Mächte und Gewalten einreihen, das Judentum zusätzlich den Tod »Engel« nennen kann, dann wird erkennbar, daß man den Tod des Menschen – kurz gesagt – auffassen kann als Scheitern an Gottes Herrlichkeit.

Die Mächte und Gewalten sind nicht nur ein schwacher Abglanz von Gottes Herrlichkeit, sie stellen diese auch in ihrer den Menschen abgewandten Seite dar. Denn der Herrlichkeit Gottes können wir nie und nimmer genügen. Die jüdische Mystik, von der wir erste Ansätze schon in den Psalmen und Hymnen von Qumran haben, setzt bei dieser Grunderfahrung des Menschen angesichts Gottes an. Er ist nur Staub und mit Wasser geknetet. Vor Gottes Herrlichkeit kann er nur vergehen. Über diese Herrlichkeit klären die Mächte und Gewalten den Menschen sozusagen auf, sie verweisen ihn auf seine Rolle und seinen bedenklichen Stand innerhalb des Alls.

Es hat daher einen Sinn, wenn in der romanischen Krypta die Engel und herrlichen Bestien etwas über den Tod sagen. Der Tod ist wie einer von ihnen. Und der Mensch scheitert angesichts dieser überlegenen Herrlichkeit. Es ist, als verbrenne er in dem Feuer der Herrlichkeit, das Gott selbst ist, wenn man ihm ungeschützt gegenübersteht. Daher sagt es schon das Alte Testament, und das Neue Testament wiederholt es ausdrücklich: Gott sagt *ich bin verzehrendes Feuer.* Und Jesus sagt in einem alten Wort, das sich außerhalb des Neuen Testaments oft erhalten hat, von sich selbst: *Wer mir nahe ist, ist dem Feuer nahe.* Feuer ist zunächst etwas Erschreckendes, Gewaltiges, überaus Gefährliches, eben etwas, das »verzehrt«.

Wir haben unsere Überlegung anhand uralter mythischer Bilder angestellt; denn die Vorläufer der romanischen Figuren reichen bis tief in die Mythologie des alten Babyloniens zurück. Man kann sie, wenn man etwas genauer hinblickt, noch heute verstehen, besser als abstrakte Rede.

Zum Ausdruck kommt diese Situation der Christen besonders in Römer 8,38f: Paulus weiß, daß *weder Tod noch Leben noch Engel noch Mächte . . . noch Gewalten* die Christen von der neuen Gemeinschaft mit Gott trennen können. In der Aufzählung des Paulus steht der Tod neben den himmlischen Mächten, weil auch er auf die Seite der »abweisenden«, schrecklichen Herrlichkeit Gottes gehört.

Wenn es zutreffen sollte, daß der Tod des Menschen sein Scheitern an der Herrlichkeit Gottes selbst ist – bedeutet das nicht, daß dem Menschen hier etwas Böses in Gott selbst begegnet?

Das trifft einerseits zu, aber am Ende doch auch wieder nicht.

Es trifft zu, daß das Böse namens Tod von Gott kommt, wenn und weil der Mensch vor Gottes Herrlichkeit keine Chance hat. Es trifft auch deshalb zu, weil die Bibel den Tod des Menschen nicht etwa als Betriebsunfall abtut. Vielmehr ist der Tod des Menschen wirklich das entscheidende Problem in seinem Verhältnis zu Gott. So wird Gott auch als der Richter vorgestellt, der mit dem Tode droht. Auch Jesus erfährt seinen Tod – wenn auch anders – als Begegnung mit Gott selbst. Die Majestät des Todes ist unabweisbar eine Spur Gottes.

Es trifft aber andererseits nicht zu, daß es sich bei der Verbindung von Gott und Tod um eine Regel oder gar Zwangsläufigkeit handelt. Denn der Gott der Bibel ist unter allen Umständen ein Gott des Lebens, der den Tod des Sünders nicht will. Und der Gott der Herrlichkeit ist vom ersten bis zum letzten Buch der Bibel auch und vor allem ein Gott der Barmherzigkeit. Daß er dieses »vor allem« sein will, unterscheidet ihn vielleicht von anderen Göttern, sicher aber von den Mächten und Gewalten. Der Kampf Gottes gegen die Chaosmächte ist ein Kampf gegen die Zwangsläufigkeit des Todes. Das Ziel der Schöpfung ist eine Überwindung dieser Regel.

Und genau aufgrund dieser Erfahrung spricht besonders das Neue Testament von der Auferstehung der Toten. Denn wenn auch der leibliche Tod, der jeden trifft, eine fortdauernde Altlast aus der Frühzeit dieses Kampfes ist, so ist doch die Vermeidung des entscheidenden »zweiten Todes« das Schöpfungsziel Nummer eins. Die einzige Bedingung ist freilich, daß Menschen Gottes Ziel und Vorhaben eine Chance geben. Ohne ihr Ja kann dieses Ziel nicht Wirklichkeit werden.

Wir setzen neu ein: Nach Auffassung insbesondere des Neuen Testaments haben die Leiden, die dem Menschen begegnen, ihm etwas zu sagen. Sie sind, gerade weil sie nicht die Ordnung der Herrschaft Gottes darstellen und »nicht in Ordnung« sind, für den Menschen wie Wegweiser in Richtung auf Gott. Sie sind in dieser Rolle rings um den einzigen Punkt angeordnet, der im Leben eines Menschen wichtig ist: um seine Hinwendung zu Gott. Treffen sie ihn vor der Hinwendung zu Gott, dann sagen sie genauso etwas, wie wenn sie ihn nachher treffen. Die Hinwendung zu Gott aber ist der Punkt, an dem der einzelne Gottes Herrschaft (sein Reich) anerkennt. Insofern sind alle Leiden, die dem Menschen überhaupt begegnen, hingeordnet auf die Herrschaft und das Reich Gottes. Die Bibel nennt die Leiden, die den Menschen in diesem Sinne treffen, Versuchung. Diesen Begriff hat man oft gründlich mißverstanden. Wir unternehmen es, ihn neu zu interpretieren.

Diese Sichtweise ist neu; sie macht es möglich, die Frage nach dem Wozu des Bösen und des Leids direkt im Zusammenhang mit dem Zentralthema der Botschaft Jesu zu beantworten.

Unser Denkweg soll durch drei »Gleichnisse« verdeutlicht werden.

Das Bild vom Ballspiel

Völkerball spielte man früher mit großen Medizinbällen. Wenn man von einem solchen Ball mit voller Wucht getroffen wurde, konnte das sehr weh tun, vor allem wenn der Ball die nackte Haut traf. Wer nicht ganz standfest oder zu klein war, konnte durch den Ball zu Boden gerissen werden. Nach der Spielregel kam es darauf an, dem Ball auszuweichen, nicht getroffen zu werden. Aber irgendwann trifft es jeden.

Nur falls man den Ball auffangen und weitergeben konnte, bedeutete er nicht das Aus. Man konnte dann dem aufgefangenen Ball eine neue Richtung geben.

In dieser Sekunde des Ballspiels (nur darin!) liegt eine Ähnlichkeit zum Leiden. Das Leiden kommt auf einen zu, es ist eine schmerzhafte Berührung. Es kann einen umwerfen. Man kann versuchen, es mit Händen zu greifen, es aufzufangen, ihm eine andere, neue Richtung zu geben. Der Ball, der treffen, umwerfen und zum Ausscheiden zwingen sollte, erhält eine andere Funktion. Man wird die Gefahr los, indem man sie umdeutet, umlenkt, aus ihr ein Stück der Geschichte der Befreiung und Rettung macht. Die Kraft dazu nennt man Glauben. Gewiß wird der Schmerz bei der Berührung mit dem Ball nicht geringer, wenn ich ihm danach eine neue Richtung gebe. Diese neue Richtung heißt: Ich werde auf mein Leben achten. Der Schmerz war die eine Sache. Ich weiß jetzt aber auch, aus welcher Richtung die Gefahr kam. So wende ich mich um, in eine andere Richtung, weil ich gerettet bin. Ich kann den Ball, die Gefahr, das Leid loswerden, innerlich oder äußerlich. Sich-Umwenden oder Umdenken ist das biblische Wort für Umkehr, für Buße.

So könnten wir das Leiden, das uns trifft, zum Anlaß der Richtungsänderung werden lassen. Wir versuchen, es mit den Händen aufzugreifen, um es zu »gestalten« und ihm dadurch seine vernichtende Kraft zu nehmen. Oder wird gar – um das Bild noch kühner zu machen – der Ball Gott zugeworfen: »Wirf deine Sorgen auf den Herrn«?

Hat nicht Gott selbst auch ein Beispiel für solches Verändern der Richtung gegeben? Die Menschen haben seinen Sohn ermordet. Diesen Justizmord, diese Katastrophe nimmt er auf und ändert die Richtung. Er sagt: Was ihr als grausamen Mord erdacht habt, das wird in meinen Händen zum Zeichen der Versöhnung. Das Kreuz wird so zum Ausdruck der Feindesliebe Gottes. Er hat den Ball, der ihn, der seinen Sohn treffen sollte, verwandelt in das Zeichen der Vergebung aller Sünden.

So könnte es sein, daß wir durch das Leiden, das uns trifft, ganz instinktiv die Richtung ändern. Glaube ist eine solche Instinktsache.

Das Bild von der Mühle und vom Wasser

Noch bis weit in das vorige Jahrhundert hinein, eben bis zum Siegeszug der Dampfmaschine, war man zur Gewinnung von Energie für Maschinen weitgehend auf die Ausnutzung der Wasserkraft angewiesen. Die entscheidende Erfindung war das Wasserrad gewesen. Leitete man Wasser von oben her auf ein breites Rad, so konnte man es dazu bringen, sich zu drehen, wenn die Bretter, Schaufeln genannt (Schaufelrad und Schaufelbagger kennt man heute auch noch), geschickt und im richtigen Winkel angeordnet waren. Diese Bewegung konnte man dann zum Beispiel auf ein Mühlwerk übertragen. Gemahlen wurden nicht nur Getreidesorten, sondern auch viele andere pflanzliche Stoffe, zum Beispiel Eichenholz, um die Lohe für die Gerber zu gewinnen. Man kann sich kaum noch vorstellen, wie zahlreich und auch baulich aufwendig und für den Betrachter einprägsam Wassermühlen waren.

Das Anlegen solcher Mühlen hatte bereits in hohem Maße auch das Bild der Landschaft rings um die Ortschaften oder Siedlungen verändert, in deren Nähe es fließendes Wasser gab. Denn alles war daran gelegen, das Wasser in Gräben oder Kanälen, unterirdisch durch Rohrleitungen oder oberirdisch in hölzernen Wasserrinnen, auf die Wasserräder zu leiten. Es kam dabei nicht nur auf das richtige Gefälle an, das ein ruhiges Fließen des Wassers ermöglichte, sondern auch darauf, daß unterwegs nicht zuviel Wasser verloren ging. Durch hölzerne oder gußeiserne Wehre konnte man den Lauf des Wassers in den Gräben regulieren.

Noch heute hat die deutsche Sprache aus der Technik der Wassermühlen einige Ausdrücke bewahrt. So wenn man sagt: »Das ist Wasser auf meine Mühle.« Das heißt: Etwas nützt mir, denn es treibt meine Mühle an. Oder wenn man sagt: »Jemandem das Wasser abgraben.« Das bedeutete: den Wasserlauf, der zum Wasserrad des Nachbarn führte, vorher anzuzapfen, um sein Wasser abzufangen. So schadete man seiner Energiequelle.

Aus dieser technischen Welt ist auch dieses Bild genommen: Gott leitet das Böse, das Leid, das in der Welt geschieht, wie Wasser auf seine Mühle. Das heißt: Das Wasser, das in einem Bach zu Tal fließt, leitet Gott so um, daß es sein Mühlrad antreibt. Er macht es zu seinen Zwecken dienstbar, er nimmt es in Dienst.

Gott ist wie ein Wassermüller. Der Wassermüller hat das Wasser nicht gemacht, es fließt auch ohne ihn zu Tal und verursacht alles Mögliche, auch Überschwemmungen und Sümpfe. Der Wassermüller baut einen Kanal oder eine hölzerne Rinne, um die Energie des Wassers für sich zu nutzen.

So wie mit dem Wasser ist es mit dem Leid und dem Bösen. Es gehört zur Wirklichkeit der Welt. Und ob wir es Leid oder Böses nennen, das ist bereits unsere Einteilung. Und wir haben bereits früher gesehen: Gott findet das Lebensfeindliche, das Chaos, die Wüste, vor. Er macht sie nicht erst.

Es ist auch nicht Gottes Art, in die Welt einzugreifen und wie durch ein Wunder böse Mächte einfach zu vernichten. Auch nach Ansicht der Bibel hat Gott den Menschen diesen Gefallen äußerst selten getan. Und in unserer Welt, in der Wunder keine Weise sind, Wirklichkeit wahrzunehmen, wird man erst recht so etwas nicht finden. Nein, Gott vernichtet Leid und Böses nicht direkt. Also: Weder hat er es gemacht, noch hat er die Absicht, es einfach aufzuheben.

Aber er gibt der Welt eine Ordnung, daher ist er der Schöpfer. Und das betrifft insbesondere die Menschen, die, wie die ganze Bibel weiß, besonders schwer zu einer Ordnung zu bringen sind. Für die Menschen gibt es Ordnung nur dadurch, daß sie Gott als den Regenten anerkennen. Dieser Vorgang ist in unserem Bild wie das Wasserrad, das sich endlich dreht. Gott, der Mensch, die Schöpfung haben dann gewonnen, wenn dieses irgendwann gelingt. Das heißt: Wenn der Mensch Gott als dem Herrn die Ehre gibt, dann findet er auch die Lebensordnung für sich und für alles in seinem Umkreis.

Um das Wasserrad in Bewegung zu setzen, schafft Gott nichts Zusätzliches (dort, wo Wunder geschehen, ist das anders, aber darum geht es hier nicht). Er greift auf Vorhandenes zurück, wie der Wassermüller auf das fließende Wasser und seine verborgene Kraft.

Wie wird das Wasser kanalisiert, damit es zu Gottes Mühle führt? Wie nutzt Gott das Böse für seine Zwecke, das heißt für den Zweck, daß Menschen seine Herrschaft anerkennen? Auf jeden Fall dadurch, daß er Menschen schickt, die sagen, was diese Leiden im Sinne Gottes bedeuten und bewirken sollen. Das heißt: Die Leiden und das Böse stehen nicht für sich, sondern werden durch das, was wir Offenbarung nennen, gedeutet.

Die Leiden und das Böse sind daher zunächst stumm, aber durch Gottes Wort werden sie auf Gottes Mühle geleitet, werden sie erhellt und bekommen einen Sinn. Genau das geschieht, wenn Jesus in Lukas 13,1–5 zwei Katastrophen, die geschehen sind, »zum Sprechen« bringt. Pilatus hatte scheinbar grundlos Galiläer niedermetzeln lassen, und achtzehn Menschen waren als Opfer eines eingestürzten Turmes zu beklagen. Jesus kommentiert: Wenn ihr nicht Buße tut, werdet ihr genauso umkommen.

Es geht dabei nicht um einen Automatismus von Leiden und Bekehrung. Es wird nicht erwartet, daß die Menschen sich einfach bekehren, wenn sie leiden. Sondern eine Bekehrung wird nur angesichts der geschehenen Offenbarung erhofft, die als dritter Faktor neben Gott und den leidenden Menschen steht. Das Leiden weckt Fragen in den Menschen, und die Offenbarung antwortet auf diese Fragen. Erst im Lichte der Offenbarung Gottes können die Fragen, die Leiden aufwirft, beantwortet werden.

Auch in Offenbarung 6–9 wird immer das in der christlichen

Offenbarung ergangene und zugängliche »Sinnpotential« vorausgesetzt. Denn der öffentliche Sieg des Lammes (Kapitel 5) hatte die Endereignisse überhaupt erst in Gang gesetzt.

Durch die Propheten und Apostel, durch Jesus und den Seher Johannes läßt Gott gewissermaßen alle Fragen, die angesichts des Leids entstanden, sammeln und beantworten. Genau auf diese Weise zieht Gott das Leiden auf sich: Er sammelt die Fragen der Menschen und deutet ihr Leiden nachträglich in seinem Sinne: Sie hatten ein falsches Verhältnis zu ihm. Denn in seiner Antwort enthüllt er die Leiden als Folge der Gottesferne. Gott spannt daher das Leid und die Katastrophen vor seinen Karren, indem er seine Aufforderung zur Bekehrung, ja sich selbst als Antwort auf die Fragen darstellt, die durch das Leiden gestellt worden waren.

Aus der Offenbarung Gottes erfahren die Menschen, daß ihre Leiden Signale dafür sind, daß sie mit Gott noch nicht versöhnt oder im Glauben noch nicht tief genug in ihm verankert sind.

Das heißt aber nicht, daß Leiden eine Strafe ist. Im Sinne der Bibel sind Leiden jedenfalls hier nicht als Bestrafung für Vergehen anzusehen. Sondern die Leiden sind Signale für mangelnden Frieden. Einzelne Katastrophen können nicht ursächlich mit Vergehen in Zusammenhang gebracht werden. Vielmehr ergeben die vielen Signale einen einzigen zusammenhängenden Sinn. Er besteht darin, daß der Mensch die Lebensordnung oder den Lebensraum Gottes verlassen hat und nur Genesung finden kann, wenn er dahin zurückkehrt.

Das Bild von der Sandburg und der Flut

Seit meinem neunten Lebensjahr baue ich mit Begeisterung Sandburgen am Strand, wann immer ich in der Ferienzeit am Meer sein kann. Es sind nicht Wälle um Strandkörbe herum, sondern Burgen und Städte mit Mauern und Zinnen, Giebeln und Dächern, Brunnen und Treppen, Kuppeln und Türmen. Sie sind nur zum Anschauen da. Je nach Sonnenstand verteilen sich Licht und Schatten zu jeder Stunde anders über die Flächen und Winkel. Längst habe ich Erfahrungen gesammelt mit der Stabilität des Sandes, weiß auch, was man mit welchem Sand zu bauen wagen darf. Für solche Burgen und Städte kommt nur ein Sand in Frage, der weder zu trocken noch zu feucht ist. Auch ein paar Stunden Regen bewirken nach langer Trockenheit noch nicht viel. Der Sand muß daher aus einer mittleren Zone zwischen dem Meeresrand und dem meist viel zu trockenen Sand rund um die Strandkörbe genommen werden. Gerade diese Zone ist aber gefährdet durch jede neue Flut. Sieht man als Burgenbauer die mühsam erstellten Städte und Burgen der Flut ausgesetzt, dann versteht man an einem kleinen, sehr kleinen Beispiel, was die Psalmen des Alten Testaments über die Bedrohung der Welt durch die Flut sagen, über Gottes Kampf gegen die Urflut und – was dasselbe ist – den Meeresdrachen.

Aus dieser Welt nehme ich nun mein Bild. Der Feind der Burgen ist die Flut. Ihr Herannahen ist sicher. Im Interesse der errichteten Bauten muß und kann der Flut Widerstand geleistet werden. Das geht nur mit Hilfe zusätzlicher massiver Befestigungsanlagen. Das Kommen der Flut macht sich bemerkbar, allerdings ganz langsam und durch unregelmäßige Teilüberschwemmungen. Gott ist in diesem Fall wie ein erfahrener, burgenfreundlicher Strandwärter (so etwas mag es geben), der beizeiten anhand von Laufgräben und Rinnen für Flutwasser den ungläubigen Burgenbauern veranschaulicht, was die Flut anrichten kann und wird, wenn sie nicht (mit der Hilfe, die er anbietet) ihre Bollwerke erheblich verstärken. Er hat die Flut nicht gemacht, er ist nicht Ursache dafür, daß sie kommt und daß sie an allen Ecken und Kanten ihr zerstörerisches Werk beginnt. Wer sieht, wie mühsam errichtete Sandbauten dahinfallen, hat ein anschauliches Bild für die Vergänglichkeit des Daseins. Alle Schönheit, die wir bauen, reicht nur bis zur nächsten höheren Flut. Der burgenfreundliche Strandwärter nimmt ihre zerstörerische Macht in seine Dienste, um rechtzeitig zu warnen. Freilich: Er zieht nicht einfach Rinnen, er sagt auch etwas dazu; es geht nicht um dunkles, mechanisches Angstmachen. Der Strandwärter will die Burgen retten. Aber das notwendige Festklopfen und Befestigen, das müssen die kleinen (und großen) Burgenbauer schon selbst tun. – Sowohl das Bild der Flut als auch das Bild des Befestigens stammen aus dem Alten Testament. Denn Festigkeit gewinnen heißt Glauben (und umgekehrt).

Gott ist nicht der Urheber der zerstörerischen Flut. Und auch der Strandwärter hat sie nicht geschaffen.

Wir fragen: Hätte der Burgenwärter nicht Vorträge halten können? Warum muß er solche Schmerzen »heranführen«, um zu warnen? – Er hat ja Vorträge gehalten. Die Geschichte Israels und der Kirche ist voll von Vorträgen, sabbatlichen und sonntäglichen. Und entsprechend gefüllt ist damit die Bibel. Es ist die schlichte Erfahrung aller biblischen Verkündiger von Mose bis Jesus, von Amos bis zum Seher Johannes, daß die Menschen hartgesotten sind, durch Belehrungen noch so schöner Art nicht oder kaum zu bewegen. Es ist immer wieder dieselbe Erfahrung, die auch wir allerdings kaum werden wahrhaben wollen: Worte helfen nicht, höchstens ganz wenig. Und freundliche Geschenke rühren nur für kurze Zeit. Doch Not lehrt beten.

Der Strandwärter zeigt, was die Flut vermag, um Schlimmeres zu verhüten. Er muß Beispiele vorführen. Seine Beispiele sind drastisch. Das Wort »drastisch« kommt vom griechischen Wort *dran* = ziehen. Und als drastisch bezeichnet man dargestellte Szenen oder Formulierungen, die Menschen bewegen können, sie »ziehen«, die sie weg- und herausziehen aus ihrer gewohnten Seelenruhe, hin zur Konfrontation mit dem Schrecklichen oder Erschütternden, um sie so zu erweichen in ihrer hartherzigen Ungerührtheit.

Denn alles Leid in dieser Welt ist nur ein Vorspiel, ein Vorspiel für das, was noch schrecklicher ist oder sein könnte, nämlich sich auf immer selbst zu verfehlen.

In Johannes 5,14 sagt Jesus, nachdem er den Lahmen geheilt hat, der achtunddreißig Jahre lang krank war, erstaunlicherweise zu dem Geheilten: *Sieh hin, du bist gesund geworden. Sündige nicht mehr, damit es dir nicht noch schlechter ergeht.* Diese scheinbar zynische, jedenfalls aber unverständliche Rede Jesu bedeutet: Wenn er sündigt, wird es dem Geheilten noch viel schlimmer gehen als in den achtunddreißig Jahren der Krankheit. Jesus führt hier nicht die lange Krankheit auf Sünde zurück. Vielmehr macht er deutlich, daß die Folge des Sündigens noch schlimmer ist, als achtunddreißig Jahre lang gelähmt und ohne Aussicht auf Heilung dazuliegen. Sündigen heißt hier: Gottes Lebensangebot in Jesu Person mißachten, sich weigern, das Gebotene und den Geschenkten anzunehmen. Aus der Katastrophe, die noch größer ist als endloses Siechtum, wird der Mensch nicht ohne diesen einen Funken an »Selbstbeteiligung« erlöst. Er muß wollen und aufhören, er muß das Angebot annehmen. Aus diesem Grunde fragt Jesus auch vorher (in 5,6): *Willst du gesund werden?* Die Ausleger haben sich über diese Frage schon immer gewundert. Bei einer so langen Krankheit ist es doch klar, daß ein Mensch gesund werden will. Bei der noch schlimmeren Krankheit, nämlich der Sünde, ist das aber leider nicht so klar. Daher ist Jesu Frage *Willst du gesund werden?* schon ein Vorspiel auf die zweite, noch ernstere Hälfte der Geschichte. Denn dort gilt erst recht und vor allem: Willst du aufhören zu sündigen? Willst du von der Sucht frei werden? Oder anders: Wenn du nicht willst, kannst du nicht frei und gesund werden. Was bei der leiblichen Krankheit selbstverständliche Sehnsucht ist, sollte und müßte bei der anderen Krankheit, der Sünde, ebenso sein. Im übrigen wird der Geheilte von der Sünde befreit, indem er sich zu Jesus bekennt und so in die Lebensgemeinschaft mit dem Menschensohn eintritt, was nichts anderes bedeutet als nach der Regel des Himmels zu leben, von oben her neu geboren zu sein, Einheit und Friede unter den Geschwistern zu bewahren.

Leiden als Äußerung Gottes

Als Ergebnis dieser Überlegungen kann man zusammenfassen: Von sich aus sprechen die Leiden nicht. Sie stören, quälen, machen ratlos. Sie wecken auf und lassen uns Fragen stellen. Das Buch Hiob und seine Vorläufer und Nachfahren schildern solche Fragen.

Das Frühjudentum und das Neue Testament versuchen, diese Fragen aufzunehmen und sie nicht einfach mit dem Hinweis auf Gottes unerforschlichen Willen abzutun. Sie wissen nicht mehr über Gott und das Warum des Leidens als wir. Aber sie kommen einen Schritt weiter in der Frage nach dem *Wozu*.

Erstens teilen sie mit dem Alten Testament die Auffassung, daß das Böse und das Leiden nicht aus Gott kommt, sondern vorgefunden wird.

Zweitens aber haben Juden zur Zeit des Frühjudentums seit der Entstehung des Deuteronomiums (5. Buch Mose) und verwandter Schriften ein wichtiges Stück der prophetischen Botschaft aufgegriffen und geradezu ein theologisches Programm daraus gemacht, das sich in zwei Wörtern zusammenfassen läßt: Umkehr, Bekehrung.

Von diesem Programm her (die Bibelwissenschaft nennt es »deuteronomistisch«) wird nun das Leiden des Menschen und das Böse in der Welt neu und »in einem Wurf« gedeutet: Es wird der Umkehr des Menschen zugeordnet.

Das kann man schon an der Neudeutung der Gestalt Hiobs im Frühjudentum sehen. Hiob wird gedeutet als jemand, der sich zum Gott Israels, zum Judentum hinwendet und bekehrt. Seine Leiden und der Tod seiner Kinder werden als notwendige Folge dieser Bekehrung aufgefaßt. Hiob wird vom Satan versucht, weil dieses der Weg ist, auf dem sein Glaube Gestalt gewinnt und vertieft wird. Hiob erfährt dabei so intensiv wie nie zuvor, wer dieser Gott ist.

Und im frühen Christentum werden ganz entsprechend alle Leiden des Menschen entweder vor oder nach seiner »Umkehr« oder »Bekehrung« angesetzt. Das bedeutet: Sie erhalten einen Sinn in bezug auf das Eine, das Gott vom Menschen will.

Vorausgesetzt ist immer: Dieser Gott hat gesprochen. Mose und die Propheten sind sein Wort. Der Mensch will aber nicht hören. Angesichts dessen greifen diese späteren Schriften das Leiden in der Welt auf und können nun die Fragen, die entstehen, wenigstens im Sinne eines Wozu beantworten.

Leiden haben einen Sinn. Bringt man sie mit dem zusammen, was die Schrift als Gottes Wort schon bietet, so ist es, wie wenn die Stücke eines zerbrochenen Ringes wieder zueinander fänden. So haben wir ein Dreierschema: Wort Gottes – Frage – Antwort. Das »Wort Gottes« wurde durch Mose und die Propheten verkündet und abgelehnt. Die Frage sind die unverstandenen, rätselhaften Leiden der Menschen. Die Antwort lautet: Die Menschen müssen leiden, weil sie Mose und die Propheten abgelehnt haben. Also weisen die Leiden auf Offenbarung, und die Adressaten müssen umkehren.

Die frühjüdische und die christliche Verkündigung suchen also zusammenzubringen, was zusammengehört wie Frage und Antwort. Sie leisten diese Vermittlung zunächst besonders angesichts des Exils, in dem die Kinder Israels unter die Völker verstreut sind. »Umkehren im Exil« wird zu einer festen Wendung. Der prophetische Umkehrruf wird hier für die Zeit nach dem Exil neu aufgegriffen und angewendet, sie wird zu »der« Botschaft im Namen Gottes. Innerlich ist also das Judentum schon weitgehend Bekehrungsreligion (Aufforderung an jeden einzelnen, grundsätzlich umzukehren) geworden, bevor Johannes der Täufer und Jesus ihre Stimme erheben und angesichts des Reiches Gottes Umkehr fordern. Statt »Umkehr« kann man auch sagen: Hinwendung zu Gott.

Für das Frühjudentum und das Neue Testament ist es ganz deutlich, daß der Mensch nicht einfach durch Abstammung oder praktizierte Volksreligion schon zu Gott gehört. Er muß sich um seines Heiles willen vielmehr mitten in seinem Leben in besonderer Weise zu Gott hinwenden, sich umwenden. Dieser Akt der Unterbrechung und Richtungsänderung ist notwendig. – Was bedeutet das für das Thema Leiden?

Auch das Leiden ist eine Unterbrechung des Gewohnten. Oft genug bedeutet es Änderung der Lebensgewohnheiten, immer aber ist es Krise, Anfrage, Aufbrechen des Selbstverständlichen.

Zu Recht nimmt man meistens an, daß es keinen direkten Zusammenhang zwischen moralischen Versäumnissen (»Schuld«) und Leiden gibt. Dennoch stellt man die Zeit vor Beginn des Leids oder Leidens nahezu automatisch in Frage.

Erfahrung von Leiden und Hinwendung zu Gott gehören daher nicht nur im Exil des jüdischen Volkes zusammen, sondern überhaupt. Denn wer leidet, ruft nach Änderung. Der Gott der Bibel bietet die Möglichkeit zu umfassender Therapie und Änderung an.

Gott will also angesichts der Erfahrung von Leiden und durch sie etwas sagen. Im Frühjudentum, bei Jesus und den Aposteln wird dies ausdrücklich zum Thema. Diese Botschaft lautet: So wie der Leidende Änderung ersehnt, so bringt die Hinwendung zum Gott Israels wirkliche und grundlegende Änderung und Heilung. In diesem Sinne kann Jesus sagen, daß er zu den Kranken, nicht zu den Gesunden gesandt ist. Seine Heilungen sind wie die Spitze des Eisbergs, denn es geht ihm um die Heilung des ganzen Menschen.

Das aber bedeutet: Das Leiden und das Böse haben weder

jetzt noch in Zukunft das letzte Wort. Sie werden Teil der Botschaft der Mittler, am Ende auch Jesu, der die Wende zum Besseren einleitet.

Leiden als Zeichen

Leiden sind immer Zeichen dafür, daß etwas nicht in Ordnung ist.

Nach Auffassung der Bibel sind die Leiden Zeichen dafür, daß der Mensch nicht in Gottes Ordnung steht. Daher ergeht die Aufforderung, sich in diese Ordnung hineinzustellen. Das bedeutet: Umkehr.

Gegenwärtiges Leiden hat keinen Sinn für sich selbst, sondern ist Hinweis auf den drohenden Verlust des Ganzen, des Selbst, der Seele, der Identität, des »Namens«.

Denn auch das irdische Leben ist nur ein Teil in dem größeren Ganzen eines unteilbaren (zeitlichen und ewigen) Lebens. Leiden ist in diesem Sinne ein Signal, sich Gott anzuvertrauen, um so den »totalen Tod« zu vermeiden. Dabei geht es also nicht um das Warum, sondern um das Wozu des Leidens.

Immer betrifft irdisches Leiden noch nicht die letzte denkbare Katastrophe. Noch immer geht es um das Vorletzte, das der Menschen im Leiden erduldet. Eben aus diesem Grunde sind alle Leiden, die den Menschen treffen, nur Zeichen. Denn ein Zeichen ist nur Teil eines umfassenderen Ganzen, es weist auf das Größere.

Auch der leibliche Tod – etwa der Tod Jesu am Kreuz (hier verstanden als Versuchung) – ist nach Auffassung des Frühjudentums und des Neuen Testaments nur ein Zeichen und nicht das Ganze.

Interessant ist nun, daß so, wie die Leiden Zeichen sind, auch die im Sinne der Bibel notwendige Antwort des Menschen in Gestalt von Zeichen gegeben wird. Denn wenn er sich überhaupt zu Gott hinwendet, dann so, daß er »Gott die Ehre gibt«, das heißt: Er lobpreist ihn mit den Worten des

Bekenntnisses. Alle (Glaubens-)Bekenntnisse haben ihren Ursprung in solchen Lobpreisungen. Worte werden hier zu lebendigen Zeichen der Zugehörigkeit zu Gott. Sie stehen für den ganzen Menschen und sind insofern Zeichen.

Und wenn der Mensch nach der Hinwendung zu Gott durch Leiden getroffen wird, die sein Gottvertrauen in neue Dimensionen hineinführen, dann ist der Weg des Menschen, auf dem er bestehen kann, das Gebet. Wie beim Bekenntnis geht es um Zeichen mit Worten.

Wir halten fest: Sowohl die Leiden, die den Menschen auf Erden treffen, *als auch deren Beantwortung gehören in den Bereich der Zeichen.* Denn die Leiden betreffen einen Teil des Ganzen, das nicht verlorengehen soll, und Bekenntnis und Gebet stehen für den ganzen Menschen, der geheilt und gerettet werden soll.

Beide, Gefährdung und Rettung, spielen sich im Vorfeld, auf der Ebene der Zeichen ab. So wird darauf hingewiesen, daß das Ganze auf dem Spiel steht.

Unser bisheriger Weg in den beiden Abschnitten »Schöpfung« und »Versuchung« läßt erkennen, daß man zum Verständnis biblischer Aussagen gegen zwei Fronten ankämpfen muß.

Einerseits ist wichtig (Abschnitt »Versuchung«), Gott nicht zum Prinzip und zum »rein Guten« zu machen. Denn er ist eigenwillig, für Menschen nicht durchsichtig und hat deutlich Züge des »verborgenen Gottes« Luthers. – Damit kämpfen wir gegen weisheitliche, philosophische und deistische Vorstellungen, nach denen Gott der »Gute« oder das Prinzip Liebe sei. Hier geht es uns um die Person Gottes, um seine Hoheit, Verborgenheit und auch Unverrechenbarkeit. In diesem Sinne kann es sehr wohl auch das Böse im Zusammenhang von Gottes Handeln geben.

Andererseits (Abschnitt »Schöpfung«) aber ist das Lebensfeindliche, Chaotische und Böse, die Wüste vorgegeben und nicht zu erklären, auch nicht durch irgendeine Aktivität

Gottes. – Damit kämpfen wir gegen die (stets mißlungenen) Versuche, aus einer »an sich« guten Schöpfung dann doch noch das Böse entstehen zu lassen. Hier geht es gerade um Gottes Kampf gegen das Böse.

Rein theoretisch betrachtet, kann sich beides zumindest teilweise widersprechen. Unsere Absicht ist indessen nicht eine in sich abgeschlossene, widerspruchsfreie Theorie, sondern es geht darum, die Geschichte Gottes mit den Menschen nach den Aussagen der Bibel zu »verstehen«. Wie in der großen Politik gibt es, sehr kühn formuliert, beides: Prinzipientreue *und* große Koalitionen. Wer realistisch ist, rechnet mit beiden Möglichkeiten.

Beide Wege könnte man auch so zusammenbringen, daß man sagt: Bei dem zweiten Thema (»Versuchung«) geht es um die Erfahrung mit Gott im Verlauf der Geschichte. Sie ist mehrheitlich dunkel und undurchschaubar. Bei dem ersten Thema (»Schöpfung«) ging es um »Ursprung und Ziel«, weil von Anbeginn Gott dem Lebensfeindlichen gegenübersteht und es am Ende besiegen will und wird.

Das Thema Versuchung ist im folgenden weiter zu entfalten.

Leiden als Versuchung der Kinder Gottes

Wenn ein Mensch sich zu Gott hingewendet hat, ihn als Herrn anerkennt, dann gewinnt die Tatsache, daß ihn noch immer oder gar verstärkt Leiden heimsuchen, einen besonderen Sinn. Das Frühjudentum und das Neue Testament sprechen hier – für uns mißverständlich – davon, daß den Menschen »Versuchungen« treffen. Damit ist gemeint: Die Leiden bringen den gerade neu »gewonnenen« und im Bekenntnis geäußerten Glauben in Gefahr, sie stellen ihn in Frage, erschüttern ihn, lassen den Zweifel entstehen, ob nicht alles eher sinnlos und schädlich war.

Es geht nach dem Neuen Testament also zunächst um die Leiden der Christen, der zum Christentum Gekommenen.

Diese Frage stellt sich jedoch auch heute: Was nützt der Glaube, wenn sich nichts ändert? Haben Leiden für Christen eine besondere Bedeutung? Die Bibel sagt ja, und zwar eine, die mit Hoffnung und Wachstum zu tun hat.

Statt »Versuchung« sollte man lieber »Herausforderung«, »Provokation« sagen; sie ist ein »Stachel«, der den Christen auf seinem Weg antreibt, damit er im Glauben wachse, in das neue Verhältnis zu Gott hineinwachse.

Eines aber ist mit Versuchung nicht gemeint: Sie ist kein Spielchen, in dem Gott den Menschen testen möchte. Es geht keineswegs darum, daß Gott auf diesem Wege wissen möchte, »wie weit er es treiben kann«, bis der Mensch zusammenbricht. Nicht Gott quält den Menschen, sondern der Mensch gerät in der Welt, wie sie ist, in Umstände, die sein Verhältnis zu Gott auf die Probe stellen. Etwas versucht, sich zwischen Gott und Mensch zu schieben, und in dieser Situation kann sich der Mensch nur an Gott halten.

Man sollte auch nicht »Versuchung« mit Sinnlichkeit verknüpfen, wie das in der späteren Moraltheologie nach Augustinus so beliebt und folgenreich war. Die Ablösung des biblischen Versuchungsbegriffs durch den asketisch-moralistischen hat schlimme Folgen gehabt. Denn dadurch wurde der Schwerpunkt der gesamten Verhaltensnormen verlagert, und zwar auf ein ganz anderes (oder wenigstens: auf ein sehr eingegrenztes) Feld.

Die Versuchungen im biblischen Sinn gehen gerade nicht von der leiblichen Verfassung des Menschen aus, die im Gegensatz zur Vernunft und Selbstbeherrschung nur triebhaft wäre, und beziehen sich auch nicht auf Verletzung von »Tugenden« moralischer Wohlanständigkeit. Sie sind anderer Art. Sie bedeuten nichts Geringeres, als daß Christen irritiert und zum Abfall gebracht werden können, weil sie selbst nach der Taufe nicht besser, die Leiden nicht weniger geworden sind, das Böse noch immer genauso gefährlich ist. Versuchung – dieses Wort faßt für frühe Christen alle nur mögliche Irritation zusammen. Der Versuchung widerstehen heißt: die mühselige Zwischenzeit zwischen Taufe und Wiederkunft Christi aushalten können.

In der Geschichte seiner »Prüfungen« und Leiden lernt der Christ immer tiefer begreifen, auf wen er sich eingelassen hat. Die Gleichnisse Jesu machen diese Phase im Leben der Christen überaus häufig zum Thema. Es ist die Zeit, in der der Herr der Sklaven nicht zu Hause ist, die Zeit, bevor er wiederkommt und in der sich die Sklaven zu bewähren haben. Diese Zeit der Abwesenheit des Herrn, die gleichzeitig die Zeit der Versuchungen und Bewährungen ist, wird stets als hart und unangenehm beschrieben. Was die Gleichnisse als Abwesenheit deuten, schildern auch jüdische Bekehrungsgeschichten (etwa über Abraham, Hiob usw.), wenn sie davon erzählen, daß nach der anfänglichen und intensiven Gottesbegegnung der Glaubende dann sehr einsam, oft mit sich und dem Teufel allein ist. Diese Zeit der Bewährung könnte etwas vom geheimnisvollen Rhythmus in der Zuwendung Gottes und in seinem Sich-Abwenden spiegeln. Auch Jesus am Kreuz erfährt diesen Gott, der sich entfernt, der ihn verlassen hat. Weist dieser Rhythmus von Sich-Abwenden und Sich-Zuwenden auf Gottes »geheimen Terminkalender«? Liegt hier einer der Schlüssel dafür, daß es trotz Gnade immer noch Leiden gibt?

Auch der Tod, den der Mensch ja weiterhin erleiden muß, gehört in diesen Zusammenhang. Der Gott, auf den der Christ seinen Glauben gesetzt hat, bleibt trotz unverbrüchlicher Gnadenzusage so groß, daß der Mensch weiterhin, wie wir oben sahen, an Gottes Herrlichkeit scheitert, wenn er sterben muß. Der Tod des Menschen als Spitze der Versuchung gerade für den Christen ist daher nicht eine Art Unfall, sondern bleibt als Zeichen dafür, wie klein der Mensch und wie groß Gott ist.

Im folgenden geht es um einen einzigen, in mehreren Schritten darzustellenden Gedankengang. Wir wollen Leiden und Böses im Lichte der biblischen Auffassung von Versuchung betrachten. Versuchung nennen wir es, wenn ein Mensch von seinem religiösen oder moralischen Standpunkt abgebracht, wenn er zu Fall gebracht werden soll. Das Thema Versuchung kehrt in der Bibel in immer neuen Abwandlungen wieder, auch die Gestalt des Versuchers wechselt (Schlange, Satan, Gott, die Begierde, Leidensangst). Der Jakobusbrief diskutiert sogar verschiedene dieser Möglichkeiten, um festzustellen, daß der Mensch nicht durch eine Gestalt außerhalb, sondern nur durch eigene Begierde verführt wird. Andere biblische Autoren sehen das ganz anders. Versucht wird der zum Glauben Gekommene. Die Versuchung besteht darin, daß der »Neuling« gerade nicht ein angenehmes und leidfreies Leben führen darf. Ihm ist Leben verheißen, doch der lebendige Gott will von ihm Verzicht, Leidensbereitschaft und womöglich sogar das Martyrium.

Im Alten Testament wird das an der Gestalt Hiobs durchgespielt. Im Frühjudentum werden Abraham und wiederum Hiob als Muster eines »Proselyten« vorgestellt, eines Menschen, der zum Glauben an Gott gekommen ist. Bei Abraham spricht man von den »zehn Versuchungen«, zu denen gehört, daß Gott von ihm die Opferung Isaaks verlangt. Die Leiden Hiobs deutet man nun so, daß sie ihn wegen seiner Bekehrung zum jüdischen Gott getroffen haben. Im Neuen Testament wird Jesus versucht, aber auch Menschen, die sich zum Christentum bekehrt haben. Paulus spricht die Thessalonicher daraufhin an, daß der Teufel ihren Glauben versucht habe (1 Thessalonicher 3,5), und auch der Jakobusbrief kennt wie der 1. Petrusbrief die Phase, in der die zum Glauben Gekommenen versucht und erprobt werden (Jakobus 1,1–16; 1 Petrus 1,6–7; 5,8–10). Gerade der 1. Petrusbrief spricht in diesem Zusammenhang auch von Leiden.

Die Versuchung trifft stets den Menschen, der soeben als »gerecht« oder als »erwählt« vorgestellt worden war. Es geht also um Menschen, die »auf der Seite Gottes« stehen oder bis zum Erweis des Gegenteils zu stehen scheinen. Damit aber stellt sich hier schon von Anfang an die sogenannte Theodizeefrage: Wie kann es sein, daß gerade die von Gott Erwählten, die er in seine Gemeinschaft berufen hat, mit Leiden und Plagen überhäuft werden?

Im Hintergrund stehen oft Erfahrungen in der mitmenschlichen Wirklichkeit. Jemand, der sich zum Gott Israels bekehrt hat, wird vielfach sozial geächtet. Denn daß Israel sich zu dem einen und einzigen Gott bekennt, der keine gleichrangigen Götter neben sich duldet, wird den Juden schon im Altertum als Menschenhaß ausgelegt (ähnlich wie man heute oft jedes Bekenntnis als Intoleranz deutet). Denn Heiden zu heiraten oder mit ihnen gewöhnlich geschlachtetes Fleisch zu essen, war Juden unmöglich. Wer sich entschloß, an diesen Gott zu »glauben«, mußte damit rechnen, von seiner Familie verstoßen und enterbt zu werden. Seine Freunde verließen ihn, man boykottierte den Handel mit ihm.

Doch sind es auch sehr viel tiefer gehende Erfahrungen, die zu der Vorstellung von der Versuchung führen: Für den, der zu Gott gehört, ist – oft wider Erwarten – nicht alles Leiden zu Ende. Auf der Seite Gottes zu stehen, beseitigt nicht alle Übel. Hätte man nicht erwarten sollen, daß der Schöpfergott etwas für einen tut, wenn man sich zu ihm bekennt? In allen Jahrhunderten hat man diese Frage gestellt. Konnte man nicht die Heilungsberichte in den Evangelien als einen Trost und Ausgleich dafür ansehen? Stehen sie deshalb im Neuen Testament einladend voran?

Was bedeutet Versuchung?

Andererseits jedoch bekommen die Leiden und auch der sinnlose Tod für den Menschen eine andere Qualität, wenn er zu Gott gehört. Leiden und Tod werden für ihn zu einer grundsätzlichen Anfrage. Denn bei so schmerzlichen Erfahrungen stellt sich die Frage, ob nicht alles sinnlos sei, schärfer denn je zuvor. Sollte man diesem Gott, der so kühne Hoffnungen weckt und ein Himmelreich verspricht, nicht angesichts fortdauernder Katastrophen alles vor die Füße werfen? Erwacht nicht Religionskritik gerade dann, wenn Hoffnungen und Ansprüche zu hoch sind? Die Erklärung, im Christentum gehe es nun um »Heilige«, die bald (!) Erben eines Königreiches würden, wird doch schnell fragwürdig, und so wird die Sinnfrage bis zum äußersten verschärft, wenn man auf das Elend der Welt blickt. Es besteht also eine Beziehung zwischen gesteigerter Liebeszusage Gottes an den Menschen und der sogenannten Versuchung, die am Ende immer eine Versuchung zum Nihilismus ist. Die im frühen Christentum besonders ausgeprägte »Naherwartung«, daß man alsbald mit dem Ende aller Dinge zu rechnen habe, gewinnt für diese Frage eine Bedeutung. Denn es wird öfter darauf hingewiesen, die Zeit des Leidens, das der Erprobung diene, sei nur kurz (1 Petrus 1,6 und 5,10).

Wir halten fest: Gerade das christliche Gottesbild und die Aussagen der Bibel über Gottes Liebe haben angesichts der fortdauernden Greuel der Weltgeschichte die Sinnfrage auf die Spitze getrieben. Bleibt nicht nur die Auskunft, daß Gott tot sei? Jedenfalls wird verständlich, daß die hochgesteckten Ansprüche und Erwartungen des Christentums den Nihilismus gleich welcher Spielart begünstigt haben.

Die Bibel kennt dieses Phänomen genau und nennt es Versuchung. Besonders überraschend ist, daß nach der Darstellung der Bibel gerade Jesus selbst wiederholt diese Art Versuchung erlebt hat. Wenn Gottes Sohn, oder wie auch immer Jesus sich selbst verstanden hat, so schmerzlich kurz nur wirken kann und so offensichtlich sinnlos zu Tode kommt, dann ist damit die Frage nach dem Wirken Gottes in der Geschichte bis zum äußersten verschärft.

Versuchung hat aber auch etwas mit Glauben zu tun: Glauben heißt in der Bibel, Stabilität in Gott zu gewinnen, sich auf Gott zu gründen, in ihm seinen Halt zu suchen. Immer wieder sprechen die Bilder vom Festsein, von der Standfestigkeit oder auch von der Treue, wenn vom Glauben die Rede ist. Das »hebräische« Denken der Bibel trifft sich hier mit Vorstellungen, die dem Platonismus zumindest nahestehen, denn nach Platos Meinung ist alles Sichtbare nur Schein gegenüber den ewigen und unsichtbaren (Strukturen und) Ideen. Im Neuen Testament bezeugt das besonders der Hebräerbrief, der von der »Festigkeit« (griech.: *bebaios*) der Christen und ihrer Hoffnungen spricht.

Die Versuchung, die den Neubekehrten oder von Gott gerade Erwählten trifft, kann in diesem Zusammenhang als eine Erschütterung verstanden werden, die die Festigkeit des Glaubenden »testet«. Nach Lukas 22,31f meint Jesus genau dies, wenn er sagt: *Simon, der Teufel hat darum gebeten, euch zu schütteln wie den Weizen. Ich aber habe für dich gebetet, daß dich dein Glaube nicht verläßt.*

Versuchung bedeutet, daß der Teufel die Jünger – bildlich gesprochen – »schüttelt«, um ihre Standfestigkeit zu prüfen. Es ist daher gar nicht verwunderlich, daß im nächsten Satz das Stichwort »Glaube« fällt. Die Versuchung wird als Erschütterung der dem Glauben gemäßen Standfestigkeit verstanden. Der Teufel prüft, ob der Glaubende auch wirklich steht. Er testet, ob der zu Gott Bekehrte wirklich an Gott Halt gefunden hat.

Vom wem geht die Versuchung aus?

In Lukas 22,31 war es der Teufel, der Gott bat, die Jünger »schütteln« zu dürfen, und offenbar hatte Gott diese Bitte nicht abgeschlagen. Auch bei Hiob erscheint (ähnlich wie noch im »Vorspiel im Himmel« des »Faust«) der Teufel als eine Art Angestellter oder Lizenzträger Gottes, dessen Wirken von Gott zumindest geduldet wird. Auch wenn Jesus in Lukas 22,32 eine Art Gegenspieler des Teufels ist, kann er doch nicht verhindern, daß dieser überhaupt die Erlaubnis zum Versuchen erhält. In der Tat schildert die ganze Bibel keinen Fall, in dem das Wirken des Teufels gänzlich selbständig und damit außerhalb des von Gott bestimmten Rahmens verläuft; doch ist in den johanneischen Schriften und auch in der Offenbarung des Johannes eine »Einbindung« des Satans kaum noch erkennbar.

Dagegen kann der Beter des Vaterunsers an Gott appellieren, dem Teufel Schranken zu setzen, ihn »aus dem Verkehr zu ziehen«, denn er wird gebeten: *Und führe uns nicht in Versuchung, sondern erlöse uns von dem Bösen* (Matthäus 6,13; Lukas 11,4, hier ohne den »sondern...«-Abschnitt). Gemeint ist nicht *das* Böse, sondern *der* Böse, also der Teufel. »In Versuchung führen« hieße dann, daß Gott den Teufel an die Beter herantreten läßt. Der Beter möchte, daß Gott das nicht tut, sondern ihn vielmehr vom Teufel befreit.

Nach welcher Logik operiert der Teufel? Er ist menschenverachtend und wird damit unter der Hand auch zum Anwalt der »schrecklichen« Hoheit Gottes selbst. Im Judentum sind es immer wieder erhabene Engel, die Gottes Hoheit verkörpern und diese gegen Gottes barmherzige Regungen verteidigen. Sie mokieren sich über die Menschen, besonders über Gottes Vorliebe für die Menschen, und klagen sie an. Der Sinn dieser Tradition: Die Zuwendung Gottes zu den Menschen ist nicht selbstverständlich, sondern ein großes und unbegreifliches Wunder.

Bei den Versuchungen, die Jesus zu bestehen hat, ist der Versucher unterschiedlich: In der Versuchung nach seiner Taufe ist es der Teufel (Markus, Matthäus, Lukas). In der Mitte des Evangeliums versucht ihn Petrus, der dafür als »Satan« angeredet wird (Markus 8,33). In Gethsemane dagegen ist kein Versucher erkennbar außer der Leidensangst Jesu selbst (Markus 14,32–34.38). Es kann sein, daß der

Evangelist den Leser bewußt in die komplexe Wirklichkeit der Versuchung einführt und daher die differenzierteste Stufe am Ende stehen läßt. Auch der Jakobusbrief ging, wie wir sahen, davon aus, daß der Mensch durch das eigene Innere versucht wird.

Versuchung als Vergewisserung

Alle Versuchungen, die nach der Bibel an den Menschen herangetragen werden, sind inhaltlich auf den engen Themenbereich Verzicht, Leiden und Tod bezogen. Der versuchte Mensch muß diese Stationen bestehen, um seinen Glauben als echt zu erweisen. Er wird daher mit seiner ganzen Existenz in eine Sinnkrise geführt, die für sich selbst genommen ein Umweg zu sein scheint. Denn der Mensch, der Leben und Identität erstrebt, der lebendig sein will, Freude und Seligkeit erlangen will, muß für lange Zeit genau das Gegenteil in Kauf nehmen, im Fall des Martyriums gar bis an sein Lebensende.

Diese Tortur wird im Konzept der Versuchung für erklärbar gehalten. Denn die Versuchung dient, so lautet dieses Konzept, der Erprobung, das heißt: der Vergewisserung seines Status als eines zu Gott Bekehrten. Wie das gedacht ist, wird der folgende Schritt zeigen.

Versuchung als Anfrage

Der Glaube, der in der Versuchung getestet werden soll, ist nach biblischem Verständnis nichts Geringes. Er richtet sich nicht in erster Linie auf Glaubenssätze oder »Gegenstände« wie Himmel, Hölle oder Auferstehung, sondern bedeutet, daß die Existenz selbst in der Stabilität Gottes gegründet wird. Dem Glaubenden teilt sich Gottes eigene Stabilität mit, wenn er sich auf ihn verläßt. Das Bild vom Hausbau, das Jesus am Schluß der Bergpredigt nennt, trifft dieses recht deutlich: Wer glaubt, baut sein Haus, also sich selbst, auf festem Grund. Der Gedanke der Teilhabe liegt nicht ganz fern. Wer auf festem Grund baut, hat teil an dessen Qualität.

Wenn nun geprüft wird, ob der Mensch stabil ist, dann richtet sich diese Prüfung darauf, ob er sich wirklich auf Gott gegründet hat. Diese Vorstellung beruht auf der Erfahrung, daß Menschen sich oft auf allerlei gründen, das nicht Gott ist. Und oft sagen sie auch nur Gott, meinen aber etwas anderes. Das Konzept der Versuchung geht daher von der Möglichkeit der Täuschung und der Enttäuschung aus.

Die Erprobung des Glaubens betrifft nicht Bekenntnisse der »Konfessionen«, sondern – allerdings sehr zentral – die Frage nach dem Sinn überhaupt. Hat das gesamte Dasein trotz Leiden, Katastrophen, Sünde und Tod einen Sinn oder nicht? Nur unter diesem Aspekt, nicht im Sinne einer dogmatischen Gotteslehre, ist hier auch die Frage nach Gott wichtig. Denn an Gott glauben heißt einen Sinn bejahen. Die Versuchung ist dann die schonungslose Anfrage an den Leidenden und Sterbenden, ob nicht vielleicht doch alles sinnlos sei.

Die Überwindung der Versuchung

Es ist die feste Überzeugung der biblischen Schriften, daß der Mensch allein dann stabil ist, wenn er sich auf den festen Boden gründet, der Gott selbst ist. Wenn das so ist, dann kann die Versuchung, die an den zum Glauben Gekommenen herantritt, dadurch überwunden werden, daß dieser sich um so fester, um so eindeutiger und um so klarer an Gott hält.

In der Versuchung hilft nur dies: eindeutiger sich auf Gott zu gründen, leidenschaftlicher zu glauben und sich fester an seine Rockschöße zu klammern, weil er allein die Stabilität gewähren kann, um die der Mensch in der Versuchung bangen muß. Es ist daher ganz konsequent, wenn im Kontext der Versuchungsthematik immer wieder das Stichwort »glauben« fällt, so in Lukas 22,32; 1 Petrus 1,5.6–9; 5,9;

1 Thessalonicher 3,2–5; Jakobus 1,3.6. Das Bestehen der Versuchung bewirkt daher auch, modern ausgedrückt, einen Fortschritt des Glaubenden, eine Intensivierung der Beziehung zu Gott. Diese wird durch die krisenhafte Situation eben der Versuchung erzwungen.

Verwirklicht und umgesetzt wird das Glauben aber vor allem als Gebet. Die Aufforderung *Betet, daß ihr nicht in Versuchung fallt* entspricht diesem Zusammenhang. Denn das Gebet ist für die meisten Autoren des Neuen Testaments die konkrete Weise, in der sich der Glaube des Menschen äußert. Besonders deutlich wird das an Markus 14: Jesus fällt, als er versucht wird, zu Boden, aber durch das Gebet zum Vater wird er aufgerichtet. Er gewinnt so die Kraft, seine Jünger wieder zu ermuntern. So begründet das Gebet Teilhabe an der Kraft Gottes, mit der der Mensch der Versuchung standhalten kann.

Von daher wird auch erkennbar, was es bedeutet, daß Jesus in der Todesstunde am Kreuz betet. Denn das Gebet ist, selbst wenn es als Anklage formuliert wird wie in Markus 15, doch Zeichen des ununterbrochenen Kontaktes mit Gott. Damit läuft es der Versuchung zuwider, die zwischen Gott und den versuchten Menschen den Graben der Sinnlosigkeit auftun möchte. Das Gebet ist die Art, in der der Mensch der ihn bedrohenden Sinnlosigkeit zum Trotz von Gott her Stabilität gewinnt. Das Gebet ist wie die lebensrettende Nabelschnur.

Ein Beispiel als Bild: Am 22. Oktober 1910 rettete das Schiff »Reichspost« drei Männer von der vor der Nordseeinsel Langeoog havarierten Tjalk »Jantje« aus Rhauderfehn. Diese Männer hatten sich, um nicht von der rauhen See über Bord gespült zu werden, mit dicken Tauen am Mast ihres Schiffes festgebunden.

Über das Beispiel Jesu hinaus gilt für jeden Glaubenden, daß das Gebet der lebendige Widerstand gegen die aggressive Versuchung ist, den Glauben aufzugeben.

Es versteht sich von selbst, daß an dieser Stelle nicht nach den geheimen Hintergedanken in der objektiven Wirklichkeit Gottes gefragt werden kann, sondern nur nach der inneren Logik der biblischen Aussagen. Also: Wie könnten sich die biblischen Autoren selbst den sachlichen Zusammenhang zwischen ihrem Gottesbild und Gottes Versuchen vorgestellt haben?

Im Unterschied zu allen anderen Kreaturen ist der Mensch nach Aussagen der Bibel (zum Beispiel im Rahmen der sogenannten Bundesformeln nach dem Schema »Ich will euer Gott sein, und ihr sollt mein Volk sein«) in die Gemeinschaft mit Gott berufen. Er soll nicht vor sich hin existieren, sondern mit Gott in einer Lebensgemeinschaft leben (»Konvivenz«). Diese kann nur bestehen, wenn beide Partner in ihrer Rolle stabil sind, wenn sie »treu« sind. Die Versuchung ist daher ein Geschehen, das dem Menschen in besonderer Weise seine Rolle in dieser Verbindung zuweist: Seine Treue besteht darin, sich wirklich auf Gott zu verlassen.

In dieser Lebensgemeinschaft muß der Mensch also gerade nicht für sich allein Standfestigkeit beweisen, sondern weil er überhaupt Stabilität nur gewinnt, wenn er sich auf Gott gründet, kann der Sinn der Versuchung nur darin bestehen, daß der Mensch sich intensiver auf Gott gründen soll. Wenn er das nicht tut, muß er scheitern. Die Versuchungen sind, so gesehen, nicht ein Test Gottes, ob der Mensch stabil ist oder nicht. Ihr Zweck ist nicht, Gott oder die betroffenen Menschen über den Menschen an sich aufzuklären. Es geht nicht um ein wissenschaftliches Experiment. Vielmehr wird die Festigkeit dieser besonderen Beziehung, eben des Glaubens, durch den Fortgang der Geschichte zwangsläufig erprobt. Verläßt sich der Mensch radikal auf Gott, so bleibt nicht nur der Glaube, sondern auch er selbst bestehen. Durch die Versuchung soll daher der Glaube wachsen, weil sich der Mensch, je dreckiger es ihm geht, immer stärker an Gottes Treue halten soll.

Die Versuchungen haben damit ein deutlich aufforderndes (appellatives) Element. Es geht nicht nur darum, sie zu bestehen, indem man sie von sich abprallen und sich nicht zu Fall bringen läßt. Dazu wäre kein Mensch für sich und von sich aus in der Lage. Ein solch statisches Verständnis des Versuchtwerdens haben die biblischen Aussagen nicht. Nein, die Versuchungen sind eine Herausforderung an den, der glaubt. Er besteht diese Herausforderung, wenn er seinen Glauben als lebendig erweist und ihn als Gerichtetsein auf Gott stärker werden läßt. Der Glaube bewährt sich, indem er größer wird, indem der versuchte Mensch sich um so fester an Gott klammert. Genau das aber ist ganz im Sinne der Lebensgemeinschaft zwischen Gott und Mensch. Entweder ist sie lebendig, dann kann sie angesichts der Versuchungen vertieft werden, oder sie bricht ab. Leben ist Wachstum, Stillstand ist Tod.

Das Gericht als Versuchung

In der Versuchung soll derjenige, der zu stehen scheint, zu Fall gebracht werden. So legt sich das Bild nahe, ihn durch Wackeln oder Erschütterungen in einem »Schüttelsieb« (Lukas 22,31) zum Wanken und zum Umfallen zu bringen, wie wir es bereits gesehen haben. Nur wenn er Stehvermögen hat, kann er sich halten. Im Hebräerbrief wird der Vorgang des Schüttelns zum Bild sogar für das Weltgericht: Nur das Stabile wird sich halten können. Von daher kann man sagen: Das Gericht ist eine Art letzter Versuchung, bezogen auf die Stabilität der Geprüften. In Hebräer 12,26f heißt es mit einem Zitat aus Haggai 2,6: *»Noch einmal werde ich erschüttern, nicht nur die Erde, sondern auch den Himmel.« Daß es hier heißt »noch einmal«, das zeigt an, daß das Geschaffene so verwandelt worden ist, daß es nun bei der Erschütterung unerschütterlich bleiben kann.*

Nach Hebräer 12 ist das in anderen Schriften Weltgericht genannte Geschehen als Erschütterung nach dem Muster eines Erdbebens vorgestellt. Nur das, was dieser Erschütterung standhalten kann, bleibt. Diese Hochschätzung des Stabilen und Standfesten liegt ganz auf der Linie der Theologie des Hebräerbriefes. Deren Anliegen war es, im Glauben Anteil zu gewinnen an der unerschütterlichen Welt Gottes, die ein menschliches Gesicht trägt als himmlische Stadt.

Auch in der Auffassung vom Feuergericht geht es darum, daß die Kreatur die von Gott kommende Probe bestehen muß (Hebräer 12,29 *Gott ist verzehrendes Feuer*). So überrascht es nicht, daß auch irdische Versuchungen bereits als Geläutertwerden im Feuer verstanden werden (1 Petrus 1,7). Es ist dasselbe Läuterungsfeuer, das auch im Gericht alles verbrennt, was nicht dazu gehört.

Sterben als Versuchung

Beim alttestamentlichen Hiob wird die Frage nach dem Warum und Wozu nur in bezug auf die irdischen Leiden gestellt. Im Neuen Testament tritt für Jesus die Dimension des Todes hinzu. Die Versuchung Jesu in Gethsemane geht eben dem Tod Jesu voraus. Die Todesangst, der sichere Tod vor Augen, das ist die letzte und größte Versuchung Jesu.

Recht besehen gilt das nicht nur für Jesus. Der Tod ist die größte Provokation für jede Aussage über einen Sinn. Daß sie den Tod – und damit die Auferstehung – in die Fragestellung der Theodizee einbeziehen, darin liegt der Gedankenfortschritt der Judenchristen gegenüber dem Judentum. Der Tod ist immer das sinnloseste aller katastrophalen Ereignisse. Im Widerstand gegen diese Versuchung gewinnt besonders das Gebet des Sterbenden große Bedeutung. Denn in dieser äußersten Zuspitzung der Sinnfrage bedeutet es Festhalten am Sinn oder zumindest äußerstes Einfordern des Sinns, indem es an Gott gerichtet ist wie der Ruf Jesu am Kreuz: *Mein Gott, warum hast du mich verlassen...?*

Wie jede Versuchung, so kann auch der Tod als eine Begegnung mit Gott verstanden werden. Wir sahen bereits beim Thema »Schöpfung«, daß der Mensch im Tod Gott begegnet. Auch beim Thema Versuchung kommt dieser Aspekt vor, jedoch in ganz anderem Sinne. Im Sterben versucht Gott den Menschen, und er fragt ihn: Willst du trotz meiner überwältigenden und schier zermalmenden Macht festhalten an der Zusage meiner Liebe? Wie in einer dramatischen Liebesgeschichte kommt alles darauf an, daß im entscheidenden Augenblick der eine Partner sich ganz auf die zugesagte Liebe des anderen verläßt. Nur dann und nur so wird er gerettet. Das Gegenargument gegen diese Liebe, bereits gegen ihre schlichte Möglichkeit, ist die absolute Hoheit des Gegenübers. Sie wird zur Versuchung, an Gott zu zweifeln. Eine Versuchung, die nicht von Pappe ist, da der Tod eine absolut überwältigende Realität besitzt. Im Tod erfährt der Mensch die Herrlichkeit Gottes und den Abstand zwischen Gott und Mensch schonungslos und ohne jede Schutzwand.

Ähnliches meinte wohl Martin Luther, wenn er »allein« den Glauben und das Vertrauen so hoch stellte: gegen allen Augenschein auf Gottes eigenste Liebe zu vertrauen. Denn der Tod scheint alle Lebenszusagen des lebendigen Gottes zunichte zu machen. Der Mensch kann Gottes würdig sein, wenn er sich im entscheidenden Augenblick der Sinnanfrage auf Gottes Liebeszusage verläßt.

Für den einzelnen ist also der Tod eine Versuchung, eine Probe, ob er angesichts des äußersten Grauens, Leidens und Schreckens an Gott festhält.

Eine Überlebensfrage

Obwohl die Schöpfung Gottes »gut« ist, kann gleichwohl nur das Stabile überleben. Es ist zweifellos ein »Kampf ums Dasein«. Wer das Angebotene verweigert, gleicht dem Suppenkasper (O. Bayer). Glaube ist weit mehr als eine freundliche Gesinnung Gott gegenüber. Er ist das Gewinnen lebensrettender Stabilisierung. Wenn das Herz des Menschen fest geworden ist, so die Überzeugung der Bibel, dann kann er überleben.

Von Gott verlassen

Nach den Evangelien des Markus und des Matthäus ist das letzte Wort Jesu am Kreuz der Satz: *Mein Gott, mein Gott, warum hast du mich verlassen?* Ein Zitat aus Psalm 22,1. Jesus klagt vor Gott, als er in unvorstellbaren Schmerzen am Kreuz hängt. Niemand rettet ihn. Das letzte Wort Jesu ist diese Klage der Gottverlassenheit. Gottverlassen nennen wir trostlose Orte. Da ist es wieder, das Motiv der lebensfeindlichen Wüste. Jesus klagt vor Gott, er fügt sich nicht einfach in das, was geschieht.

Seine Worte sind zugleich auch Anklage. Denn auf die Frage »Warum...?« will Jesus keine theoretische Antwort hören, keine Erklärung oder Entschuldigung. Vielmehr will Jesus mit dem Warum sagen: Das hättest du nicht tun dürfen. Jeder, der anklagt, weiß sich im Recht gegenüber dem Beklagten. Und er erwartet, daß der Beklagte zumindest aufhört, Unrecht zu tun.

Immerhin: Jesus wendet sich Gott zu. Denn in dem, was ihm widerfährt, erblickt er Gottes Tun, Gottes Handschrift. Daß es sich um ein nicht ganz untypisches Verhalten Gottes handelt, also wirklich auch in diesem Sinne um seine Handschrift, weiß der Gekreuzigte auch. Daher zitiert er den Psalm 22. Jesus teilt diesen Ruf aus der Gottverlassenheit mit vielen anderen. Er reiht sich solidarisch in den langen Zug derer ein, die sterbend diesen Psalm gesprochen haben. Jeder erlebt zumindest einmal im Leben diese Situation: Der unschuldig Leidende erfährt, daß der Himmel stumm bleibt, wie Blei. Gott schweigt gerade dann, wenn er nicht schweigen dürfte.

Jesus erfährt seinen nahenden Tod daher als eine sehr zweifelhafte, ja skandalöse »Begegnung« mit Gott. Gott hat

Jesus nicht nur ohne Hilfe gelassen, ihn den Menschen »übergeben«, er macht sich auch jetzt, da Jesus am Kreuz hängt, unterlassener Hilfeleistung schuldig.

Ich treffe oft Menschen, die diese Lesart des Gebets Jesu für zu kühn halten. Voller Harmoniebedürfnis weisen sie darauf hin, daß Psalm 22 in seinen dann folgenden Passagen, die Jesus oder der Evangelist mitgemeint habe, auch Tröstliches enthalte. Sie mögen den Gedanken der Gottverlassenheit weder für sich noch für Jesus ertragen. Aber: Von den anderen Versen dieses Psalms sagt Jesus hier nichts. Und er sagt eben auch nicht »Lieber Gott, ich freue mich auf den Ostermorgen« (man muß es sich so klar machen, um nicht die falschen Schlüsse zu ziehen).

Menschen weigern sich heute oft, den Tod, wie es Psalm 22,1 tut, als Gottverlassenheit zu sehen, weil der Glaube an eine Auferstehung so schwierig zu sein scheint. Denn den Tod kompromißlos als Gottverlassenheit ansehen kann nur jemand, der die feste Hoffnung hat, daß Gott sich in der Auferstehung ihm wieder zuwenden wird. Die Gottferne wird nur erträglich, wenn Gott sein Verhalten ändern kann und sich dem Beter wieder nähert. Wer das nicht glauben mag, der wird den Gedanken, der Tod sei Gottverlassenheit, immer zurückweisen. Die Zeiten scheinen vorbei zu sein, da man auf die Grabsteine schrieb: »Der hier ruht, wartet auf seine fröhliche Auferstehung.« Dem, der nicht auf diese Fröhlichkeit hoffen kann, darf man – jedenfalls seiner Auffassung nach – die Gegenwart nicht zu realistisch darstellen, da er sie womöglich nicht erträgt.

Der Tod ist Gottverlassenheit, das wird im Markusevangelium überhaupt nicht beschönigt. Dies ist die alttestamentliche Auffassung vom Tod, und ihr Widerlager ist im Frühjudentum und im Neuen Testament ein »kräftiger Auferstehungsglaube«. Allerdings hat sich diese Auffassung vom Tod nach der Erhöhung Jesu zu Gott gewandelt. Paulus spricht von den »Toten in Christus«. Man muß daher heute dem sterbenden Christen nicht sagen, er sei von Gott verlassen. Vielmehr: Wenn und weil er mit Jesus verbunden ist, wird er nicht ohne ihn sein, sondern wie ein Kind auf dem Schoß der Mutter. Aber dieser christliche Glaube schließt nicht aus, daß Menschen den Tod als Gottverlassenheit erfahren, und wer in dieser Lage ist, wird sich in dem Ruf Jesu wiedererkennen. Die Bibel selbst läßt so Raum für verschiedene Wahrnehmungen des Todes.

Aber so ist es bei Jesus: Indem er schreit, klagt er auf Wiederaufnahme des Verfahrens. Er ruft nach Gott, wie wenn er sagen wollte: Das kann doch noch nicht alles gewesen sein, Herr! – Ohne Zweifel: Er sieht den Tod als eine Begegnung mit Gott, grausam, wie dieser Tod ist. Und obgleich er doch irgendwie zufällig zustande gekommen ist, tun auch die Mörder, wie wir sehen werden, in bestimmtem Sinne Gottes Willen.

Der so schreit, denkt nicht, daß Gott tot ist. Gott ist fern, aber nicht tot. Jesus appelliert an den lebendigen Gott. Er weiß, daß Leben nur dort ist, wo man in der Nähe zum lebendigen Gott lebt. Gott ist wie eine Quelle in ödem Land. Je näher an der Quelle man wohnt, um so leichter ist jegliches Leben. Wohnt man fern von ihr, so erstirbt alles. Nähe oder Ferne zu Gott sind gleichbedeutend damit, daß man leben kann oder sterben muß. Jede Not ist ein Stück Tod.

Von diesem Ansatz her läßt sich vielleicht auch begreifen, daß das biblische Denken nicht zwischen irdischem und überweltlichem Leben unterscheidet, sondern nur ein einziges Leben kennt. Das gilt auch dort, wo vom »ewigen« Leben die Rede ist; es ist nicht »rein geistig« oder »transzendent«, beides kennt die Bibel nicht. Wem ewiges Leben verheißen ist, der »schläft« bis zur Auferstehung oder ist »in Christus« geborgen, doch sein Leben ist nicht unterbrochen.

Gegen Gott hält Jesus an Gott fest. Gegen Gottes offensichtliches Handeln appelliert er an Gottes Treue, beruft sich geradezu auf sie. Denn wer klagt, weiß sich im Recht: »Mein Gott, du durftest mich nicht verlassen.«

Der Verfasser des Hebräerbriefs sieht gar das ganze Erdenleben Jesu wesentlich als einen Gebetskampf mit dem Gott, der Jesus aus dem Tod retten konnte. Nach Hebräer 5,7 hat Jesus, *als er Mensch war wie wir, Gott gebeten und angefleht, weil er ihn aus dem Tod retten konnte. Er hat sein lautes Schreien mit Tränen vermischt wie ein Opfer dargebracht. Und Gott hat Jesus erhört, weil er sich an ihn gewandt hatte.* Für den Hebräerbrief ist daher Jesu Existenz ganz wesentlich die eines Beters. *Das* Thema seines Menschenlebens ist Gebet in Todesnot und dessen Erhörung. So wird Jesus hier als »der Beter schlechthin« geschildert. Dem Hebräerbrief fehlt die Härte der Anklage von Psalm 22,1. Doch wenn er von Beten und Flehen, Geschrei und Tränen redet, bewahrt auch er eine Spur dieser ungewöhnlich dramatischen Beziehung zu Gott. Auch nach diesem Text ist Jesus alles andere als ein souveräner Stoiker, der »die Dinge auf sich zukommen läßt«. Sondern er ist einer, in dem wir uns alle wiedererkennen können.

Daß Jesus Psalm 22,1 nur *zitiert*, mildert diese Worte nicht ab. Das ist anders als bei uns. Wenn wir zitieren, dann oftmals, um unsere Gelehrsamkeit zu zeigen, oft auch, um uns ein wenig zu distanzieren, weil es Worte eines anderen sind. Ein Zitat ist jedenfalls nichts Authentisches, nicht von uns selbst. Manche spielen auch mit Zitaten, spielen sie gegeneinander aus und sind selbst der lachende Dritte. Das alles ist im Neuen Testament völlig anders. Wenn etwas zitiert wird, ist es damit nicht zweitrangige, sondern erstrangige Wirklichkeit. Worte der Bibel zu verwenden ist nicht gelehrtes Spiel, sondern Aufrufen der Wirklichkeit, die vor Gott zählt.

Ist Jesus am Kreuz ein anderer geworden? Ist sein fröhliches, kindliches Gottvertrauen einer Anklage aus Verzweiflung gewichen? Man kann nicht bestreiten, daß die »Grundstimmung« hier anders ist. Alles andere wäre nicht menschlich. Aber das, was die Situationen verbindet, ist stärker. Denn hier wie dort, beim Ruf am Kreuz und wenn er sagt, daß man nicht sorgen solle um Kleidung und Nahrung, verläßt sich Jesus radikal auf die Wirklichkeit Gottes. Er nimmt Gott als Gegenüber ganz und gar ernst und kennt daher auch in der Todesstunde nur einen, den dieses Sterben – außer ihm selbst – wirklich angeht: Gott. Genauso wie wenn Jesus auffordert, nicht zu sorgen, ist Gott derjenige, der ganz elementar für das Konkreteste im Leben zuständig ist, nämlich für Nahrung, Kleidung und das nackte Leben selbst.

Gott ist gerade nicht nur für irgendeine »innere Kraft«, für »christliche Haltung«, »Überlebenswillen« oder Ähnliches verantwortlich, sondern ganz direkt für die leibhaftige Lebenswelt, nicht nur für Geistigkeit, Innerlichkeit oder irgendeine Art von Gesinnung. Nein, wenn es um das konkrete Leben selbst geht, darf man sich auf ihn verlassen. Denn aus der unsichtbaren Hälfte der Wirklichkeit heraus[2] gibt er immer wieder Anteil an seiner Schöpfermacht.

Uns mag dies als Zumutung, die pure Annahme eines solchen Standpunktes gar als Fundamentalismus erscheinen. Doch im Unterschied zur Buchstabengläubigkeit eines ängstlichen und autoritären (fundamentalistischen) Bibel-Fetischismus geht es hier um etwas anderes: um das Ernstnehmen der Wirklichkeit Gottes. Weil die Bibel nicht trennt zwischen Leib und Seele, weil es daher nur ein einziges Leben gibt, deshalb ist Gott nicht auf Geistigkeit oder Innerlichkeit zu beschränken. Es sind dies Konsequenzen aus der Wirklichkeit Gottes als Schöpfer.

Wenn das gilt, dann kann man den Tod als Gottverlassenheit ansehen, gleichwohl aber und eben darum um so kräftiger und ehrlicher mit Jesus nach dem einzigen schreien, der einen aus dem Tod erretten kann.

Mit den Worten von J. B. Metz: »Sein Schrei am Kreuz ist der Schrei jenes Gottverlassenen, der seinerseits Gott nie verlassen hatte... Jesus hält der Gottheit Gottes stand; in der

---

[2] Vgl. dazu: Klaus Berger, Wer war Jesus wirklich? Stuttgart, 2. Aufl. 1995, 130–136.

Gottverlassenheit des Kreuzes bejaht er den einen Gott, der noch anders und anderes ist als das Echo unserer Wünsche, und wären sie auch noch so feurig; der noch mehr und anderes ist als die Antwort auf unsere Fragen, und wären sie die härtesten und leidenschaftlichsten.«

Die Judenvernichtung als Versuchung

Aus der Hand des Juden Zwi Kolitz besitzen wir das »Gebet des Jossel Rakover«. Die Leiden des jüdischen Volkes werden hier als extreme Versuchung Gottes dargestellt. – Spätestens an dieser Stelle unserer Überlegungen sollte deutlich werden, daß Versuchung kein pädagogisches Manöver ist, sondern eine abgründige Gotteserfahrung. Das Gebet des Zwi Kolitz nehme ich in der folgenden Meditation auf.

Vater Abraham, so wird berichtet, glaubte dem Herrn und verließ sich auf seine Verheißung der zahlreichen Nachkommenschaft. Das war damals schon riskant angesichts des Alters von Abraham und Sara, und dieses Vertrauen nimmt sich nach der fast völligen Vernichtung des europäischen Judentums durch unsere Väter jedenfalls absurd und geradezu wahnsinnig aus. Reden wir also zunächst von der Leichtgläubigkeit Abrahams. Und sprechen wir dabei nicht zuerst von uns, sondern von den Kindern Abrahams angesichts dessen, daß *unsere* Väter die Abrahamsverheißung endgültig auslöschen wollten. Sie haben ihre Schwierigkeiten, so zu glauben wie Abraham. Und das mit Grund.

Vor ein paar Monaten gelangte die jiddische Urfassung jenes Gebetes in meine Hände, das Zwi Kolitz den Jossel Rakover mitten im brennenden Ghetto von Warschau sprechen läßt: »Ich, Jossel, der Sohn David Rakovers aus Tarnopol, bin Chassid des Gerer Rabbi und Nachkomme der großen Gelehrten und heiligen Zaddikim aus den Familien Rakover und Meisels, schreib diese Zeilen, während das Warschauer Ghetto in Flammen steht. Das Haus, in dem ich mich befinde, ist eines der letzten, das noch nicht brennt.«

Die Szene ist wie in 1 Mose 15: Jossel Rakover sagt: »Jetzt geht die Sonne unter, und ich danke dir, Gott, daß ich sie nicht mehr sehen werde. Roter Feuerschein fällt durchs Fenster. Das Stückchen Himmel, das ich sehe, ist rot überflutet wie ein Wasserfall aus Blut. Eine Stunde, höchstens noch, und ich werde mit meinem Weib und den Kindern sein und den Millionen anderen Umgekommenen meines Volkes.« Das ist der Nacht- und Sternenhimmel aus der Abrahamgeschichte. Jetzt Blut statt Sterne am Himmel.

Thema ist der Glaube an diesen Gott: »Herr«, sagt Jossel Rakover, »du hast alles getan, daß ich an dir irre werde und nicht an dich glaube. Du tust alles, daß ich an dich nicht glauben soll. Wenn es dir aber scheinen sollte, daß es dir gelingen wird, mich mit diesen Drangsalen vom richtigen Weg abzubringen, meld´ ich dir, meinem Gott und dem Gott meiner Eltern, daß es dir alles nichts nützen wird. Magst du mich auch schlagen, magst du mir auch wegnehmen das Teuerste und Beste, das ich hab auf der Welt, magst du mich zu Tode peinigen – ich werde immer an dich glauben. Ich werde dich immer liebhaben, immer, dich allein. Dir zum Trotz.

Ich sage dir das alles, weil ich an dich glaube, weil ich mehr an dich glaube als je zuvor, weil ich jetzt weiß, daß du mein Gott bist. Denn du kannst doch nicht der Gott jener sein, deren schreckliche Gewalttaten so strotzen vor Gottlosigkeit.

Ich kann dich nicht loben für die Taten, die du duldest. Ich segne und lobe dich aber für deine schiere Existenz, für deine schreckliche Größe. Wie gewaltig muß sie sein, wenn sogar das, was jetzt geschieht, auf dich keinen Eindruck macht? Aber gerade weil du so groß bist und ich so klein, bitte ich dich, warne ich dich, deines Namens wegen: Hör auf, deine Größe dadurch zu betonen, daß du die Unglücklichen schlagen läßt.«

An Gott glauben, Gott zum Trotz. Weil man nicht billigen kann, was er geschehen läßt. Und so ist der Vorschlag Jossel

Rakovers: Gott zu loben für seine Torah, angesichts dessen aber, was er geschehen läßt, trotzdem an ihn zu glauben, ihn nur zu bitten, daß er den Bogen nicht überspannen möge. Jossel will den Stock, mit dem er geschlagen wird, nicht küssen.

Aber die Torah, das ist Gottes lichte Seite. Auf diese lichte Seite gehört für uns Christen auch Christus als des Gesetzes Aufhebung und Ende nach Römer 10. Das ist noch immer die Torah-Linie. Denn Paulus sagt dort: Was Gott mit dem Gesetz wollte, nahe sein bei Herz und Mund, das hat er in Christus erreicht. Und so redet er vom Gesetz des Christus, andere Christen gar davon, daß der Sohn Gottes das Gesetz über die Welt verbreitet habe. Denn abgeschafft ist das Gesetz mit Jesus nicht, als Wille Gottes bleibt es bestehen, lebendiger Wille des lebendigen Gottes.

Will sagen: Gesetz und Christus stehen zusammen auf der einen Seite. Gott als der freundliche, humane Retter.

Und dagegen die Zumutung unbegreiflichen Leidens. Eben Gottes Handeln in der Geschichte. »Jetzt ist die Zeit, wo Gott sein Gesicht verhüllt.« – »Ich glaube an den Gott Israels, auch wenn er alles getan hat, daß ich nicht an ihn glaube. Ich glaube an seine Gesetze, auch wenn ich seine Taten nicht rechtfertigen kann.« Was noch, sag es uns, was noch darf geschehen, bevor du uns dein Gesicht wieder zuwendest. Er kann von sich sagen: »Ich bin ihm nachgegangen, auch wenn er mich von sich gestoßen hat. Ich bin seinen Geboten gefolgt, auch wenn er mich dafür geschlagen hat. Ich hab ihn lieb gehabt, bin in ihn verliebt gewesen, auch wenn er mich zur Erde erniedrigt, zu Tode gepeinigt, zu Schand und Spott gemacht hat. Ich sterbe als Gottverlasssener, verlassen von Gott, an den ich unerschütterlich glaube.«

Wir aber haben es andersherum gelernt. Nämlich so, daß das Gesetz eine zumindest fragwürdige Größe sei, von der Christus befreit, und daß Gott die Geschichte schon in Ordnung bringen werde. Wir haben es dazu gebracht, das Gesetz mit allerlei schrecklichen und jedenfalls kalten Assoziationen zu verknüpfen, denn es stört ja auch unsere Autonomie.

Und wir haben uns daran gewöhnt, leicht umzugehen mit der Rede von der glücklichen Schuld Adams, damit, daß Gott auch aus Ruinen wieder etwas machen kann und daß alles gut enden werde. Alle unsere Geschichtskonstruktionen sind optimistisch, verharmlosen Dunkel und Schuld. Dazu helfen uns dann selbstgemachte Sprüche wie der, daß dort, wo eine Tür zugeschlagen wird, ein Fenster sich öffne.

Das also sind die Pfosten unserer Beruhigung, die wir eingerammt haben: Das Gesetz sei fragwürdig, am Jesusbild lasse sich manipulieren. Alles werde gut enden, nichts geschehe ohne Vorsehung. Und wir haben größtes Eigeninteresse an diesem Bild, das man nur Ideologie nennen kann. Denn in der Geschichte kommen *wir* ja vor mit unserem Handeln. Und irgendwo versuchen wir dann doch den Satz zu bewahren, daß wir in der besten aller Welten leben. Daß Gott nach einer Durststrecke alles wieder richten und in Ordnung bringen wird. Daß die Folgen unseres Tuns also nur vorläufig sein werden, weil Gott sie leicht ausgleichen kann. Unser Dogma über Gottes Allmacht hat auch diese unglückliche Folge gehabt. Zusammen mit unserer optimistischen Eschatologie hat es uns immer nur beruhigt. Aber das geht nun nicht mehr, seit dem, was unsere Väter getan haben. Die Dogmatik der Volkskirche ist ein einziges »Es wird schon werden«. Früher lag es nahe zu sagen: Zu irgend etwas wird das Böse ja gut sein. Wenn ich das Bein gebrochen habe, kann ich ein Buch lesen. Wenn der Zug Verspätung hat, lernt man Leute kennen. Oder wenn eine Brücke einstürzte und Menschen unter sich begrub, konnte man sich die Mühe machen und jedes einzelne Menschenleben, das so endete, als irgendwie in sich abgeschlossen aufweisen. So konnte der Glaube an die Vorsehung bestätigt werden. Aber das geht jetzt nicht mehr. Dem Massenzeitalter entspricht der Massenmord. *Jede Vorstellung, daß das zu irgend etwas gut sein könnte, ist unmöglich geworden.* Das ist das Entscheidende.

Vielleicht ist es also ganz anders, als wir denken, und eher umgekehrt. Vielleicht müssen wir mit dem weniger angenehmen Gegenteil rechnen: Die Torah und Jesus sind die lichte Seite Gottes. Darin haben wir schon das Beste, was wir von diesem Gott erwarten können, daran müssen und dürfen wir uns klammern. »Ich hab ihn lieb, doch seine Torah hab ich lieber«, sagt Jossel Rakover. Und: »Selbst wenn er mich genarrt und ich mich in ihm getäuscht habe, seine Torah würde ich weiter hüten.« Also: Das Gesetz ist gut, sagt schon Paulus, und auch Kasuistik ist normalerweise gut, der 1. Korintherbrief ist voll davon. Das Gesetz ist gut, vielleicht war es uns nur unangenehm?

Aber die Geschichte ist dunkel, sieht aus wie ein einziger Versuch Gottes, Menschen vom Glauben abzubringen. Die Unsäglichkeit des Erlittenen wird nicht ausgeglichen, Ersatz, Erstattung und Wiedergutmachung sind nicht in Sicht. Gott führt nicht alles zu tadellosen Lösungen. Weit gefehlt. Gottes Handeln scheint eher feindlich.

Warum wohl heißt es im Vaterunser: »Und führe uns nicht in Versuchung«? Das Vaterunser bei Lukas endet mit, ja gipfelt geradezu in dieser Bitte. »Und führe uns nicht in Versuchung«: Das ist genau der Gott des Jossel Rakover, der gebeten wird, den Bogen nicht zu überspannen. »Du solltest den Strick nicht zu sehr anspannen. Denn er könnte, Gott verhüte! noch reißen. Die Versuchung, in die du uns geführt hast, ist so schwer, so bitter schwer, daß du denjenigen deines Volkes verzeihen darfst und mußt, die sich in ihrem Unglück und Zorn von dir abgekehrt haben.«

Führe uns nicht in Versuchung. Weil Gott die Macht hat, in Versuchung zu führen. Weil es naheliegt zu ahnen, daß Gott uns versucht.

Also: Nicht das Gesetz ist negativ und die Geschichte positiv, sondern das Gesetz ist positiv, der Messias ist auf seiner Linie, die Geschichte aber ist dunkel.

Glaube an den Gott Abrahams nach dem Vorbild Abrahams, an Gott nach dem Holocaust? Der Philosoph Levinas sagt dazu: Nach Auschwitz auf diesen in Auschwitz abwesenden Gott zu verzichten, käme einer Vollendung des kriminellen Unternehmens der Nazis gleich, das die Vernichtung Israels und das Zum-Schweigen-Bringen der ethischen Botschaft der Bibel zum Ziel hatte. Die Juden sind nach Auschwitz ihrer Treue zum Judentum geweiht. – Das ist in der nüchternen Sprache des Philosophen gesagt. Aber es ist, erstaunlich genug, dem Gebet Jossel Rakovers ganz ähnlich. Gott ist abwesend, aber auf die Torah können wir nicht verzichten. Und auf den Messias nicht, möchte ich hinzufügen. Denn auch er hat nur ein jüdisches Schicksal erlitten, infam und gemein und ein Skandal, aber er war doch der Gerechte.

Hier, in Jesus dem Juden, laufen diese beiden Linien zusammen: Gerecht und von Gott verlassen. Von Gott verlassen, das hat er selbst am Kreuz so gesagt. Am Kreuz herrschte der Haß vor allem der Römer gegen den König der Juden, wie sie hämisch sagten. Und gerecht, das ist die Torah-Linie. An Gott glauben, Gott zum Trotz. Denn Glauben ist nicht nur Kopfnicken, demütiges Hinnehmen, ist etwas anderes als Urvertrauen oder Sich-Verlassen auf die Kuschelecke. Nein, lassen wir die schönen Worte. Glauben ist alles andere als das Aufgehen in Gott. Möglicherweise will das asiatische Mystik, ich weiß es nicht. Glauben ist ein Stück Trotz, selbständiges Antworten. Nicht einfach, daß man sich geben und nehmen läßt, sondern Gott beim Wort nehmen. Im Gegenüber zu Gott sich selbst gewinnen. So ist der Personbegriff des Abendlandes entstanden. Darauf zu insistieren, daß die Geschichte nicht das Letzte sein darf, was wir von Gott erfahren, auf der Verheißung insistieren. Glaube heißt Klagen lernen, nicht über dies und jenes, sondern Klagen im Gegenüber zu Gott. Nicht Talkshows und kirchenfeindliche Sendungen sind der Ort der Klage, sondern der Gottesdienst als Stunde des Glaubens.

Denn Gottes Rolle in der Weltgeschichte ist dunkel. Er ist uns abgewandt darin. Die Geschichte bietet keine Möglichkeit, Gottes Spur zu erkennen. Es gibt keine Theodizee, keine Chance, Gottes Handeln in der Geschichte zu rechtfertigen. Entweder sind wir dumm, oder Gottes Verhältnis zur Geschichte ist ganz anders, als wir dachten. Vielleicht ist Gott gar nicht allmächtig, wie wir uns einen Allmächtigen vorstellen, als den großen Zauberer. Vielleicht ist die Geschichte im Ganzen kein sinnvolles System. Hegel und Marx haben das noch geglaubt. Aber kein roter Faden, kein vernünftiger Gottesbeweis scheint mehr möglich. Keine antizipierten Siegesfeiern.

An Gott glauben, Gott zum Trotz, das gilt auch für uns, Abrahams neuzeitliche Trittbrettkinder. Denn die Abwesenheit Gottes hat zwei Seiten, und sie liegen auf zwei Ebenen, das ist ganz klar. Die einen werden millionenfach ermordet. Die anderen haben es zu der gottlosesten Religion gebracht, die es je gegeben hat, das sind wir. Wir sind schuldig geworden, aber auch hier geht es um die Frage, wie Gott das zulassen kann. Daß zum Beispiel die Mörder und die kleinen Denunzianten nach 1945 fast immer ungeschoren weiterlebten als Richter oder schlicht als unsere Studienräte, die uns erzählten vom Volk ohne Raum und Raum ohne Volk, als wäre nichts geschehen.

Oder: Ein Drewermann, der für die Kirche Millionen Herzen hätte gewinnen können, hätte man ihn nicht vertrieben, so daß alles wie auf Sand gesetzt ist. Und die Hunderttausende Ausgetretener bekommen für Generationen Gottes Wort nie wieder zu hören. Oder die erbärmliche Weise, wie wir nach Vokabeln fischen, nach Schlagworten, um uns unsere *correctness* zu bestätigen. Vokabeln, die wie Codeworte nur bewirken sollen, daß wir selber akzeptiert werden. Früher ging es um Kollektivschuld oder nicht. Auch dort ein unmögliches Gefeilsche um die richtige Vokabel. Und dann war man es zufrieden.

Es gab die Gepeinigten, die Geschändeten, die Erstickten, die lebendig Begrabenen. Und es gibt die Gesichtslosen, die alles zudecken, würdelos.

Gott war nicht nur abwesend in Auschwitz, er ist es auch in unserer Öffentlichkeit, in den verfallenden Volkskirchen, in den rabiaten Sekten, die hier und da an ihre Stelle treten.

Vielleicht hängt der Unglaube vieler auch damit zusammen, daß sie das herkömmliche Bild von Gott mit der realistischen Einsicht in die Wirklichkeit einfach nicht zur Deckung bringen können. Denn ein allmächtiger und allgütiger Gott ist auf keine Weise zur Deckung zu bringen mit unserer Wirklichkeit, mit Leiden und Verfall. Und man will sich nicht dauernd belügen lassen. Der Verdacht auf die Qumran-Lüge in Gestalt der »Verschlußsache Jesus« war doch nur ein Symptom für den Verdacht auf eine viel umfassendere Lüge: daß es mit dem Wirken Gottes in der Geschichte nicht stimmt in unserem gelebten Leben.

Aber es gibt die Torah und den Messias. Die Torah: Die weise Regel des Lebens, Summe aller Weisheit des Ostens und Lebensregel überhaupt. Denn Gott ist das Leben und das Leben ist Gott. Und der Messias: Er ist der Gerechte. Er stellt diese Regel lebendig dar. Die Torahrollen werden in der Synagoge gekrönt, und Jesus wurde gekrönt mit Dornen und mit Herrlichkeit. Die Torah ist die Regel der Gerechtigkeit, und nach sehr alten Texten der frühen Christen ist die Auferstehung Jesu nichts anderes als seine Rechtfertigung, daß er ins Recht gesetzt wird.

Die Torah und der Messias, vielleicht weisen sie allein wirklich auf Gott. Die Torah und der Messias, das sind der alte und der neue Bund. Das alte und das neue Testament.

Daß es zwei Lichter sind, ist gut so. Denn auf zwei Beinen steht sich's besser als nur auf einem. So können wir am Ende Gott danken für die beiden Lichter, die Torah und den Messias. In der Mitte zwischen den beiden Kerzen steht auf jedem Altar das Kreuz. Es steht für die Geschichte. Ja, all unsere Verzweiflung und alle Entwürdigung, alle Abwesenheit Gottes ist im Kreuz zusammengefaßt. Kommen wir jetzt bitte nicht mit unserer Rechtgläubigkeit – das Kreuz ist immer und vor allem ein Zeichen der Gottverlassenheit.

Es ist grausam, aber da wir Realisten sind, steht es auf jedem Altar. Nur die beiden Lichter, in die dürfen wir verliebt sein. Denn hier wäre zu finden, was viele von uns ersehnen: Leben, das sich nicht beweisen muß und das nicht zu widerlegen ist. Ein Leben zwischen Geburt und Tod, zwischen Haus und Grab, ein Leben mit der Erde und unter dem Himmel.

Konkretion
Brief an eine schwer erkrankte junge Frau

In einem Brief an eine junge Christin hatte ich Gelegenheit, auf diese Gedanken zu kommen, lange bevor ich dieses Buch verfaßte. Die junge Frau hatte sich vor kurzer Zeit taufen lassen und war dann lebensgefährlich erkrankt.

Liebe Frau S.,
heute erfuhr ich, daß Sie so schwer erkrankt sind. Die Nachricht hat mich sehr mitgenommen, und da ich an fast gar nichts anderes denken kann, schreibe ich Ihnen gleich. Ich erinnere mich noch gut an den Sommer vor drei Jahren, an die Diskussionen, die zu Gesprächen wurden, an Ihre Taufe und Ihre Gedanken, von denen andere und ich viel gelernt haben. Im letzten Jahr schrieben Sie, daß Sie in den Gemeinderat Ihrer Pfarrei gewählt seien. Ich kann mir gut denken, daß die anderen Ihnen immer gerne zuhören. Und wer möchte auch bei einer so strahlenden, attraktiven und offensichtlich glücklichen jungen Frau daran denken, daß sie dem Tod so unglaublich nahe sein könnte?
Denn alles, an das ich mich erinnere, wenn ich an Sie denke, trägt dieses Markenzeichen der Freude, der Leichtigkeit und Herzlichkeit. Oft habe ich gedacht: Welch glückliche »Werbeträgerin« für unseren Glauben!
Vor Ihrer Taufe haben wir oft zusammen gebetet. Sie kennen meine Überzeugung, daß alles, unser ganzes Leben in das Gebet hineingehört. Auch das, was Ihnen nun begegnet, hat etwas mit Gott zu tun, weil und wenn er wirklich unser

Gegenüber ist. Nein, die Krankheit kommt nicht von Gott. Aber dennoch bedeutet sie etwas in Ihrer Beziehung zu Gott, nicht nur in Ihrer privaten, sondern für alle mit, die um Sie herum sind und die Sie bewundern.

Ihre Krankheit, die tödlich ist, müssen wir doch nicht nur als Unfall, Zufall oder Nebensache betrachten. Wir müssen nicht einfach Gott loben, als wäre nichts geschehen. Ich selbst weiß es schon von viel geringeren Kümmernissen. Zunächst sind sie wie ein unverdaulicher Block. Doch in dem, was wir Gebet nennen, gewinnen wir eine Beziehung zu diesem stählernen Block, er wird ein Teil unseres eigenen Lebens. Teil unserer Rede vor Gottes Angesicht.

Oft frage ich mich, wozu wir am Ende da sind. Manche möchten gerne Spuren hinterlassen, Kinder, ein Haus, von ihnen gebaut, Schüler oder Bücher. Wir möchten in Erinnerung bleiben, in Gedanken und Gesprächen vorkommen, gehalten in einem Netz von Liebe.

Und ich gehe noch einen Schritt weiter: Wir möchten gerne Gestalt gewonnen haben. So, daß die Mitmenschen uns so kennenlernen konnten, wie wir sind. Wir möchten uns soweit äußern, daß wir das, was in uns drin steckte, wirklich zu Tage fördern konnten. Schmerzt uns das nicht am Tod von Kindern am meisten, daß sie – nach unserer Einschätzung – keine Gestalt gewinnen konnten?

Daß wir Sie in glücklichen Tagen als eine Art Engel erleben durften, dafür sind wir alle dankbar. Auch im Leben Jesu gibt es so eine Wende. Zuerst ist er der Strahlemann, der erfolgreich und faszinierend Wunder wirkt. Dann aber, seit der Verklärung, ist er sichtlich auf dem Weg zum Tod. Aber ab dann wird noch viel deutlicher, wer er ist. Auf dem Weg zum Tod vermag er es in Jerusalem, vom Einzug in die Stadt bis zum Ende am Kreuz, dem Titel »König der Juden« eine einmalige, unerhörte Füllung zu geben.

Wir wissen es alle, und so wird es auch Ihnen mit Ihrem lieben Mann ergehen: Was in einer Liebe steckt, wird nicht nur in guten, sondern erst recht in bösen Tagen sichtbar.

Geht es am Ende um dieses Sichtbarwerden, wer man ist? Meint solches das Bibelwort, man solle »sein Leben gewinnen« und nicht verlieren?

Gewinnen wir uns selbst nicht am ehesten im Gegenüber zum schweigenden Geheimnis Gottes? Besteht nicht unsere Seele aus den Fasern unserer Gebete, unserer verschwiegenen Worte vor Gottes Geheimnis?

Die Krankheit ist eine Herausforderung, daß Sie endgültig Sie selbst werden, Gestalt gewinnen. Und jeder Mensch ist Gestalt oder verwaschen vor allem hinsichtlich seines Glaubens. Der Glaube ist ja gerade nicht das, was überall genauso aussieht, sondern was Gestalten einmalig prägt, wenn man mit ihm lebt.

Ich muß gestehen, daß alles Schmerzliche in meinem Leben diese Funktion hatte, alle kritischen Anfragen, alle Nicht-Akzeptanz. Sie trifft mich immer hart, aber eigentlich beneide ich die Kollegen doch nicht, deren Karriere auf Rosen gebettet war.

So auch hier: Sie werden auf Ihre Art ertragen, so daß sichtbar wird, daß Sie es sind. Und das gehört zu Ihnen, und so gehören Sie zu uns. Und das, was Sie jetzt verstehen werden und wie Sie es sagen werden, wird kostbar für uns alle sein. So, wie es schon immer war. Sie werden wie bislang schon mit uns und vor unseren Augen Ihren Weg gehen, ein Licht im Dunkel, wenn auch wie eine Kerze, die an beiden Enden brennt.

Heute morgen las ich einen Artikel über die Mafia. Im Mittelpunkt stand eine Frau, die einsam und unbeugsam, in der Kraft ihres Glaubens, Widerstand leistet. Am Schluß sagte diese Frau: »Die Mafia gewinnt, aber nur weil die Leute Angst haben. Sie ist nicht stark, die Mafia, es sind die anderen, die sie stark machen.« Ist es nicht mit dem Tod wie mit der Mafia? Wird er nicht stark durch die Mutlosigkeit der anderen, die ohne Hoffnung sind, für die er buchstäblich das Letzte ist?

In herzlicher Verbundenheit Ihr K. B.

Bisher stand nur die eine Seite des im Neuen Testament »Versuchung« genannten Leidens im Blick: das Leiden, das Christen zuteil wird, um ihr Christsein in Frage zu stellen. Das Neue Testament kennt aber auch Leiden, das »an den Glauben heranführt«, das also den Menschen vor dem Christwerden trifft. Wir behandeln dieses – abweichend von der sachlichen Reihenfolge (erst wird man Christ, dann ist man es) – erst hier, weil es schwieriger zu verstehen ist und weil die meisten Adressaten dieses Buches wohl schon Christen sind.

Leiden, das zur Umkehr zwingt?

Sowohl in der Jesusüberlieferung als auch in der Johannesoffenbarung gibt es die Vorstellung, daß Leid (oft: fremdes Leid) Schrecken einjagt und auf diese Weise zur Anerkennung Gottes zwingt. Diese Vorstellung mag uns fremd sein. Wir wollen sie daher zunächst näher betrachten und dann sehen, was sie uns sagen kann.

Jesusüberlieferung: Es meldeten damals einige Leute, daß Pilatus Leute aus Galiläa beim Darbringen von Opfergaben habe ermorden lassen. Jesus sagte daraufhin: Meint ihr etwa, daß diese Galiläer im Vergleich zu allen übrigen Galiläern besonders schlimm gesündigt hätten? Nein, das hatten sie nicht. Und ich kann euch nur sagen, daß ihr alle auf ähnliche Weise umkommen werdet, wenn ihr nicht umkehrt. – Oder meint ihr etwa, daß die achtzehn Menschen, die durch den Einsturz des Turms von Siloa getötet wurden, schuldiger waren als alle Einwohner Jerusalems? Nein, das waren sie nicht. Und ich kann euch nur sagen, daß ihr alle auf dieselbe Weise umkommen werdet, wenn ihr nicht umkehrt (Lukas 13,1–5).

Jesus schildert fremdes Leid. Die Schilderung hat die Funktion, die zuhörenden Menschen zur Umkehr zu bewegen. Das Leid traf nicht alle, sondern jeweils nur eine Gruppe von Menschen (einige Galiläer; achtzehn Menschen in Siloa). Für alle anderen ist dieses Unglück ein warnender Hinweis. Jesus muß hier nicht irgendwelche Gerichtsdrohungen erfinden, sondern er kann an geschehenes Unglück anknüpfen. Ähnlich Schreckliches wird alle treffen, wenn sie nicht umkehren. Jesus weist auf geschehenes Unglück hin, um zu verdeutlichen, was Gottes Gericht bedeutet.

Der Befund in Offenbarung 6–9: In Plagen, die den ägyptischen Plagen des Alten Testaments (Pharao) ähnlich sind, werden Teile der Schöpfung, darunter auch Menschen dezimiert. Am Ende der Darstellung wird der Zweck dieser Plagen angegeben:
Und die restlichen Menschen, die nicht durch diese Plagen getötet worden waren, bekehrten sich auch jetzt nicht, daß sie die Werke ihrer Hände ließen und nicht die Dämonen und die ... Götzenbilder anbeteten, und sie kehrten nicht um aus Blutvergießen, Giftmorden, Vergewaltigungen und Räubereien (9,20f).
Danach wird geschildert, daß aufgrund eines großen Erdbebens ein Zehntel Jerusalems einstürzt und siebentausend Menschen getötet werden, und es heißt:
Und die übriggebliebenen Menschen gerieten in Furcht und gaben dem Gott des Himmels die Ehre (11,13).
Daraufhin wird dann im Himmel der Anbruch von Gottes Reich verkündigt (11,15). Denn nun herrscht Gott (und mit ihm der Messias) wenigstens über einen Teil der Welt, da Menschen seine Königsherrschaft, das heißt sein Reich, annehmen. Wie in der Jesusüberlieferung wird das Leid anderer zum Bild für das, was mit dem Gericht droht. Es ist in Wahrheit nur ein kleines, schwaches Abbild.
Im Unterschied zur Jesusüberlieferung wird in der Offenbarung gesagt, daß diese Plagen vom Himmel her mit Absicht geschickt worden sind. Nach Offenbarung 8,3–5 kommen

sie vom himmlischen Altar. Von dort her werden Feuer-
brände auf die Erde herabgeworfen. Verursacht sind diese
Geschehnisse, in denen brennende Stücke vom Himmel fallen und die Menschen quälen, laut Offenbarung 8,3 durch
die »Gebete« der Heiligen, das heißt der Christen.

Ähnlich werden auch in Offenbarung 11,5 die beiden Um-
kehrpropheten geschildert. Sie rufen durch ihr Gebet Feuer
vom Himmel herab, töten Menschen, machen, daß es nicht
regnet, und wandeln Wasser in Blut um. Sie haben die Vollmacht, beliebige Plagen zu bewirken und die Menschen zu
quälen. Das alles dient ihrer »Prophetie« und ihrem »Zeugnis«, offenbar zur Umkehr. Ihr Wirken fügt sich daher ganz
in die Geschehnisse der Kapitel 6–9 ein.

Da die Jesusüberlieferung jedenfalls nahe verwandtes Material bietet, kann man diese Stücke nicht als »vorchristlich«
oder »unchristlich« beiseite schieben. Man sollte vielmehr
fragen, welche Auffassungen vom Leid, von der Umkehr,
von Gott und vom Menschen dahinter stehen.

Leiden als Aufklärung

In diesen Texten geht es nicht um die Frage, wie der Mensch
vom Leiden freikommt, sondern ob es einen Sinn des Leidens gibt. Diese Frage wird so beantwortet: Entgegen dem
ersten Augenschein ist Leiden nicht sinnlos und dumpf. Es
geschieht auch nicht »wahllos« oder ist nur ein erster Schub
auf der abschüssigen Bahn zum Tod hin. Keineswegs öffnet
es ein Fenster »auf das Nichts hin«.

Vielmehr gilt es, Leiden nicht nur zu erfahren, sondern zu
verarbeiten. Das geschieht auch sonst in der Bibel, und üb-
lich ist der Hinweis auf den Zusammenhang von Tun und Ergehen. Dieser Zusammenhang ist hier zumindest stark abge-
wandelt, und zwar so, daß für eine erste Gruppe von Menschen das verdiente Gericht schnell und »vor der Zeit«
kommt, während es für eine zweite Gruppe, den Rest, noch
aussteht. Das sind die, die durch die Bestrafung der ersten

Gruppe gemahnt und gewarnt werden sollen. Das Gerichtshandeln Gottes ist daher zeitlich zerdehnt. Das hat den guten Sinn, daß so die zweite Gruppe Menschen gewarnt wird.

Denn das Leid der ersten Gruppe führt die zweite Gruppe möglicherweise zu einer Änderung ihres Verständnisses von Wirklichkeit. Der Sinn des *fremden* Leids ist, daß man sich dadurch bewegen läßt und seine Sicht von Wirklichkeit korrigiert. Im Sinne der Bibel ist dieses eine Korrektur angesichts der wahren Wirklichkeit (Gott) und auf sie hin. Die Leiden nehmen den Menschen jede Illusion über ihre Allmacht. Daß die Menschen ihre Zukunft ohne Gott sichern könnten, erweist sich als schöner Schein.

Insofern leisten diese Texte Aufklärung. Sie erklären: Es ist alles schlimmer, als wir dachten. Hinter der Fassade droht allen der Untergang. Oder anders gesagt: Noch schlimmer als alles, was die erste Gruppe der leidenden Kreaturen jetzt trifft, ist es, grundsätzlich auf dem falschen Weg zu sein. Das geschehene Leid ist immer nur ein kleiner Vorgeschmack dessen, was droht, wenn man mit dem fortfährt, was man schon immer getan hat. So ist auch die Aufforderung Jesu an den Geheilten in Johannes 5,14 zu verstehen (dazu S. 64): *Geh und sündige nicht mehr, damit es dir nicht noch schlimmer ergehe.*

Sowohl Jesus als auch der Seher Johannes appellieren an den Katastropheninstinkt der Menschen. Wie die Regisseure moderner Medien wissen sie, daß Schreckliches die Menschen reizt und bewegt, während die Regelmäßigkeit des Normalen eher langweilig zu sein scheint. Oder religiös gedacht: Wenn Gott sich die Umkehr schon so viel kosten läßt, wie wertvoll muß dann erst das Ziel sein.

Leiden führt zur Verherrlichung Gottes

Das Leid soll also zur Umkehr bewegen. In dem Leid, das den Menschen begegnet, will Gott etwas von ihnen. Sie sollen nicht nur ihre Schwäche, ja die Aussichtslosigkeit ihres bisherigen Weges erkennen, sondern auch die wahrhaft durchgreifende Macht des Gerichts. Das Leiden der ersten Gruppe von Kreaturen leitet Gott auf seine Mühle. Gott will etwas von den Menschen, wenn sie leiden. Sie sollen ihm »die Ehre geben«, ihn verherrlichen. Denn das taten die Menschen bislang nicht. Der Schmerz führt zur Begegnung mit dem Gegenüber, mit Gott. Gott selbst ist die Antwort auf die Frage nach dem Sinn des Leidens. Denn es zielt darauf, daß der Mensch sich, statt weiter Leiden auf sich zu ziehen, zur Verherrlichung Gottes umwendet.

Das ist auch Menschen unserer Zeit nicht unbekannt: Oft macht erst das Böse oder das Leid die Frage nach dem unsichtbaren Sinn unabweisbar. In guten Tagen fragt man nicht nach Gott. Erst das Böse läßt die Frage nach Gott entstehen. Not lehrt beten. Das sollte man nicht verachten, sondern als Hinweis auf unsere Situation als endliche Kreaturen betrachten. Die Frage ist nur, ob wir an unseren Grenzen dem »Nichts« und dem »schwarzen Loch« begegnen oder dem Geheimnis Gottes.

Man kann auch sagen: Hier geht es um »Frieden durch Wahrheit«. Denn »Wahrheit« wird in der Wahrnehmung und Anerkennung der wahren Größen- und Machtverhältnisse angeeignet: daß *Gott* der Herr ist und nicht der Mensch, daß ihm und niemand anderem allein alle Ehre gebührt. Daher wird die Offenbarung des Sehers Johannes auch das »hymnische Evangelium« genannt. Denn die Menschen sollen und dürfen einstimmen in den Lobpreis vor Gottes Thron, der in zahlreichen »hymnischen« Liedern wörtlich wiedergegeben ist. Indem der Mensch in diesen Lobpreis einstimmt, hat er Anteil an Gottes Herrlichkeit.

So stellt der Seher Johannes seine heidnischen Leser vor die Alternative, das Gericht zu erleiden oder Gott zu verherrlichen. Jubel und Verherrlichung Gottes sind das letzte Ziel, das einzige Ziel, angesichts dessen der Mensch nicht jämmerlich zugrunde geht.

Man kann nun vom Standpunkt des neuzeitlichen Menschen aus diese Auffassung sehr leicht kritisieren. Man kann fragen: Was ist das für ein Gott, der die Menschen durch Leid, das er für sich ausnutzt, absichtlich zwiebelt, ihnen in einer Art Salami-Taktik immer mehr nimmt, um sie zu zwingen, ihn anzuerkennen? Läßt sich nicht die Analogie im damaligen politischen Bereich mit Händen greifen? Denn der römische Staat setzte Völker vielfach unter Druck, um sie zur Anerkennung der Oberhoheit Roms zu zwingen. Warum ist hier nur von Strafen und Peinigung und ihrer pädagogischen Wirkung, nicht aber von Liebe die Rede? Wie kommen Menschen darauf, daß Gott so sein könnte? Warum denkt man sich diesen Gott überhaupt als so süchtig nach Anerkennung?

Antwort auf die Kritik: Der Seher Johannes kennt sehr wohl die liebevolle Zuwendung Gottes zu den Menschen. Gott liebt die, die in Anfechtung, Verfolgung und Martyrium treu zu ihm stehen. Er liebt die Opfer der Gewalt. Daher sagt der erhöhte Herr zur Gemeinde der Philadelphier, die Feinde würden noch erkennen, *daß ich dich geliebt habe* (3,9). Aber die, die ihn nicht nötig haben, kann der Herr noch nicht lieben.

Der Seher Johannes ist sehr realistisch. Menschen leiden und erkennen zumeist keinen Sinn darin. Das ist sein Ausgangspunkt. So ist die Welt nun einmal, daß Unsägliches darin geschieht. Wie wäre es, fragt er, wenn gerade dieses Unmaß an Leid nicht sinnlos wäre und nicht zum Verzweifeln? In dem Leid, das uns begegnet, will Gott etwas von uns. Er will nicht das Leid an sich, das Leid ist nur Ausdruck einer tiefgreifenden Störung, eines Unfriedens, der an die Wurzel reicht. Gott will den Frieden. Das Leiden ist wie eine Krankheit, die man schon lange in sich getragen hat und deren Ausbruch nun die ganze Schwere der Erkrankung erkennen läßt, aber zugleich mit dieser Erkenntnis auch die Möglichkeit der Heilung eröffnet. Diese Krankheit besteht darin, daß der Mensch ohne Halt und Orientierung war. Er ist dem Falschen nachgelaufen, und das konnte nur Unglück bringen.

Nicht Willkür und Anerkennungssucht veranlassen Gott zum »Zwiebeln«. Er will den Menschen durch die Leiden aus seinen Illusionen wecken und ihm die Chance zu einer realistischeren Einschätzung der Wirklichkeit geben.

Die Bibel stellt sich, wie wir schon sahen, nicht die Frage: Warum geht es nur durch Leiden? Könnte Gott es nicht anders versuchen? Sie diskutiert nicht, welche Wege Gott hätte gehen können. So ist auch der Seher Johannes nicht darauf aus, hinter die Ereignisse zurück nach der Palette der Möglichkeiten zu fragen, die Gott eventuell zur Verfügung gestanden hätten. Und noch weniger ist er darauf aus, Gott nachträglich Ratschläge zu geben, wie er es vielleicht hätte besser machen können. Es ist eine allzu neuzeitliche Frage, wie denn die Wahlmöglichkeiten Gottes ausgesehen hätten. Biblische Schriftsteller fragen anders: Sie gehen aus von der Wirklichkeit des Leidens in der Welt. Und wenn es das nun schon gibt, unabweisbar gibt, dann ist in diesem Fall zu fragen, wie der Mensch daraus hervorgeht – ob er das Leiden als Chance zur Umkehr nutzt oder ob er sich vollends erdrücken und zermalmen läßt.

Zerstörtwerden durch Leiden und Tod ist das Normale, weil es dem üblichen Irren des Menschen entspricht. Der Seher Johannes plädiert dafür, dies nicht einfach als zwangsläufig gegeben hinzunehmen, sondern als Signal zu sehen. Leiden ist nicht zwangsläufig, sondern macht auf Fehler und Defekte beim Menschen aufmerksam. Und daß es schon vor dem Ende der Geschichte und mitten darin geschieht, hat – wie Signale auch sonst – etwas Gutes.

So richtet sich der Seher Johannes gegen jede Verklärung unserer Situation. Wenn der Mensch, durch Leiden und Katastrophen belehrt, Wirklichkeit in ihren wahren Abmessungen erkennt, ist er in der Lage, dem Ehre zu geben, dem Ehre gebührt. – Durch Schaden werden wir doch auch sonst klug, durch kleinere oder mittlere Katastrophen werden wir auf die wahren Zusammenhänge hingestupst. Der Seher Johannes nutzt diese Allerweltsweisheit, um das Leiden in der Geschichte überhaupt zu deuten. Er sagt: Wer einmal einen heißen Topf angefaßt hat, tut es so schnell nicht wieder; er denkt nach über den Zusammenhang von Hitze, Berührung und Schmerz. So ist es auch im Großen und Ganzen der Weltgeschichte. Die Leiden weisen euch auf die Zusammenhänge von Unrecht, Schmerz und Weltregiment Gottes. So ist es für den Seher Johannes ganz klar, daß die Katastrophen den Menschen an die Wirklichkeit heranführen. Sie haben eine aufklärende Funktion. Der Mensch lernt durch Leiden. Die kleinen und großen Katastrophen weisen ihn auf die wahren Gesetzmäßigkeiten des Daseins. Wenn er sich nicht – zum Beispiel durch die Offenbarung des Sehers Johannes – belehren lassen will, ist er den Folgen seines Tuns schutzlos ausgeliefert. Nichts anderes bedeutet »Gericht«.

Ist Gott deswegen grausam? Durch die Offenbarung des Sehers Johannes gibt er eine Vorwarnung, und die Leiden in der Welt selbst sind ja auch noch ein Fingerzeig vor dem Endgericht. Auf diese zweifache Weise versucht Gott daher, die Menschen zu retten. Damit aber geht der Seher Johannes weit über das hinaus, was andere Schriftsteller des Neuen Testaments vorschlagen, die es zumeist mit der Offenbarung in Jesus Christus genug sein lassen.

Und die Anerkennungssucht dieses Gottes ist kein Selbstzweck. Sondern wer den Schöpfer und Regenten ehrt, hat die Ordnung des Ganzen verstanden und fügt sich in sie ein. Wer sich so einfügt, betet eben nicht den römischen Kaiser an, wird nicht Räuber, Mörder, Lügner oder Vergewaltiger. Der Lobpreis Gottes, den der Seher Johannes vor Augen stellt, ist nichts weiter als ein Sich-Hineinsingen in die Ordnung Gottes.

Diese Ordnung ist verletzlich. Wer sie angreift oder zerstört, bestraft sich selbst. Denn er zerstört, was ihn und alles Leben erhält. Daß diese Ordnung nicht anonym ist, sondern einen personalen Regenten hat, ist von Vorteil für die Menschen. Denn so sind sie nicht nur ihren Fehlern ausgeliefert, sondern dieser Gott spricht zu ihnen, durch die Offenbarung des Sehers Johannes und durch die Leiden in der Geschichte. Und den, der treu zu ihm steht, vermag er überschwenglich zu lieben, besonders im Leiden.

Leiden als Stachel

Auch diese Leiden, die erst zum Glauben führen sollen und können, nennt die Bibel »Versuchung«. Der Seher Johannes benennt den Prozeß von Leiderfahrung und Umkehr mit dem Wort Versuchung, wenn er in Offenbarung 3,10 Jesus sagen läßt: *Ich werde dich bewahren vor der Zeit der Versuchung, die über die ganze Erde kommen wird, mit der ich die Bewohner der Erde versuchen werde.* Denn die Gemeinde hat ihre Treue in Geduld schon erwiesen. Daher ist es »logisch«, daß sie nicht noch einmal dem Leiden unterworfen wird.

Aber warum spricht der Seher auch hier von Versuchung? »Versuchung« trifft in diesem Fall nicht den, der schon Christ ist, sondern gerade alle diejenigen, die noch nicht Christen sind. Damit heißt Versuchung jedes von Gott kommende Leiden, durch das Menschen veranlaßt werden, sich eindeutig auf die Seite Gottes zu stellen, ihn zu bekennen. Das gilt sowohl für die Leiden, die zur Bekehrung führen, als auch für die Leiden, die auf die Bekehrung folgen. In beiden Fällen richtet sich an den schwankenden, die Eindeutigkeit und das Bekenntnis scheuenden Menschen die Zumutung, gerade den als seinen Gott zu bekennen, der ihm diese Leiden schickt und der sich so als Herr zu erkennen gibt.

Leiden wird damit als ein »Stachel« begriffen, der von außen kommt und weh tut, der den Menschen aber dazu bringt, sein Verhalten zu ändern, sei es im Sinne einer Umkehr oder im Sinne einer entschiedenen Radikalisierung. Leiden hat daher, als Versuchung betrachtet, eine doppeldeutige Rolle. Es schmerzt in jedem Fall. Es kann zum Abfallen führen, also zur Ablehnung Gottes und jeden Sinns. Es kann aber auch die Funktion des Stachels einnehmen, der, am Ende und vom Ziel her betrachtet, heilsam ist – wenn auch manchmal nur für die anderen, den »Rest«. Allerdings darf das Wort »heilsam« nicht dazu mißbraucht werden, sich über das Ausmaß des Schreckens und des Leidens Illusionen zu machen. Alles liegt immer daran, ob es für den Betrachter eben noch Schlimmeres gibt als das Leid der Versuchung.

Es ist ganz klar: Hier wird die Frage nach dem Sinn von Leid mit dem Hauptgebot verknüpft, daß man Gott aus ganzem Herzen lieben soll. Das »ganz und gar« des Hauptgebotes läßt kein Schwanken, keine Halbheit und keine Lauheit zu. Es geht hier darum, radikal alles auf eine Karte zu setzen. Bei den Leiden *nach* der Bekehrung soll man sich trotz der Nachteile, die das Bekennen bietet, um so fester an diesen Gott zu binden. Bei den Leiden *vor* der Bekehrung geht es darum, sich überhaupt an diesen Gott zu binden, also eigentlich wegen des Erlittenen und um es zu beenden oder – richtiger – damit es sich nicht in noch katastrophalerer Form wiederholt. Denn das Bekenntnis zu Gott bedeutet Abwehr alles dessen, was einen treffen kann, weil man die gebührende Ehre verweigert.

Und recht verstanden sind alle Leiden des Menschen entweder solche vor oder solche nach der Bekehrung. So gelingt es dem frühen Christentum, die Frage nach dem Sinn des Leidens umfassend in das zentrale Ereignis der Bekehrung und des Bekennens einzuordnen.

Die Perspektive, innerhalb derer dies geschieht, ist alles andere als trist. Immer wieder ist daran zu erinnern, daß die Offenbarung des Johannes im Bild der großen, goldenen, menschenfreundlichen Stadt namens Jerusalem die Zukunft der Menschheit sieht.

Für die Bibel geht es um die Anerkennung speziell *dieses* Gottes, des Schöpfergottes, zu der Menschen durch die »Versuchungen« gebracht werden sollen oder bei der sie – auf diese Beziehung tiefer eingehend – bleiben sollen. Damit ist das Problem in der Bibel das, was man modern die »Pluralität des Unsichtbaren« nennen könnte, eben die Tatsache, daß es viele unsichtbare Mächte gibt und daß der Mensch von sich aus nicht weiß, auf welche er setzen soll. Für heutige Menschen liegt das Problem dagegen eher darin, daß das Unsichtbare selbst in seiner Existenz – angeblich – nicht zu beweisen ist. Statt der Pluralität des Unsichtbaren herrscht bei uns ein Pluralismus im Bereich des Sichtbaren, dessen Komplexität dazu verleitet, alles weitere Fragen nach dem Unsichtbaren für eine spätere Gelegenheit aufzuschieben.

Wir fragen: Ist die »Versuchung« hier ein Trainingsprogramm für Sinnsuchende? Und wenn der Mensch an diesen Versuchungen scheitert, wer ist dann verantwortlich?
Die Antwort: Leiden geschehen nicht dumpf und zufällig, sondern haben eine Sprache, führen auf einen leuchtenden Pfad. Und wer Kostverächter ist, muß aus der Sicht der Bibel immer selbst die Folgen tragen.
Schon in Offenbarung 3,10 wird den Getreuen gesagt: *Weil du mein Wort in Geduld bewahrt hast, werde auch ich dich bewahren vor der Zeit der Versuchung, die über die ganze Erde kommen wird, mit der ich die Bewohner der Erde versuchen werde.* Ebenso werden nach Offenbarung 7 die Auserwählten »versiegelt«, bevor die Plagen beginnen. Durch diese Versiegelung werden sie gegen das mögliche Versagen gefeit. Der Seher Johannes weiß sehr wohl, daß Menschen von sich aus nicht in der Lage sind, der Versuchung auf Dauer zu widerstehen; daher muß man im Vaterunser um diese Widerstandskraft bitten.
Diese deutlichen Hinweise auf die Gefährlichkeit der Versuchung lassen erkennen, daß die Gefahr, aufgrund von

Leiden den Glauben aufzugeben, ein ganz großes Problem des frühen Christentums war.

Mit anderen Worten: Überrascht stellen wir fest, daß die frühen Christen die Frage, ob Leiden nicht sinnlos sei, sehr tief bewegt hat. Die Versuchung, aufgrund des Leidens offenkundig Unschuldiger an jedem Weltregiment zu verzweifeln, den Glauben aufzugeben und praktisch »Nihilist« zu werden, diese Versuchung war zur Zeit der frühen Christen mindestens so groß wie heute. Die frühen Christen stehen hier der Frage Hiobs wesentlich näher, als man gewöhnlich denkt.

Nach dem Seher Johannes geht es nicht einfach darum, das »Gute« zu erkennen und zu tun, um damit Schaden, also weiteres Leiden, abzuwenden. Seine Art der Aufklärung ist nicht flach und nur moralisch. Weil es einen persönlich vorgestellten Gott gibt, greift seine Deutung des Seins der Menschen in der Welt viel tiefer. Denn er kann auch dasjenige Leiden sinnvoll erklären, das auf den ersten und auch auf den zweiten Blick »unverdient« erscheint, das heißt, das nicht einfach Folge eines offenen Fehlverhaltens ist.

Das ist nun allerdings auch unser Problem. Denn wir verstehen wohl, warum jemand, der bei roter Ampel die Straße überquert, überfahren wird. Hier sind Tun und Ergehen einander eindeutig zuzuordnen. Aber so vieles andere verstehen wir nicht im entferntesten. Wir verstehen zum Beispiel nicht, warum Christen für ihren Glauben leiden mußten und müssen. Und das gilt nicht nur für Christen, sondern auch für viele andere, die nicht nur ihren eigenen Vorteil suchen.

Wir verstehen noch viel weniger, warum Katastrophen geschehen und Menschen ihnen wahllos zum Opfer fallen, wie es beim Turm von Siloa war. Interessant ist, daß Jesus in dem oben zitierten Text (Lukas 13,1–5) nicht individualistisch nach der Schuld jedes einzelnen fragt. Er sagt nicht: Irgendwie hat es jeder verdient. Sondern er wertet den Sinn als Zeichen für andere. Sie sollen umdenken, das ist der Sinn. Denn Leiden ist, wie gesagt, ein Zeichen, daß Gott und

Mensch sich voneinander abgewandt haben, und das ist eine Sache, die den Horizont und auch das Schicksal jedes einzelnen weit übersteigt. Wir könnten von der Bibel in diesem Fall »lernen«, daß nicht alle Fragen nur im Blick auf den einzelnen zu lösen sind.

Von da aus gesehen bleibt Leiden nicht ohne Sinn, sondern wird der zentralen Frage zugeordnet, ob der Mensch die Wirklichkeit Gottes anerkennt oder nicht. Das heißt: Die Theodizeefrage ist nicht Selbstzweck, sie steht nicht für sich, sondern wird der Bekehrungsthematik eingeordnet und ganz untergeordnet. Sie wird, salopp gesagt, gewissermaßen nebenbei gelöst.

Damit wird nochmals deutlich: Das Problem ist nicht die Existenz Gottes, über die der Mensch irgendwie zu befinden hätte, sondern die *Anerkennung dieses* Gottes. Daß Menschen irgendwelche Götter haben, ist vorausgesetzt. Zur Anerkennung dieses Gottes soll der Mensch durch Deutung seiner Leiden gebracht werden, bei ihr soll er, sich tiefer auf Gott einlassend, bleiben. Die Anerkennung dieses Gottes geschieht im ersten Schritt wesentlich durch Gebet.

Daß bei *anderen* Autoren des Neuen Testaments, etwa bei Paulus, das Angebot der Versöhnung und des Friedens, der Feindesliebe Gottes und der Gnade, insbesondere die Auferweckung Jesu Christi wichtigere Argumente für die Anerkennung dieses Gottes sind, sei hier nur angemerkt. In der Sache schließt sich das alles gegenseitig nicht aus. Nur geht es uns *hier* in diesem Zusammenhang um die Deutung des Leids.

Leiden und Tod als das Vorletzte

Der entscheidende Unterschied der vorgetragenen neutestamentlich-christlichen Antwort auf die Frage nach dem Wozu des Leids sowohl gegenüber der Antwort des Buches Hiob als auch zu allen Stellungnahmen von Philosophen ist hier noch einmal für sich darzustellen und zu begründen.

Dieser Unterschied liegt darin, daß für den Christen Leid und Tod nicht letzte, sondern nur vorletzte Wirklichkeiten sind. Aus diesem Grund können sie, so anstößig das klingt, relativiert werden, denn der Verlust des Selbst, des Ich, des »ewigen Lebens«, der von den Rabbinen und im Neuen Testament so genannte »zweite Tod«, die Auferstehung, diese im Grunde identischen Größen sind das eigentlich Bedrohte. Im Verlust des »Ich«, wie wir es abgekürzt nennen, liegt die größere Gefahr. Diese Relativierung kann so weit führen, daß Franziskus von Assisi im Sonnengesang vom Bruder Tod sprechen kann (dazu gleich mehr). – Noch anstößiger ist, daß Leid und Tod auch funktionalisiert werden, wie wir es darstellten. Denn wenn Leid und Katastrophen von Gott gewissermaßen herangezogen werden, wenn er sie an sich zieht, um sie zu Zeichen werden zu lassen, dann erhalten sie einen Sinn in größerem Zusammenhang. Das ist für moderne Menschen empörend, weil der Verdacht entsteht, all die Schrecklichkeiten der Welt würden hier nur instrumentalisiert. Damit aber würden sie dann, so könnte man argwöhnen, auch verharmlost, »entböst« oder »entübelt«, wie man sagt.

Zunächst ist gegenüber diesem letzteren Vorwurf zu sagen: Niemand will Leiden kleinreden. Judentum und Christentum zeichnen sich gerade vor vielen modernen Weltanschauungen dadurch aus, daß sie dem Leid offen ins Auge sehen. Nur wenn sie nicht verniedlicht werden, können Böses und Leid ihre Zeichenfunktion erfüllen. Nur wenn sie in ihrer letzten Tiefe begriffen werden als zerstörtes Leben oder als gescheiterte Liebe, können sie sprechen und kann es auch weitergehen im Leben der »Betroffenen« oder der Zeugen. Ein Leid wird nicht dadurch kleiner, daß ich auf etwas hinweise, das noch umfassender, noch schrecklicher ist. Aber vielleicht wird es durch die hier vorgeschlagene »Funktionalisierung« tatsächlich auch gemildert, in seinen Folgen geheilt, und das ist etwas anderes als »Entbösung«.

Das eigentliche Problem liegt indes bei der Frage, welche

Evidenz die Rede vom Verlust des »Ich« oder der Auferstehung hat. Man kann beobachten, daß die Frage der Theodizee in der Neuzeit genau von dem Punkt an zum Problem wird, an dem man an Auferstehung oder ewigem Leben nicht mehr festhält. Für den Rationalismus und eine Philosophie, die nur die Vernunft und die bestehende Welt kennt, wird die Frage, wie der »gute« philosophische Gott, der Inbegriff der Weltvernunft, sich zum unvernünftigen und gemeinen Bösen verhalten soll, eine Grundsatzfrage und zugleich unbeantwortbar.

Aber welche Überzeugungskraft hat denn die Rede von einem unsichtbaren, unzerstörbaren Ich, von Auferstehung und ewigem Leben? Kurz gesagt: Es geht um die Frage, ob mit dem Tod »alles aus« ist oder nicht.

Ganz klar ist, daß Auferstehung nicht wissenschaftlich beweisbar und nicht durch Argumente wahrscheinlich zu machen ist. Denn wir haben es hier mit mythischem Denken zu tun (dessen Gegenstand aber als »mythischer« nicht weniger wirklich ist). Das Ich, der »Name« soll, obwohl man es nicht sieht und durch nichts beweisen kann, über die Schwelle des Todes hinweg erhalten bleiben. Plausibel wird diese Vorstellung, die sehr viele Völker teilen, im pharisäischen Judentum und im Christentum erst durch etwas Besonderes. Denn es geht hier nicht um den Erhalt einer exotischen mythischen Vorstellung, sondern um die Zentralaussage dieser Religion, daß nämlich Gott sein Volk, jeden einzelnen daraus, in Ewigkeit lieben will.

Auferstehung oder ewiges Leben ist daher nicht die Antwort auf die Frage, was aus meinen Knochen wird, sondern ist ein »Fall von Liebe«. Gott verstößt die, die zu ihm gehören wollen, auch im Tod nicht aus seiner Gemeinschaft. Er hat sie »in seine Hände geschrieben«, er vergißt sie nicht, und wenn Gott eines Menschen gedenkt, dann bedeutet das Leben für diesen Menschen. Liebe ist stärker als der Tod.

Auferstehung hat daher mit der Personhaftigkeit Gottes und auch der jedes einzelnen Menschen zu tun. Man kann sagen: Unser abendländisches Verständnis von Person verdankt sich auf einzigartige Weise diesem Glauben: Gott liebt jedes seiner Kinder in unverbrüchlicher Treue, und diese »Dauerhaftigkeit« stiftet eine »Person«. Sie währt auch über den Tod hinaus.

Es geht also nicht darum, daß Christen nicht mit der Endlichkeit »zufrieden« wären oder dem Ideal einer »Welt ohne Tod« anhingen. Der leibliche Tod gehört zur Welt. Er soll nicht durch endlose Lebenszeiten abgelöst werden. Das ist nicht der Kern der christlichen Hoffnung. Die zentrale Aussage ist vielmehr: Auch der Tod kann von der Liebe Gottes nicht trennen. Nach Römer 8,38 kann uns nichts, auch nicht der Tod, von der Gemeinschaft mit Gott trennen.

Das ist eine kühne, überaus gewagte Aussage, die zu schade ist, als verstaubter Topos in Dogmensammlungen zu verkommen. Freilich wird nach meiner Erfahrung jeder, der sich heute »noch« zu diesem Glauben bekennt, direkt des Fundamentalismus verdächtigt. Lassen wir diesen Allerweltsvorwurf einmal beiseite. Könnte es nicht sein, daß Jesus und Paulus, die von Auferstehung redeten, mehr von Gott und von »Liebe« verstanden als wir? Ist ein Glaube dieser Art wirklich durch das »moderne Weltbild« widerlegbar?

Verständlich wird jetzt, wenn Franz von Assisi vom Tod als Bruder spricht und ihn deutlich vom zweiten Tod abgrenzt. Denn wenn die Liebe Gottes so greifbar ist wie physische Wirklichkeit – und genau so haben sie unsere »Großen«, Abraham, Mose, Jesus, Paulus, Franziskus und andere erfahren –, dann ist der leibliche Tod nur eine Station.

Konkretion
Mutmaßliches Gebet eines Nichtchristen
angesichts der Leiden der Welt

Ich versuche, ehrlich gesagt, mir vorzustellen, ob es nicht alles einfacher wäre ohne Gott. Muß es nicht reichen, die Sinnlosigkeit tapfer zu ertragen und im übrigen den Nächsten zu lieben? Ist die Humanität nicht der einzige Sinn, Protest gegen die Absurdität des Ganzen?

Ich muß zugeben, daß eine solche Sicht der Dinge etwas Finster-Trotziges hat. Daß ich damit nicht unbedingt selig bin.

Und daß so viele Menschen die Sinnlosigkeit für gegeben halten, ist vielleicht nur Widerspiegelung der Betonsilos unserer Vorstädte, in denen wir wohnen. Absurdität ist ganz unmittelbar auch eine Frage der Ästhetik. Die Griechen nannten ihre als sinnvoll erfahrene Welt »Kosmos«, »Schmuck, Schönheit, Ordnung«. Grauer Beton, Autowüsten und Verlust an Sinn, das hängt direkt zusammen.

Mich stört an den christlichen Vorschlägen der Krampf der Theorie. Ich habe das Gefühl, da werde immer etwas auf die Wirklichkeit draufgesetzt.

Ich kann nicht an einen guten Gott glauben. Allerdings scheint mir die Rede vom »guten Gott« eher ein hausgemachtes Problem der Christen selbst zu sein. Ich finde auch bei Jesus nicht nur die Anrede *Abba, lieber Vater*, sondern auch das Bild vom Herrn, der streng mit seinen Sklaven ist, vom König, der revoltierende Bürger straft, vom Dieb in der Nacht.

Aber wenn Gott nicht einfach gut ist, wie kann er dann Gott sein? Vielleicht ist er doch irgendwie gut, nur eben nicht »einfach«, vielleicht ist er gut auf eine Weise, die wir nicht absehen oder beurteilen können. Paulus sagt es so: Gott ist tückisch wie ein Fallensteller, dunkel in seinem Verstocken, aber gerade so will er sich aller erbarmen.

Muß ein Gott durchschaubar sein?

Zu wem mache ich Gott, wenn ich ihn, vielleicht wie die Kindergärtnerin, um nicht Angst zu machen, für meinen Hausgebrauch zurechtmache, so daß er nur noch »zahm« ist? Christen neigen zur Harmonisierung. Gerade in den letztvergangenen Jahren können sie ungehindert ihr Wunschdenken als ernstzunehmendes Bedürfnis, wie eine Marktumfrage anmelden.

Aber ist es leichter, an einen nur halb guten, vielleicht bösen Gott zu glauben? Nein, das kann ich erst recht nicht.

Muß man überhaupt an einen Gott mit festen Eigenschaften glauben? Oft möchte ich die Theologen fragen: Woher wißt ihr das alles so genau? Woher kennt ihr diese Eigenschaften? Hat jemals jemand die Sonne durchflogen? Wie könnt ihr da über Gott Bescheid wissen?

Wenn all das so problematisch ist – warum überhaupt ein Gott?

Andererseits imponiert mir die Ehrlichkeit Jesu, zuzugeben, daß Gott ihn verlassen habe. Ich habe auch Respekt vor dem Evangelisten, genannt Markus, der diese Aussage nicht unterdrückt, vor der Kirche, die über den Sohn Gottes solches vorlesen läßt. Ist vielleicht hier ein Einstiegspunkt für mich?

Andererseits denke ich, daß Friedrich Nietzsche mit diesem einen Satz das Zentrum getroffen hat: »Erlöster aussehen« müßten die Christen. Das muß es sein. Denn nur eines könnte mich von dem grundlegenden Verdacht befreien, die ganze Sache mit Gott sei nur aufgesetzt: Wenn es einen Christen gäbe, der mir durch seine Gelassenheit vorleben könnte, daß Leid und Tod auf Erden nicht das Letzte sind, sondern nur das Vorletzte. War Franziskus dem nahe, wenn er vom Bruder Tod redete?

O nein, so zu reden ist nicht Zynismus. Aber wo wird die christliche Auffassung, daß erst der zweite Tod wirklich zu fürchten sei, wirklich gelebt? Kann man so leben?

Ich warte auf einen solchen Menschen, lieber Gott, schick ihn mir, wenn es ihn gibt. Dann kann ich Christ werden. Denn von einem bin ich ganz tief überzeugt: daß der letzte und eigentliche Sinn nur Freude sein kann.

Oder war Jesus dieser Mensch?

Kann das Böse von Gott kommen?

Auf diese Frage möchte man spontan mit Nein antworten. Ist es denn vorstellbar, daß unsägliche und sinnlos verteilte Leiden ausgerechnet Gott zum Urheber haben sollten? Wie sollte das Verbrechen an den Juden Gottes Wille sein? Stünde er dann nicht auf der Seite der Täter, wenn es sein Wille wäre? Müßte er nicht nach unserem Verständnis auf der Seite der Opfer stehen?

So möchte man sagen: Das Böse kann nicht von Gott kommen, weil von Gott nur Liebe kommen kann.

Wenn das Böse nicht von Gott käme, dann müßte es durch Zufall oder durch die Naturgesetze verursacht sein. Und es könnte eines Tages möglich sein, vieles von dem, was wir jetzt für Zufall halten, als durch natürliche Gesetze verursacht zu erweisen. Sind Zufall und Naturgesetz nicht relativ selbständig gegenüber Gott und seinem Willen?

Käme das Böse von Gott, stünde er als Urheber »dahinter«, so ergäbe sich das Problem, daß Gott dann etwas bewirkt, das ihm zutiefst zuwider ist. Wenn Gott gegen die tödliche Öde, gegen den Drachen in diesem Sinne ankämpft seit Anbeginn, wenn die ganze Schöpfung und Gottes Gesetz gegen diese Art von Chaos gerichtet sind, dann ist es unmöglich, daß Gott dies alles selbst verursacht. Das Böse kann daher nicht einfach von Gott kommen, da er es seit Anbeginn bekämpfen und eindämmen will.

Andererseits wird in Offenbarung 6–9 Gott als Urheber der Leiden angesehen, die die Menschen quälen. Auch der Gott, den wir bitten, uns nicht in Versuchung zu führen, ist nicht in jedem Fall nur Urheber des Guten. Für Jesus zeigt die Stelle Lukas 13,1–5 (Wenn ihr nicht umkehrt, wird es euch noch schlimmer ergehen als den Opfern in der Geschichte), daß Gott zumindest im Gericht als Urheber der Strafe vorgestellt ist.

Die Frage, ob Gott Leid zufügt, stellt sich damit für die Gerichtsvorstellung noch einmal in aller Schärfe neu. Darf man wirklich daran denken, daß Gott hier als Rächer und Bestrafer auftritt?

Ein Lösungsversuch in drei Schritten
Erster Schritt: Gott handelt nicht aus Willkür, sondern schafft einen Lebensraum. – Gerade die Gerichtsvorstellung kann helfen, eine Antwort zu finden. Denn die biblischen Aussagen über das Ende (die Eschatologie) zielen nicht auf irgendeinen Rache- oder Willkürakt. Wenn von Gottes Gerechtigkeit die Rede ist, dann im Sinne verwirklichten Zusammenlebens (Konvivenz) Gottes mit den Menschen. Das heißt: Die biblische Bundesverheißung, daß Gott dann der Gott seines Volkes, der Vater seiner Kinder ist und sein Volk eben von ihm als Volk ganz und gar angenommen wird, diese Verheißung wird Wirklichkeit.

Das Miteinander in Gerechtigkeit hat einen Schutzwall um sich. Denn weil Gerechtigkeit heißt, einem jeweils anderen zu ermöglichen, mit einem selbst zusammen zu leben, kann kein Ungerechter und kein Egoist an dieser erhofften gemeinsamen »Stadt« teilhaben. Wer solches erhofft, hat damit schon gesagt, wie er sich das Zusammenleben überhaupt denkt. Dann aber gilt: Alle, die sich außerhalb der Gerechtigkeit stellen, muß der gute Gott dann ihrem Nein, ihrem Egoismus und Eigenwillen überlassen. Je mehr diese erhoffte »Stadt« offenbar wird, desto mehr werden es auch die Schutzwälle, die zwangsläufig Grenzen bilden. Der Raum außerhalb der Stadt ist Gottferne und Hölle.

Gemeint ist ein Lebensraum ohne Ungerechtigkeit, nicht eine Bestrafung aus Rache. Dieser *Maßstab* ist hier als Hoffnung formuliert. Vom Gericht wird dabei vor allem deshalb gesprochen, damit es nicht eintritt.

Ergebnis dieser ersten Überlegung: Das sogenannte Gericht verwirklicht Gottes in der Schöpfung beabsichtigte Lebensordnung. Feinde dieser Ordnung können darin keinen Platz haben. Da Visionen und Programme für menschliches Miteinander immer eine große Bedeutung haben, ist auch die biblische Rede über das künftige Miteinander unter der Herrschaft Gottes als Bild einer künftigen Stadt formuliert (vgl. Offenbarung 21). Böse ist der Feind der Ordnung, der sich damit selbst ausschließt.

Daß es sich dabei um »Hoffnungen« handelt, bedeutet: In Gottes Kampf gegen die Feinde des Lebens ist ein Schlußpunkt in Sicht. Das ist sachlich geboten, damit nicht der Eindruck entsteht, es sei in Ewigkeit nur mit einem Unentschieden zu rechnen. Es gibt eine Entscheidung *über* den Menschen »dann«, und eben deshalb ist auch eine Entscheidung *von* ihm jetzt notwendig. Da der Mensch vergänglich ist, hat er nur begrenzt Zeit zu werden. Dem Gericht entspricht das soziale Handeln jetzt.

Deutlich ist bei alledem, daß nicht Gott selbst hier Ursache von Gerichts- und Höllenqualen ist. Diese sind nur und allerdings die Kehrseite der Lebensordnung, in deren Mitte er steht. Es ist notwendig, von dieser Lebensordnung zu sprechen, weil das Handeln des Menschen ernstgenommen wird und nicht beliebig ist. Vielmehr steht mit seinem Handeln wirklich seine Zukunft auf dem Spiel.

Zweiter Schritt: Gottes Herrschaft und Lebensordnung wird nicht ohne die Menschen verwirklicht. Nach dem Zeugnis der Bibel wird Gott nicht über die Köpfe der Menschen hinweg, sondern nur durch ihren Gehorsam hindurch sein Reich verwirklichen. Die ganze Bibel, mit besonderer Dringlichkeit das Neue Testament, dient dazu, den Menschen für diesen notwendigen Gehorsam Impulse zu geben. Immer werden diese Impulse sowohl freundlich als auch mit Hinweis auf den Ernst der Lage gegeben.

Die Leiden, die einen Teil der Menschen jetzt treffen, spielen die Rolle von Signallämpchen, die den Rest der Menschen immer wieder darauf hinweisen, daß Entscheidendes nicht in Ordnung ist. In ihnen soll man, so das Zeugnis der

Bibel, Warnungen erblicken. Gott wird als der gedacht, der die Menschen auf diese Weise warnt. So werden die Menschen förmlich dazu angestachelt, den nötigen Gehorsam zu erbringen.

Kann man diesen Zusammenhang denken, ohne Gott selbst zum Urheber der Leiden zu machen? Dieses soll der dritte Schritt zeigen.

Dritter Schritt: Gott nimmt das Leiden auf, das er nicht selbst verursacht hat. Er stellt es in Dienst, er zieht es in diesem Sinne auf sich, ja, er kanalisiert es, um durch das Böse, das jetzt geschieht, das endgültig Böse zu verhindern. Genau dieser Vorgang spielt sich (unter anderen) in der biblischen Offenbarung ab. Das Böse und das Leiden, das geschieht, greift Gott auf, spannt es vor seinen Karren, gibt ihm durch seine Boten einen eindeutigen Sinn und ermahnt so die Menschen auf sehr drastische Weise zum Umdenken. Dies ist freilich der Ort, an dem wir spontan vierfachen Protest anmelden.

Einwände und Proteste
Der erste Protest: Wäre der Gott, der – wie in unserem Bild von der Sandburg und der Flut – solche Wassergräben zieht, nicht doch böse zu nennen? Ist er nicht doch ein Kinderquäler? Ist er ein Helfer der Flut? – Antwort: Wir können Gottes Handeln nur verstehen (was man so verstehen nennt), wenn es außer dem, was wir hier an Sichtbarem verlieren, noch etwas sehr viel Wichtigeres gibt, vor dessen Verlust wir so gewarnt werden. Im Bild gesprochen: Das Leben der Burgenbauer selber ist noch viel mehr wert als ihre Burgen. Im Klartext: Es geht um den Verlust dessen, was die Bibel »Seele« oder »(ewiges) Leben« nennt.

Weil wir dieses Ganze nicht mehr im Blick haben, hauptsächlich deshalb verstehen wir das Leiden nicht mehr so, wie es die Bibel noch verstehen konnte.

Wenn es das Ganze nicht gibt, auf dessen drohenden Verlust

122

die Signallämpchen hinweisen, dann versteht man auch die Signale nicht mehr. Dann werden sie stumme Katastrophen und für den Untergang des Letzten gehalten. Unser Protest an dieser Stelle kommt wesentlich daher, daß wir das sichtbare,»irdische« Leben für das einzige halten.

Für das Neue Testament dagegen ist der Lebensbegriff unteilbar. Es gibt nicht zwei Leben, sondern nur eines, eine einzige »Identität« oder Seele. Wesentlich um sie geht es. Auch das ewige Leben ist nicht erst »transzendent«, sondern beginnt schon jetzt. Unter dem Stichwort des »zweiten Todes« wird dieses Thema in diesem Buch mehrmals angesprochen. Für das Neue Testament kommt alles darauf an, den »zweiten Tod« zu vermeiden. Der erste (körperliche, biologische) Tod ist demgegenüber nur relativ. Der zweite Tod ist weniger biologisch zu bestimmen als so, daß derjenige, der ihn erleidet, aus jedem Netz des Lebenszusammenhangs (Liebe) herausfällt.

Der zweite Protest: Wir hören es nicht gerne, wenn man uns in der Kirche sagt: Wer nicht hören will, muß fühlen. Und Sätze wie *Nur die Not lehrt beten* empfinden wir bestenfalls als beleidigend. Wir möchten lieber und verständnisvoller behandelt werden, nicht durch Schrecknisse geweckt. Wir möchten als verständige Erwachsene angesprochen werden, nicht aber drastisch. Letzteres überlassen wir barocken Kanzelpredigern oder Missionaren, die die Hölle heiß machen. Wir möchten es nicht so konkret wissen, lieber Zeit für das Entwickeln »abweichender Weltanschauung« gewinnen, schöngeistig über »Religion« diskutieren. Wir halten Glaube für eine Sache interessanter privater Ansichten. Wir schämen uns vielleicht, daß nur Not uns beten lehrt. Aber wahr ist es trotzdem.

Der dritte Protest: Wir sagen: Die obige Erklärung enttäuscht, weil es nur um Pädagogik zu gehen scheint. So wird man doch der Abgründigkeit und Schrecklichkeit des Leidens nicht gerecht. Soll es darin aufgehen zu belehren? Soll nur durch Statuieren von Exempeln Schlimmeres verhütet werden?

Antwort: Hier ist noch einmal daran zu erinnern, daß Gott diese Exempel nicht erfindet. Es handelt sich, im Bild gesprochen, um das eine reale Wasser der Flut. Kennenlernen vor der Zeit ist eine Schutzmaßnahme, die man auch sonst im Leben nicht für sinnlos hält. Gott zieht das steigende Wasser auf sich, er nimmt es in Dienst, so daß es nicht sinnlos wird. Es geht nicht um pädagogische Spielereien oder gar »Spielchen« oder allzu teure Experimente, die man lieber bleiben lassen sollte. Gott läßt die Leiden nicht mutwillig zu didaktischen Zwecken kommen. Sie sind vielmehr da, durch seine erklärenden Worte aber werden sie gedeutet und bleiben nicht für sich allein bestehen. Nur insofern, daß sie nämlich über sich selbst hinausweisen, sind sie »pädagogisch«. Sie sind keine schmerzvollen und kostspieligen Gleichnisse, sondern ein Teil des Ganzen, um das es geht.

Der vierte Protest: Wirkt nicht ein Gott, der Laufgräben zieht, mit der Flut unheilvoll zusammen? Denn einige Bauten werden durch die Flut an der Außenmauer zum Einsturz gebracht.

Nun ist dem biblischen Denken auch sonst das nicht ganz fremd, was wir eine Indienstnahme nennen würden. Gott nimmt das Böse in seinen Dienst, spannt es vor seinen Karren. So verfährt er mit dem Ungehorsam der Juden nach Römer 9: Gott gebraucht ihn als Mittel, um die Heiden ohne »Gesichtsverlust« zum Volk Gottes hinzuzunehmen. Dank ihrer (der Juden) Verstockung werden die Heiden angenommen. So ist es auch hier. Gott geht mit der Opposition eine »große Koalition auf Zeit« ein. Das lebenvernichtende Element wird für den Zweck des Regierungschefs eingesetzt. Man sollte das Wort »instrumentalisieren« dabei vermeiden. Das Leiden der Menschen und das Versagen Israels werden nicht »instrumentalisiert«, aber sie sind trotz ihrer

Schrecklichkeit nur eine Station auf dem Weg Gottes zu Liebe und Erbarmen, jedes dieser Ereignisse auf seine Weise.

Wir halten fest: Gott schickt das Leid. Auch wenn er es nicht macht, sondern vorfindet, so ist es doch eine Begegnung mit ihm. Insofern behält das Gebet Mörikes seinen Sinn: *Herr! schicke, was du willt, ein Liebes oder Leides; ich bin vergnügt, daß beides aus deinen Händen quillt.* Das Leid ist durch Gottes Hand gegangen, bevor es uns trifft. Er hat es auf seine Mühle geleitet. Gott schickt es, auch wenn er es nicht erfindet. Er lenkt es, auch wenn er es nicht schafft. Er selbst ist dem Leid und dem Bösen entgegengesetzt.
Vielleicht ist Leid wie ein Fieberanfall in der Krankheit, der ein Akt der Gesundung ist. Gott schickt nicht die Krankheit, aber den Fieberanfall. Man sollte das Fieber nicht für die eigentliche Krankheit halten. Die Krankheit gefährdet uns ganz, sie ist die Entfremdung von Gott, von uns selbst, vom Leben. Die Leiden sind vielleicht wie Fieberanfälle. Sie lassen die Krankheit unverkennbar deutlich werden, sie schwächen, aber sie rufen den Leib, vielleicht seine Heilungskräfte und die Sorge des Menschen auf.

Böses von Gott: die Hölle

Wir fragen: Wer Gott und Hölle verbindet – legt der nicht den Grund für alle Grausamkeiten des Christentums? Kann man gar angesichts des guten Gottes von der Ewigkeit der Hölle sprechen? Wird so nicht das Böse im Gottesbild selbst verankert? Warum muß Gott als so streng geschildert werden? Könnten Menschen nicht freudiger glauben, wenn Gott menschlicher wäre? Wird Gott so nicht zum Feind des Menschen?
Wir nehmen als Beispiel das Gleichnis von den anvertrauten Pfunden (Talenten). Am Ende dieses Gleichnisses heißt es über den Sklaven, der das anvertraute Geld nur vergra-

ben, nicht aber auf Risiko vermehrt hatte: *Nehmt den nutzlosen Sklaven und werft ihn hinaus in die Finsternis draußen, dorthin, wo Heulen und Zähneknirschen sein wird* (Matthäus 25,30). Das Gleichnis vom unbarmherzigen Knecht, der in den Schuldturm geworfen wird, weil er selbst nicht barmherzig sein kann (Matthäus 18, 23–35), zeigt ebenfalls deutlich, wie das Gottesbild »kippen« kann. – Warum fordert Gott so radikal viel und warum bestraft er so hart? Warum dieser Absturz in die Hölle?

Antwort: Die Gleichnisse werden erzählt, damit der Mensch auf keinen Fall in die Hölle kommt. Jesu Sendung ist es, dafür die Augen zu öffnen, davor zu warnen und ein Gegenmittel anzubieten. Anders als im Alten Testament ist hier relativ eindeutig und ausgeprägt von dieser drohenden Strafe die Rede. Deutlich ist: Alle Rede davon hat nur den Sinn, den Menschen radikal zu warnen, damit er dieser Strafe nicht verfalle. Drohen und Tyrannisieren sind nicht Selbstzweck.

Aber warum muß der Mensch so gereizt und provoziert werden?

Antwort: Mit der Entdeckung, daß jeder einzelne Mensch ein »transzendentes« Geschick in Himmel oder Hölle haben kann, nimmt man auch wahr, daß er über diese Möglichkeiten unzureichend belehrt und vor der letzteren nicht deutlich genug gewarnt ist. Überhaupt ist sein Abstand zum himmlischen König unüberbrückbar. Schon die Psalmen und Hymnen von Qumran stellen dies eindrücklich fest. Damit ist das künftige Heil des Menschen gänzlich ungesichert.

Ungefähr zur gleichen Zeit, da man beginnt, für die Gerechten auf eine Auferstehung zu hoffen, beginnt man auch verstärkt, mit dem »Gegenteil« zu rechnen. Das Zeit- und Weltgehäuse wird in beide Richtungen durchbrochen. Das bedeutete eine wahre Revolution. In dieser Revolution entdecken jüdische Lehrer, daß sie diesem nunmehr offenen Ausgang in gar keiner Weise gewachsen sind.

Mit Gott hat das alles zu tun, weil er für die Ordnung der Welt »persönlich einsteht«. Wenn jedes Vergehen eine Sünde gegen den König selbst ist, verschärft sich die Lage noch einmal drastisch. Dennoch ist der Gott, der so warnt, nicht der Feind, sondern als einer, der drastisch warnt, der Freund des Menschen.

Wie kann man diese Aussagen heute verstehen? An die Hölle muß man nicht glauben, es gibt sie schon, besonders dort, wo Menschen sie sich selbst füreinander und gegeneinander bereiten, wo die Verzweiflung der Sinn- und Hoffnungslosigkeit, der Langeweile und des Überdrusses herrscht. Der Gott der Bibel fordert deshalb den Menschen radikal, weil der Mensch sich so leicht verfehlt. Leben ist extrem gefährdet, und wie ein verantwortungsvoller Arzt muß Gott die Gefahr nennen und auch die Medizin. Würden wir den Arzt wechseln, weil er uns unangenehme Wahrheiten sagt? Daß Menschen heute so oft den Psychiater aufsuchen oder ihre Unruhe durch Pillen beruhigen müssen, weist darauf hin, wie gefährdet und krank ihre Seele, ihr Selbst, eben sie selbst sind.

Ähnlich wie wir es zum Stichwort »Versuchung« sahen, hat auch dieser dunkle Zug des Gottesbildes nur den einen Sinn: den Menschen radikal auf den Weg zu sich selbst zu zwingen. Sollte die Versuchung den Menschen zum Glauben reizen, so soll die Hölle ihn zum Handeln bewegen. Während wir das versucherische Leiden wirklich erdulden, geht es bei der Hölle »nur« um den Hinweis auf drohende Gefahr. Es ist der jeweiligen Anwendung der Bibeltexte in der Seelsorge aufgegeben, diese Gefahr so darzustellen, daß die Menschen, hartgesotten wie sie sind, sich wirklich beeindrucken lassen. Ich erinnere nochmals an das Warnen des Arztes.

Es kann daher keine Rede davon sein, die »Höllenvorstellungen« aus Liebe zu den Menschen abzuschaffen. Das hieße angesichts der Arten von Hölle, die es ringsum schon gibt, verantwortungslos Illusionen wecken.

Oder muß man hier – mit gebotener Zurückhaltung – von dämonischen Zügen im Gottesbild sprechen? Im Gottesbild des Alten Testaments hat man solche Züge festgestellt.[3] Man denke an Texte wie den folgenden, in dem Gott zu Mose spricht:

Mein Angesicht kannst du nicht sehen; denn kein Mensch wird leben, der mich sieht. Siehe, es ist ein Raum bei mir, da sollst du auf dem Fels stehen. Wenn dann meine Herrlichkeit vorübergeht, will ich dich in die Felskluft stellen und meine Hand über dir halten, bis ich vorübergegangen bin. Dann will ich meine Hand von dir tun, und du darfst hinter mir her sehen; aber mein Angesicht kann man nicht sehen (2 Mose 33,20–23).

Gott ist hier ein todbringendes Geheimnis. Er muß Mose vor sich selbst schützen. Ähnliches gilt für 5 Mose 4,24, worauf der Hebräerbrief (12,29) anspielt: *Gott ist verzehrendes Feuer.* Das heißt: Er muß uns vor sich selbst bewahren, indem er Jesus als schützende Brandmauer aufrichtet. Sowohl Jakobs Kampf mit dem Engel, der ihn bleibend versehrt (1 Mose 32,23–33), als auch die frühchristliche Botschaft, Gott werde kommen wie ein Dieb in der Nacht (Lukas 12,39 par; 1 Thessalonicher 5,2 usw.), lassen erkennen, daß dem Gottesbild weiterhin unheimliche Züge anhaften.

Denn ein Dieb in der Nacht ist nicht nur bedrohlich, sondern auch heimtückisch: Die anderen Menschen, seine Opfer, schlafen; sie brauchen den Schlaf. Die Dunkelheit schützt den Dieb, sie arbeitet ihm in die Hände. Da man den Dieb wegen der Dunkelheit nicht kommen sieht, taucht er plötzlich auf. Da man nicht weiß, was er genau will, ist er unheimlich. Ist so Gott?

Es ist jedoch zu beachten, daß alle Texte gleichzeitig Gegenmittel gegen diese angsteinflößenden Züge anbieten. Ge-

---

[3] Paul Volz, Das Dämonische in Jahwe, 1924.

nannt werden Gottes eigene Hand und Jesus Christus, vor allem aber spielt das Gebet eine überragende Rolle. Im Neuen Testament gilt das besonders angesichts der Ungewißheit des Zeitpunkts, an dem Gott »wie ein Dieb in der Nacht« kommt. Wachend und betend sollen die Jünger diesen Zeitpunkt erwarten. Das Gebet ist auch *das* Mittel, der von Gott her kommenden Versuchung zu widerstehen.

Man kann es auch so ausdrücken: Christen sollen auf der Hut sein. Nicht vor irgend etwas, sondern angesichts Gottes. Denn weil Gott Person ist, nicht Prinzip, ist man vor Überraschungen nicht sicher – trotz der Treue Gottes zu seinem Wort. Die Art, in der Gott jeweils die Geschichte führt, ist nicht aus Bibelstellen abzuleiten. Paulus schildert in Römer 9–11 eindrücklich, wie Gott in der Geschichte mit seinem Volk buchstäblich Haken schlägt.

Auffällig ist, daß die unheimlichen Züge Gottes, sofern sie die (Heiden-)Christen betreffen, sich in erster Linie darauf beziehen, daß der Tag des Herrn unberechenbar plötzlich kommt und man sich daher nicht in falscher Sicherheit wiegen soll. Dazu gehört auch 1 Thessalonicher 5,2f: *Der Tag des Herrn kommt wie ein Dieb in der Nacht. Wenn man sagt: Friede und Sicherheit, tritt plötzlich an sie Verderben heran wie die Geburtswehe an die Schwangere.* Die Logik dieser Rede von der Unberechenbarkeit, Unheimlichkeit und Tücke Gottes ist diese: Wenn Gott so ist, dann muß man ständig wachsam sein, und das bedeutet nichts anderes, als daß man sensibel wird für Gottes Willen zu jeder Stunde. Dieser Wachsamkeit ist immer wieder das Gebet zugeordnet; daher die typische Aufforderung *Wachet und betet!*

Immer dort also, wo Gott abgründige oder gefährliche, negative oder heimtückische Seiten zugeschrieben werden, ist dieses nicht Selbstzweck oder eine besondere »Lehre« über Gott, sondern dieser Gefährlichkeit ist immer ein entsprechend radikales Handeln des angesprochenen Menschen zugeordnet, zu dem er mit dieser Rede provoziert werden soll. Wenn Jesus sagt: Gott kommt wie ein Dieb, fordert er auf, allezeit zu beten; wenn er sagt: Gott kann in die Hölle werfen, mahnt er dazu, mit Phantasie und Einsatz aller Kräfte Gottes Willen zu tun; wenn er sagt: Gott läßt euch versuchen, dann will er, daß die Menschen durch Glauben, Gebet, Lobpreis und Geduld standhalten und nicht ausweichen.

WILLE UND PLAN GOTTES

Wir fragen: Wenn der Tod als Gottverlassenheit auf uns alle zukommt, welche besondere Bedeutung hat die Darstellung der Passion Jesu? Leiden bedeutet auch für Jesus Gottesferne. Kann man da vom Willen Gottes sprechen? Gilt das über Jesus hinaus auch von unserem Sterben?

Will Gott das Leiden?

Die Art, in der das Neue Testament über Jesu Leiden und Tod spricht, läßt viele Fragen entstehen: Ist Jesus nicht ein Musterfall dafür, daß Gott das Leiden eines Menschen »will«? War es nicht notwendig, daß Jesus litt, weil man es in der Schrift so »geschrieben« fand? Wenn Gott Jesus am Kreuz verlassen hat, wie Jesus selbst sagt, dann muß er es auch gewollt haben – aber: wozu? Wenn Gott einen Plan hatte, nach dem Jesus leiden mußte, waren dann nicht Judas und die Römer nur Marionetten Gottes?
Wir gehen zuerst auf die Rolle der Schrift und auf das Problem eines »Planes« Gottes ein.

Gottes Plan in der Schrift?

Anlaß für diese Frage sind Sätze wie dieses Jesuswort: *Der Menschensohn muß vieles leiden ... und getötet werden und nach drei Tagen auferstehen* (Markus 8,31).
Wenn das Neue Testament davon spricht, daß etwas *gesche-*

hen muß oder daß Jesus *leiden muß* oder daß dieses *notwendig* war, dann handelt es sich um Wörter und Vorstellungen aus der griechischen Orakelsprache, belegt beim Geschichtsschreiber Herodot und den griechischen Tragikern, schon längst vor Jesus übernommen von Juden, die Griechisch sprachen, im Rahmen ihrer Geschichtstheologie (Apokalyptik).

Ein ähnliches Phänomen: In manchen jüdischen Texten liest der Seher alle Ereignisse der Weltgeschichte aus den »himmlischen Tafeln« ab, die es deshalb gibt, weil der Kalender festgelegt ist. Für den Seher sind daher die zukünftigen Ereignisse zum Teil einsehbar. Sie sind als Daten vorhanden und werden sicher geschehen. Seher, Weissager oder Hellseher hatten zu allen Zeiten Einblicke in zukünftige Ereignisse. Diese Auffassung teilt die Bibel. Auch Jesus weiß um sein Leiden im voraus. Denn er ist Charismatiker wie die anderen Seher auch.

Wenn Jesus daher in Markus 8,31 und anderswo vom »notwendigen« Leiden des Menschensohnes spricht, so bedeutet das folgendes:

– Jesus weiß das eigene Geschick voraus. Diese Fähigkeit haben auch andere große Menschen.

– Jesus spricht über das Geschick des *Menschensohnes*. Daß er dabei gerade diese Benennung verwendet, kann man verständlich machen. Wer so nahe bei Gott steht, dem kann es in der Welt nur nach dem Schema verkannte/wirkliche Hoheit ergehen. Insofern ist der Kontrast im Ergehen eine Folge der Hoheit. Verkannte Hoheit muß leiden.

– Jesus spricht nicht von einer Notwendigkeit für das Heil der anderen Menschen, sondern immer nur vom Wissen um das eigene Geschick. Weil Jesu Wissen stimmt, wird das Behauptete sicher eintreffen.

Im Rahmen unserer Fragestellung ist es allerdings wichtig klarzustellen, was mit dieser Art Vorherwissen jedenfalls *nicht* gesagt und *nicht* gegeben ist. Schon die Ausdrucksweise läßt erkennen, daß es sich um »objektive« Daten handelt, nicht um Gottes Herzenswünsche. Es geht nicht um »subjektive«, eigene Pläne Gottes, nicht um das, was er will, sondern um das, was ganz schlicht »sein wird«. Ein Wort oder eine Bezeichnung für Gottes »Plan« kennt die Bibel nicht.

Es ist auch nicht die Rede davon, daß die Ereignisse sachlich notwendig, also für das Heil unabdingbar seien (zum Beispiel: für die Sündenvergebung oder die Auferstehung aller). Es geht nur um das schlichte äußere »Daß«. Es kann, muß aber nicht seine innere Logik haben, wie der Gebrauch des Wortes »Menschensohn« zeigte. Stets wird auch nur ein Teil der Ereignisse vorher gewußt, nicht alle.

Damit fehlt jede Grundlage dafür, hier von einem zusammenhängenden und sachlich gerade so notwendigen Heilsplan Gottes zu sprechen.

Weil es sich um Einsicht in schlichte Tatsachen handelt, kann man es »äußerliche« Notwendigkeit nennen, mit der sie geschehen werden. »Innerlich notwendig« wäre dagegen alles, wonach das Heil nur so und nicht anders erlangt werden könnte (zum Beispiel Glauben an Jesus Christus).

Gegenstand dieser Aussagen ist nicht das, was Gott will, sondern es handelt sich um begnadetes (charismatisches) Vorherwissen prophetischer Gestalten, zu denen auch Jesus gehört.

Die »Schrift« (das Alte Testament) wird im gleichen Sinne als Zeugnis des Propheten Mose und der anderen Propheten verstanden. Daher geben also solche Stellen, auch diejenigen, in denen es heißt *auf daß die Schrift erfüllt wurde...* keine Antwort auf unsere Frage, ob oder wozu Gott das Leiden will, wünscht oder gar braucht. »Schriftgemäßheit« bedeutet auch, daß man in der Schrift (das Alte Testament ist »die« Schrift der frühen Christen) die Ereignisse wiederfindet. Daß man dieses vermochte, bedeutet allerdings für uns nicht, daß *wir* nun die gesamte Schrift im Sinne eines Fahrplans lesen dürften. Nur einzelne Texte der Schrift erschlossen sich für die frühen Christen vom Geschick Jesu her, wurden plötzlich »verstanden«.

Einordnung in die Endereignisse: Eine andere Frage ist, wie die Formeln über die Erfüllung »aller Propheten« oder »der Schrift« in Jesu Leiden und Auferstehung *inhaltlich* zu verstehen sind. Als Beispiel sei 1 Korinther 15,3 genannt: *...der gestorben ist für unsere Sünden gemäß der Schrift... und auferstanden am dritten Tage gemäß der Schrift.* In welcher Hinsicht konnte man hier eine Schriftgemäßheit behaupten? Waren es nicht nur sehr wenige Schriftstellen, die man mit Anstrengung auf Jesu Geschick beziehen konnte? Woher diese pauschale Rede?

Hier kann man zeigen, daß eine breit belegte frühjüdische Auffassung das Ende der Geschichte als Ablösung einer Unheils- durch eine Heilsperiode sieht. In der Unheilsphase straft Gott für die Vergehen, in der anschließenden Heilsperiode wird er sich dagegen erbarmen. Das ist es, was »alle Propheten« lehren. Unschwer kann man in dieser Deutung der Geschichte Elemente dessen erkennen, was die Alttestamentler als »deuteronomistisches Geschichtsbild« ermittelt haben. Das heißt: Israel ist schuldig geworden, wurde bestraft durch die Zerstreuung unter die Völker, kann und soll in dieser Situation umkehren und wird von Gott wieder gesammelt werden.

Indem spätestens seit 1 Korinther 15,3 beide Perioden auf Jesus bezogen werden, soll das heißen: Er hat als Gerechter stellvertretend das Unheil auf sich genommen, und mit seiner Auferstehung hat die Heilszeit begonnen. – Auch bei dieser Deutung geht es also nicht direkt um Gottes Willen, sondern um die Frage, wieweit die überlieferten zwei Schritte am Ende in Jesus in Erfüllung gegangen sein können. Man will daher das Geschick Jesu im Sinne von Elementen der Endereignisse deuten. In diese wird Jesus eingeordnet. Unheils- und Heilsperiode sind konzentriert auf die Geschehnisse von Karfreitag und Ostermorgen.

Brauchte Gott Jesu Tod? Jesus hatte schon vor seinem Tod und ohne ihn zu nennen von Sündenvergebung und Gottes Bereitschaft dazu gesprochen. Wenn der Tod Jesu der stellvertretende Tod des Gerechten war, mit dem unsere Schuld beglichen wurde, dann wurde so der Vergebungswille Gottes nur besonders »festgeschrieben«. Aber damit war dieser Tod nicht »notwendig« im Sinne einer vorausgehenden Planung Gottes. Vielmehr gilt angesichts des Todes Jesu der auch sonst in diesem Buch verwendete Grundsatz neu: Wenn es schon so weit gekommen ist – wie wird Gott es zu unserem Heile wenden? Juden und Römer haben Jesus in den Tod gebracht, Gott hat aus diesem Tod ein Zeichen der Vergebung seinerseits gemacht. Das ist *auch* etwas ganz anderes als die Rede von Rachegelüsten Gottes.

Vom »Plan Gottes« zu reden, ist daher aus folgenden Gründen theologisch nicht angebracht:
– Ein »Plan Gottes« steht in unheiliger Opposition zum modernen Freiheitsbegriff.
– Er suggeriert, daß der Mensch von Verantwortung entlastet und befreit wird.
– Er verselbständigt Allwissenheit und Allmacht Gottes.
– Seit dem Vordringen der Mechanik im technischen Denken der Neuzeit können sich Europäer Gottes Plan oder Vorsehung oft nur noch deterministisch vorstellen, eben deterministisch-mechanisch im Sinne einer Maschine oder gar eines »Programms«, zumindest im Sinne eines Fahrplans. Man sollte sich diese ganz erheblichen Verstehensschwierigkeiten wenigstens bewußt machen.
– Aber auch die ältere Dogmatik war immer versucht, einen systematischen Heilsplan aufzustellen, der dann konsequent bis zu Adam und Eva durchbuchstabiert wurde. Die vielen Versuche, dies auch nach Jahreszahlen gegliedert anschaulich zu machen, nahmen zwischen dem 16. und dem 18. Jahrhundert einen Großteil exegetischer Bemühungen in Anspruch – vergebens. So meinte man, das Böse in der

Welt durch die Annahme erklären zu können, Gott habe zu einem frühen Zeitpunkt den Engeln die Erschaffung des Menschen mitgeteilt, diese hätten dagegen rebelliert, und so sei die Sünde in die Welt gekommen. – Vielmehr gilt: Man kann schon froh sein, wenn es gelingt, nach biblischem Denken wenigstens zwei Ereignisse aufeinander zu beziehen, wie wir es mit Tod und Auferstehung Jesu versuchen werden. Damit kann man aber noch nicht von einem Plan (»seit Ewigkeit«) sprechen.

– Die Rede vom »Plan« Gottes könnte buchstabengläubige Menschen dazu verleiten, die biblischen Aussagen über die Zukunft (»Eschatologie«) im Sinne eines Programms oder Fahrplans zu lesen.

Wollte Gott Jesu Leiden?

Hier gibt es eine Fülle von Fragen: Wenn Gott Jesu Leiden nicht wollte – warum hat er ihn dann verlassen, wie Jesus es am Kreuz sagt? Wenn Gott das Leiden Jesu wollte – wie verhält sich dazu, daß Judas und der jüdische Straßenmob, die Hohenpriester und Pilatus nach Aussagen des Neuen Testaments schuldig wurden?

Will Gott denn nicht *alle* Geschehnisse? Aber müssen dann die Menschen dabei nicht zu Marionetten werden? – Wie verhalten sich nach Ansicht der Bibel überhaupt Gottes Wille und menschlicher Wille im praktischen Handeln zueinander? Wir fragen jetzt: *Wie* kann Gott wollen?

Wir gehen von der Bitte des Vaterunsers *Dein Wille geschehe* aus. Gemeint ist: Laß die Menschen (besonders auch: uns) deinen Willen tun, dein Gebot und Gesetz befolgen.

Aber wie stellt man sich das vor? Die Menschen müssen doch selbst wollen. Gott greift dazu nicht mit einem Wunder ein. Was tut er also, wenn er die Bitte des Vaterunsers erfüllt? – Man beachte: Die Bitte *Dein Wille geschehe* ist wie ein Machtwort der Schöpfungsgeschichte formuliert (wie

Es werde Licht usw.) und setzt daher voraus, daß der Spre-
cher damit selbst etwas bewirkt.

Andererseits: Wenn Jesus in Gethsemane betet: *Nicht was
ich will, sondern was du willst* (Markus 14,36) – ist das, was
Jesu Mörder tun, Gottes Wille? Inspiriert er die Mörder –
oder ist nicht doch, wie Lukas und Johannes es denken, der
Satan in das Herz des Judas gefahren? Wie weit reicht überhaupt Gottes Wille nach dem, was Jesu Gebet meint oder
voraussetzt?

Vielleicht kann ein jüdischer Text aus dem 1. Jahrhundert
n. Chr. Klarheit schaffen, in dem es heißt: *Wenn ich etwa gesündigt habe, so daß ich deswegen bestraft werden müßte, so
geschehe dein Wille* (Abraham nach Buch der biblischen Al-
tertümer 6,11). Gemeint ist hier, daß Abrahams Bestrafung
durch andere Geschöpfe vollzogen werden könnte.

Wie wird Gottes Wille »erfüllt«? Auf der Grundlage dieser
drei Gebetstexte möchte ich die biblische Vorstellung über
Gottes Willen so rekonstruieren: Gottes Wille kann von
Menschen vollzogen werden. Damit wird der menschliche
Wille der Täter nicht ausgeschaltet. Gottes Wille wird von
Menschen getan, wenn in ihrem Herzen die jeweils entge-
genstehende Willensrichtung ausgeschaltet, gelähmt oder
betäubt wird. Diese Blockade wird nach Art einer Inspiration bewirkt. Das heißt: Im Fall der Vaterunserbitte bringt
der Beter durch sein Machtwort, über das er als Kind
Gottes verfügt, alles zum Schweigen, was Gottes Willen,
hier: seinem Gebot, entgegensteht. – In Gethsemane geht es
nicht um Handeln, sondern um Nicht-Handeln und Leiden.
Daß der nur menschliche Wille Jesu (»was ich will«) durch
Inspiration Gottes blockiert wird, zeigt besonders Markus
14,38, wo Jesus auf den Geist Gottes als Ursprung seiner
Kräftigung hinweist. Dagegen denkt Petrus nach Markus
8,33 *nicht Gottes, sondern der Menschen Gedanken.* Durch
Beten im Geist oder um Geist könnte Petrus dieses ändern.
Von einem derartigen Geist spricht auf seiten der nicht-

glaubenden Juden Römer 11,8 *(Gott gab ihnen einen Geist der Verdunkelung)*, während für die Passionserzählung Lukas und Johannes an eine Inspiration durch Satan denken (Lukas 22,3; Johannes 13,2.27).

In dem oben zitierten jüdischen Text geht es möglicherweise darum, daß Gott – ähnlich wie der Teufel bei Judas – einen Geist sendet, der das Vorhaben verstärkt und gegenteiliges Wollen ausschaltet. Oder wird der Gedanke direkt ins Herz eingegeben? Im Blick auf Paulus bin ich da skeptisch: Besonders aus seiner Theologie ist der Ansatz vertraut, daß Gott seinen Geist den Christen in die Herzen gibt (Römer 5,5; 8,4–9) und es so möglich macht, seinen Willen, hier: das Gesetz, zu tun. Was wir »Blockade« nannten, besteht bei Paulus darin, daß durch die Kraft des Geistes niedergehalten wird, was Gottes Gesetz widerstreitet (Römer 7,23; Galater 5,17: *Das Begehren des Fleisches ist gegen den Geist gerichtet, diese stehen einander unversöhnlich gegenüber*).

Was Paulus von der Gesetzeserfüllung und damit vom moralischen Handeln sagt, gilt nach anderen Autoren von Gottes Willen in der *Geschichte*, eben auch in der Geschichte Jesu.

Die Offenbarung des Johannes zeigt nochmals, wie sich die Schriftsteller des Neuen Testaments diesen Vorgang dachten. Nach Offenbarung 17,16f werden die Könige der Endzeit die »Hure« (Rom) hassen, *denn Gott gab in ihre Herzen, zu tun seinen Willen und einmütig ihr Königtum dem Tier zu übertragen, bis die Worte Gottes erfüllt werden*. Beschrieben wird so nicht ein christliches Handeln, sondern politische Vorgänge im römischen Reich. Gottes Worte, die erfüllt werden, sind seine Verheißungen. Auf dem Weg, der zu ihrer Verwirklichung führt, wirkt Gott in den Herzen der Menschen.

Angewandt auf Jesu Geschick sieht das so aus: Jesus kann, durch den Geist gekräftigt, Gottes Willen folgen (Markus 14,36.38). Gottes Wille besiegt die Angst in ihm. – Ob Judas und die Römer Gottes Willen folgen, sagen Markus und

Matthäus nicht; es genügt, wenn *einer* (Jesus) dem Willen Gottes Raum gibt. Nach Lukas folgt Jesus dem Willen Gottes, Judas dem des Teufels. Nach Johannes ist nur das letztere der Fall. Die Annahme der Gegen-Inspiration beruht auf dem Versuch, das Unfaßliche auf zumindest negative Weise zu erklären. Wenn man an den Geist der Verdunkelung und an die biblische Verstockungslehre denkt, könnte man diese Gegen-Inspiration auch in die Nähe der Verstockung rücken.

Dieser Lösungsvorschlag hat folgende Vorzüge: Zur Verwirklichung des Willens Gottes in der Geschichte muß kein Wunder geschehen. – Es wird verständlich, daß man sowohl Gottes Gesetz vollziehen als auch Leiden oder Strafe als Gottes Willen geduldig erleiden kann. – Anklänge an die Inspiration, die wir als Modell bemüht haben, finden sich wenigstens teilweise in den Texten. Die Vaterunserbitte *Dein Wille geschehe* ist schon dem Stil nach als vollmächtige Rede erkennbar. Da es sich laut Anrede *(Vater unser)* um Kinder des Vaters handelt, ist wenigstens denkbar, daß auch ihre Vollmacht, so befehlsartig zu sprechen, gleichfalls dem Geist der Kindschaft entspringt. – Es wird mit diesem Ansatz nicht nötig, für *alle* Ereignisse mit dem Einfluß von Gottes Willen zu rechnen. Nur manche erhalten von der Bibel dieses »Zertifikat«. – Wie Inspiration heilvoll oder unheilvoll sein kann, so wird Gottes Wille positiv (Gebot), passiv (Leiden) oder negativ (Gewaltanwendung) durchgesetzt.

Wir halten fest: Wenn Menschen Gottes Willen erfüllen, so vollzieht sich das, indem Gott bestimmte Absichten in ihnen verstärkt, andere dagegen lähmt. Ob mehr geschieht, etwa daß bestimmte Gedanken »eingeflüstert« werden, läßt sich nicht immer mit Sicherheit sagen. Auch müssen durchaus nicht alle an einem Geschehen Beteiligten Gottes Willen vollziehen. Es genügt, wenn einer das tut. Denn *nicht das Geschehen an sich ist nach Gottes Willen, sondern nur das Handeln oder Leiden bestimmter daran beteiligter Personen.*

Was wollte Gott mit Jesu Leiden? Noch schwieriger ist es zu ermitteln, *was* Gott will und ob er zum Beispiel Jesu Tod direkt gewollt hat oder nicht. Konkret: Worauf bezieht sich Gottes Wille, wenn Jesus betet: *Nicht was ich will, sondern was du willst?*

Zunächst kann man sagen, was – nach Ansicht der Evangelisten – Gott offenbar *nicht* will:

– Er will – anders als in dem oben genannten jüdischen Text – kein Strafgericht. Daß er ein solches wolle, ist, obwohl in der Reformation vertreten, aus keinem Text des Neuen Testaments über den Tod Jesu erkennbar. Bei Luther wird die Frage nach dem Wirken Gottes am Gekreuzigten so weit vorangetrieben, daß dabei die Aussage entsteht: Der Gekreuzigte ist hier dem Gericht Gottes unterstellt. Davon ist nun allerdings im Neuen Testament nicht die Rede. Weder ein richtender noch ein unbarmherziger Gott macht Jesus so »fertig«.

– Gott will nicht den Untergang Jesu, denn sonst würde er ihn ja nicht auferwecken.

– Er will den Tod Jesu nicht, weil es ohne diesen Tod keine Vergebung der Sünden gäbe. Nach den Evangelien ist Vergebung der Sünden durch Jesus überhaupt Gottes Absicht (vgl. Markus 2,10), die im Tod Jesu nur besonders »festgeschrieben« wird. Der Tod Jesu ist daher nicht von vornherein in dem Sinne »heilsnotwendig«, daß Gott ihn wollen mußte und ohne ihn nicht ausgekommen wäre.

Dennoch hat Gott Jesus am Kreuz verlassen. Die Frage ist nur, ob dieses Handeln Gottes schon *so isoliert* das Prädikat »Gottes Willen« verdient. Wenn Jesus betet *Nicht was ich will, sondern was du willst,* vertraut er sich damit dem Vater an. Vielleicht kann man die Vorstellung der Evangelisten so rekonstruieren: Die Art, in der Jesus leidet und stirbt, sein Gebet in Gethsemane und sein Gebet am Kreuz, ist eine auf das äußerste zugespitzte *Legitimation.* Denn Jesus hält an Gott fest und erweist sich so als einer, der auf Gottes endgültiges Retten vertraut. Auch Leiden und Tod können ihn nicht von Gott abbringen. Gerade darin unterscheidet sich Jesus von Petrus und allen Jüngern.

Auch im 1. Petrusbrief werden Leiden als Wille Gottes in diesem Sinne aufgefaßt.

Was heißt Legitimation Jesu? Nach den Evangelien handelt und lehrt Jesus von Anfang an so, daß die Menschen fragen müssen, woher seine Vollmacht stamme. Ist sie von Gott oder vom Teufel herzuleiten? Wunder allein können den Erweis nicht bringen, das weiß man. Die Evangelien selbst warnen vor Falschpropheten. So schwenken die Evangelien in der Mitte des öffentlichen Lebenslaufs Jesu um und verlagern die Frage auf die Art, in der Jesus das Leiden besteht. Hält er sich wirklich allein an Gott?

Schon die erste Versuchung Jesu (nach Matthäus 4 und Lukas 4) richtet sich auf die Frage: Sucht Jesus den eigenen Vorteil, gebraucht er seine Vollmacht zur Selbsthilfe – oder erfüllt er seinen Sendungsauftrag? Läuft er davon, wehrt er sich – oder erträgt er den Widerspruch der Welt gegen Gott am eigenen Leib? Auch als Jesus am Kreuz hängt, gibt es diese Versuchung: Wenn du der Sohn Gottes bist, steig herab vom Kreuz, sagen die Umstehenden. Und sie werfen Jesus vor, daß er anderen zwar helfen konnte, sich selbst aber nicht. Für die Evangelisten ist das Verhalten Jesu stets Beweis dafür, daß er von Gott gesandt ist. Denn er tut nichts zum eigenen Vorteil und stützt sich auch in Todesnot nur auf Gott. Wer so alles in Gottes Hand legt, bis hinein in die letzte Sekunde seines Lebens, der ist wahrhaft von Gott gesandt. Der ermöglicht es Gott dann auch, daß er in der Auferweckung das abschließende Zeichen der Legitimation selbst setzt.

Wir halten fest: Jesu Leiden und Sterben am Kreuz führt ihn in eine Situation hinein, in der er erkennen lassen kann, ob er wirklich von Gott gesandt ist und radikal alles auf ihn setzt.

War Jesu Leiden in diesem Sinne nach Gottes Willen? Man

muß wohl sagen, daß die Evangelisten es sich so gedacht haben. Wenn das zutrifft, dann bedeutet es aber gleichzeitig: Der Tod Jesu ist nicht isoliert Gottes Wille, sondern ein Schritt hin zu Jesu endgültiger Bestätigung in der Auferstehung. Auch hier gilt wieder: Man kann das Verhältnis Gottes zum Leiden im Sinne des Neuen Testaments nur begreifen, wenn es mehr gibt als dieses irdische Leben. Konkret: Nur wenn Auferstehung eine Realität ist, wird Jesu Tod begreiflich. Nur dann ist er nicht sinnlos.

Die beiden Stationen Tod und Auferstehung Jesu sind daher aufeinander hingeordnet. Daß er in der Todesstunde nicht handelt und sich nicht rettet, gibt Gott die Gelegenheit, ihn in der Auferstehung zu bestätigen. Denn auferwecken kann nur Gott.

Das ist kein umfassender »Plan« seit Adam und Eva, es ist nur der Versuch der Evangelisten, die Gedanken Gottes im Sinne Jesu wenigstens in zwei Schritten nachzuzeichnen.

Das Gebet in Gethsemane – nicht erhört?

Nach Markus 14,36 betet Jesus: *Abba, Vater, du kannst alles. Nimm diesen Todesbecher von mir. Aber nicht was ich will, sondern was du willst, soll sein.*

Um dies zu verstehen, muß man wissen, daß »Becher« das Erleiden eines gewaltsamen Todes bezeichnet.[4] Statt »fortnehmen« übersetzen die meisten »laß vorübergehen«; die Bedeutung verschiebt sich dann in dem Sinne, als ob Jesus nur das Sterben selbst vermeiden wollte.

Formgeschichtlich gesehen ist der Satz *Aber nicht was ich will, sondern was du willst, soll sein* die sogenannte Selbsterniedrigung des Beters, wie wir sie auch aus der Verkündigung an Maria kennen. Nach ihrem abwehrenden Einwand, sie habe doch noch nicht einmal einen Mann, sagt

---

[4]Walter Bauer, Griechisch-Deutsches Wörterbuch zu den Schriften des Neuen Testaments, 6. Aufl. 1988, Sp. 1393f.

sie: *Siehe, ich bin Sklavin des Herrn (= dem Herrn gehorsam). Mir geschehe gemäß deinem Wort* (Lukas 1,38). Später, im sogenannten Magnificat, nimmt Maria auf ihre Einwilligung Bezug und sagt: *Er hat geblickt auf die Selbsterniedrigung seiner Sklavin* (Lukas 1,48).

Die Unterwerfungsformel des Beters (»Nicht wie ich will...«) bedeutet nicht, daß die Bitte zurückgenommen wird, sondern – im Stil der Anrede gegenüber Majestäten – im Gegenteil, daß sie noch verstärkt wird, indem man die Sache demütig ganz dem Willen des Angeredeten anheimstellt. In verschiedenen europäischen Sprachen ist diese antike Art zu bitten als Höflichkeitsgestus erhalten geblieben, zum Beispiel im Holländischen (*als' tu belieft* »Wie du es für gut hältst«) oder im Französischen (*s'il vous plait* »Wenn es Ihnen gefällt«).

Jesus betet in Gethsemane um seine Rettung, nicht um das Gegenteil. Er wird auch erhört. Denn Gott wird ja den Tod von Jesus nehmen, indem er ihn auferweckt. Gott erfüllt also Jesu Gebet, wenn auch auf seine Weise. – Ähnlich wird es auch im Hebräerbrief geschildert. Nach Hebräer 5,7 *schrie Jesus zu dem, der ihn aus dem Tod erretten konnte. Und er wurde erhört wegen seiner Ehrfurcht.* Hier liegt sogar inhaltlich derselbe Fall vor: Die Unterwerfung in Markus 14,36 hat hier ihre Entsprechung in dem Wort »Ehrfurcht«. Der Streit um das Verständnis dieser Stelle ist freilich alt. Schon Adolf von Harnack wollte – ohne Anhalt an der Überlieferungsgeschichte des Textes – hier lesen »und er wurde *nicht* erhört«, da Jesus doch sterben mußte. Aber diese Deutung Harnacks ist ein Trugschluß: Jesus wurde ja erhört – dadurch, daß Gott ihn erhöhte.

Dasselbe gilt auch für Markus 14,36. Der Text wird immer als Musterfall für ein nicht erhörtes Gebet gelesen. Jesus habe eben seinen Lebenswillen dem Todeswillen Gottes untergeordnet, Gott habe sich mit seinem Willen durchgesetzt, nachdem Jesus sich ihm ausgeliefert habe. Der Satz wird, wie schon gesagt, meist übersetzt »Laß diesen Kelch an mir vorübergehen«, verstanden im Sinne der Verschonung. Aber das Verb hat eine umfassendere Bedeutung. Es bedeutet »fortnehmen«, etwas (bereits Vorhandenes wieder) wegnehmen.

Wir halten fest: Die Unterwerfung dient der Verstärkung der Bitte. Jesus bittet, Gott möge ihn vom Tod befreien. Das tut Gott auch. Er tut es auf seine Weise, aber Jesus hat sich in ihm nicht getäuscht. Gott hat Jesu Tod nicht – und das ist so seine »Art« – gewaltsam verhindert. Aber er hat das mörderische Tun der Menschen auf seine Weise durch die Auferweckung Jesu beantwortet.

Geschieht nicht immer Gottes Wille?

Im Zusammenhang mit volkstümlichen Vorstellungen hat sich die Anschauung herausgebildet, daß sich alles, was geschehe, nach Gottes Willen ereigne. Dazu hat folgendes beigetragen:

– Die Vaterunserbitte *Dein Wille geschehe* wurde in dem Sinne ausgelegt, daß Menschen den überall sich äußernden Willen Gottes letztlich geduldig und passiv hinnehmen müssen. Diese Auslegung von Matthäus 6,10 ist falsch. Die entsprechende Bitte meint, wie bereits angedeutet: Laß alle Menschen deinen Willen tun. Es geht gerade nicht um ein »Hinnehmen«.

– Gott wird als allwissend vorgestellt. Wenn Gott sowieso alles vorher und nachher weiß, dann geschieht am Ende nur das, was er schon weiß.

– Die Vorstellung, alles Geschehen verlaufe nach Gottes Plan, führte zu der Ansicht, alles sei vorherbestimmt und festgelegt wie in einem (Computer-)Programm. Die Welt wird als eine Art Maschine vorgestellt.

Alle diese Vorstellungen sind mehr oder weniger deterministisch und spiegeln resignative Züge, die der (Volks-)Weisheit auch sonst nicht fremd sind. Am Ende bleibt oft die Erkenntnis, daß »man da nichts ändern kann«. – Nun soll und kann hier nicht erklärt werden, »wie es wirklich ist«, dazu fehlt einem Menschen schlichtweg die Kompetenz. Es kann lediglich dargestellt werden, welches Bild die Zeugnisse der Bibel zeichnen.

Dieses Bild ist wesentlich anders, als landläufige und beliebte Vorstellungen es nahelegen könnten. Es erweist sich, daß es gar nicht unbedingt »fromm« ist, Gottes Willen hinter allem und jedem zu vermuten.

In seinen »Untersuchungen zur Frage der Vorherbestimmung im Frühjudentum, bei Paulus und Johannes« hat Günter Röhser festgestellt, daß nirgends die Freiheit und Verantwortlichkeit des Menschen geleugnet wird. Wenn dennoch von Gottes Bestimmen die Rede ist, bezieht sich das auf die Herrschaft Gottes in der Geschichte. Gott setzt die Eckdaten, oder er verstärkt, wie oben dargestellt wurde, in besonderen Fällen in Menschen die Richtung seines Willens. Diese Herrschaft wird am Ende der Geschichte offenbar werden. Alle freien Taten der Menschen werden im Horizont dieser Geschichte vollzogen. – Die Menschen sind von Gott wie in einen begrenzten Raum gestellt, innerhalb dessen sie frei handeln können. Auch in Aussagen, die deutlich davon sprechen, daß Gott bestimmt, wird nicht die Willensfreiheit des Menschen in Frage gestellt, sondern es geht um den Sinn der Gesamtgeschichte.

Wo besonders dazu bestimmte Menschen oder Gottes Auserwählte seinen Willen tun, geschieht das innerhalb der Bedingungen, die Gott setzt. Als Beispiel für Paulus diene Philipper 2,12b–13: *Mit Furcht und Zittern wirkt euer Heil. Denn Gott ist es, der in euch das Wollen und das Handeln wirkt, damit getan wird, was er will.* Für unser Denken enthält der Satz strikte Gegensätze: Die Philipper sollen ihr Heil wirken. Doch Gott ist es, der es wirkt. Recht verstanden kann das jedoch nur heißen: »Ganz und gar umschlossen und bestimmt vom macht- und heilvollen Wirken Gottes können, sollen und werden die Philipper mit Furcht und Zittern vollbringen, was Paulus von ihnen verlangt. Im

Raum, in der Sphäre Gottes sind sie dazu ermächtigt, ihre Heilsvollendung zu wirken.«[5]

Daß Gott der Herr der Geschichte ist, äußert sich, um ein weiteres Bild zu gebrauchen, vor allem so: Gott ist wie eine Handarbeitslehrerin, die die einzelnen von den Kindern gewebten Stücke zu einer großen Patchwork-Decke zusammenfügt. Jedes einzelne Kind durfte sein Webstück nach eigenem Urteil herstellen. Die Weltgeschichte ist wie eine Collage, deren Umrisse und Ausrichtung Gott bestimmt. Er verknüpft die freien Taten der Menschen zu einem Gewebe »mit gutem Ende«. In der Geschichte und durch sie hindurch wirkt er einen Trend, der nach Auskunft der Bibel in Richtung Erlösung und Freiheit geht.

Auch sonst ist es die Rolle religiöser Betrachtung der Wirklichkeit, einen sinnvollen Zusammenhang zu sehen, den roten Faden zu entdecken, der die sonst unzusammenhängende, zerstückelt erscheinende Wirklichkeit zusammenfügt. Das gilt für die Person: Als Glaubender entdecke ich den einheitstiftenden Sinn meines Lebens. Es gilt für das Miteinander von Menschen: Religion stellt das Band der Einheit zwischen ihnen her, man nennt das Liebe, so daß begreiflich wird, warum es das Christentum als Gemeinde gibt. Diese Funktion hat Religion auch in der Vertikale der Geschichte: Im Erinnern, das wichtige religiöse Dimensionen hat, wird Einheit zwischen Phasen und Zeiten gestiftet, sowohl beim einzelnen wie bei Gemeinschaften und Völkern. Die Rede von der Gnade ermöglicht es, weiterzuleben nach Schuld. Auch in der biblischen Hoffnung auf Auferstehung geht es um nichts anderes als um Bewahrung von Identität und Einheit der Person über die Schwelle des Todes hinweg.

---

[5] Günter Röhser, Prädestination und Verstockung. Untersuchungen zur Frage der Vorherbestimmung im Frühjudentum, bei Paulus und Johannes, Tübingen 1994, 94.

Wir halten fest: Biblische Religion öffnet den Blick für einen sinnvollen Zusammenhang von Wirklichkeit. Das betrifft auch die Weltgeschichte. Die einzelnen Menschen sind frei und verantwortlich, Gott lenkt das Ganze. Diese Auffassung der Bibel ist nur dann in sich widersprüchlich, wenn man von *unserer* Logik her denkt. In der Bibel geht es um verantwortliches Handeln des Menschen in einem Raum, der durch Gottes Handeln begrenzt wird.

Auf unser Thema bezogen heißt das: Gott will alles Geschehen zu einem guten Ende führen. Seine Herrschaft äußert sich darin, daß er – auch über Umwege – am Ende sich aller erbarmen wird. Aber nur dort, wo die Bibel es andeutet, kann man Tun oder Leiden einzelner auf Gottes Willen zurückführen.

In der Ebene unseres alltäglichen Handelns äußert sich Gottes Wille als etwas, das getan werden soll. Darum geht es in der Vaterunserbitte. Denn jetzt ist die Zeit, in der Gottes Herrschaft von jedem einzelnen Menschen durch Gotteslob und entsprechendes Handeln anerkannt werden will.

Jesus fügt sich Gottes Willen. Damit werden die Mörder nicht entlastet. Aber Jesus läuft nicht davon und wehrt sich nicht – einmal weil Gegengewalt *nicht* Gottes Wille ist, zum anderen aber, weil es seiner Sendung und damit Gottes Willen entspricht, daß er seine Legitimation radikal nur von Gott erwartet.

Man muß also sehr sorgfältig nach dem menschlichen »Träger« oder »Agenten« von Gottes Willen fragen, wenn man diesen in der Geschichte finden will.

Für jeden einzelnen Christen bedeutet das: Wie Jesus ist er aufgefordert, sich in Not und Todesstunde ganz und gar auf Gott zu verlassen. Das ist deren letzter Sinn.

Warum hat Jesus nicht gegen das Leid protestiert?

Ist Hiob nicht, mit Verlaub gesagt, »sympathischer« als Jesus, weil er gegen das Leid protestiert, während Jesus sich dem Willen Gottes fügt? Warum protestiert Jesus nicht gegen das Leid in der Welt? – Dieser Eindruck scheint mir ganz unberechtigt. Denn Jesus versteht sich als Arzt, der zu Kranken gesandt ist. Aufgabe des Arztes ist es zu retten, nicht zu klagen und zu räsonnieren, so nötig das zu seiner Zeit ist. Indem Jesus, von den körperlichen Krankheiten angefangen bis hin zur Sündenvergebung, Menschen gesund macht, ist er lebender und leibhaftiger Widerstand gegen die Mächte der Zerstörung. Und wo Jesus sich dem Willen Gottes fügt, geschieht es auch deshalb, weil er der eigenen Botschaft von der Gewaltlosigkeit treu bleibt. – Wenn das Kind in den Brunnen gefallen ist, protestiert man nicht, sondern versucht, es zu retten.

Ist das Leiden Jesu überhaupt »echt«?

Viele Menschen fragen: Kann man an der Gestalt Jesu überhaupt etwas ablesen für die Frage nach Leid und Katastrophen? War, da Jesus doch Gottes Sohn war, bei ihm nicht alles eher Theater? Wußte er nicht alles und auch den guten Ausgang vorher? – Wir haben keinen Grund, an der Schilderung des Evangelisten Markus zu zweifeln, daß Jesus zitternd vor Todesangst zu Boden fiel. Man sollte hier nicht aus Gründen dogmatischer Besserwisserei den Evangelisten korrigieren. Im übrigen rühren die Mißverständnisse an dieser Stelle aus falschen Vorstellungen über Jesus. Es ist schon wahr, daß die Großkirchen Jesus vor allem als perfekten Gottessohn dargestellt haben und die menschlichen Züge bestenfalls der (Passions-)Legende überließen. Für das Neue Testament gilt: Jesus ist von Gottes Art, was seine Vollmacht, sein Schöpfungswort, die Sündenvergebung und die Verklärung angeht. Er ist auch von Gottes Art darin, wie er beansprucht, Ort der Gegenwart Gottes zu sein (wie in dem apokryphen Jesuswort *Wer mir nahe ist, ist dem Feuer nahe*). Aber all dieses, was man als »Sendung« zusammenfassen kann, ist in einem zerbrechlichen, sehr menschlichen

Gefäß, in einem menschlichen Leib mit menschlichen See-
lenregungen. Als Gefäß für diesen Auftrag ist Jesus ganz
Mensch. Sein Auftrag ist wie eine kostbare, bisweilen selig
machende, aber auch überaus drückende Last.

Jesu Leiden ist daher das eines Menschen, so sieht es das
ganze Neue Testament. Gleichwohl ist darin Gott den Menschen nahe, weil dieser Mensch Ort der Gegenwart Gottes
ist. Deshalb ist der Gekreuzigte Ausdruck der Solidarität
Gottes mit den Leidenden. Nicht Gott Vater wird ans Kreuz
geschlagen, nicht »Gott« schlechthin leidet hier, sondern
der Mensch, der Gott in sich trägt.

GOTTES EIGENWILLIGKEIT

Der Gott der Bibel kämpft gegen das Böse seit Anbeginn –
das war das Prinzipielle. Dennoch ergab sich, daß Gott eben
kein Prinzip ist, sondern, bildlich gesagt, eine lebendige Person. Die Bibel läßt erkennen, daß Gott seinen Verheißungen auf zumindest »eigenwillige« Art treu ist. Ein Beispiel
dafür ist die Ausweitung der »Erwählung« über Israel hinaus auch auf die »Heiden«. Und angesichts dessen, wie Gott
Leiden nutzt, muß man die Aussage »Gott ist die Liebe« er-
gänzen durch die andere »Gott ist eigenwillig«.

Wie weit ist Gott am Bösen beteiligt? Im folgenden werden
drei mögliche Antworten auf diese Frage vorgestellt, die
sich offensichtlich nicht gegenseitig ausschließen.

Gott ist gegen das Böse

Einerseits haben wir gesehen: Das Böse geschieht nicht, weil
Gott es so will. Weder die Kreuzigung Jesu noch die Juden-
vernichtung wurden von Gott »betrieben«. Nach unseren
Sprech- und Denkmöglichkeiten würde eine solche Rede
die Mörder entlasten, wenn nicht gar entschuldigen. Gottes
Wille wurde nur dort greifbar, wo Jesus sich fügte.

Nun ist freilich – wie immer – zu beachten, daß *unsere* Sprech- und Denkmöglichkeiten von denen der Antike grundlegend verschieden sind. In diesem Fall betrifft das die Frage, ob nicht unser Kausalitäts-Denken immer von einer zureichenden Alleinursache ausgeht, während für die Antike jede Handlung in einem Feld spielt, also in einem Geflecht vieler Faktoren gesehen wird. Auch wegen dieser Einschränkung ist zunächst größte Vorsicht beim Denken und Sprechen geboten.

Gott verhindert das Böse nicht

Andererseits sprechen sowohl das Vaterunser als auch die Offenbarung des Johannes als auch Jossel Rakover von Gott als Versucher. Jesus am Kreuz sagt, Gott habe ihn verlassen. Wo ist da der Unterschied zum »Wollen«? Geht es dann nicht doch um die gute alte Kategorie des »Zulassens«? – Man kann sagen: Gott hat Jesus den Menschen ausgeliefert; die Briefe des Neuen Testaments sprechen vom »übergeben« (griech.: *paradidomi*) in diesem Sinne. Vergleichbares geschieht auch, indem Gott Jesus am Kreuz »verläßt« und nicht eingreift. – Und wir haben bereits gesehen: Nach den Evangelisten »will« Gott Jesu Tod, und diesen »Willen« übernimmt Jesus, weil der Verzicht auf Gewalt, Davonlaufen oder Selbsthilfe Gott die Chance gibt, Jesus zu legitimieren.

Wir fragen: Warum hilft Gott Jesus nicht? Wie kann der Vater seinen Sohn im Stich lassen? Muß man nicht aus der mangelnden Hilfeleistung Gottes schließen, daß es ihn vielleicht doch gar nicht gibt? – Die Antwort: Schon der Philosoph(!) Xenophanes (6. Jahrhundert v. Chr.) tadelt Menschen, die von den Göttern ständige Interventionen auf Erden erwarten. Auch der biblische Gott pflegt Leiden nicht zu verhindern, nicht am Kreuz und auch nicht in Auschwitz. Er läßt ihm seine Zeit, aber sie ist immer begrenzt. Die Bibel ist dazu geschrieben, um den Menschen verständlich zu machen: Dieser Gott will das Lebensfeindliche bekämpfen und will Liebe zu seinem Volk und zu jedem einzelnen. Aber zwischen Recht-Haben und Recht-Bekommen liegt Zeit.

Gottes geheimer Terminkalender

Ist Gottes Geheimnis der Rhythmus von Sich-Abwenden und Sich-Zuwenden? – Ist es Gottes bleibendes Geheimnis, in einem ersten Schritt eine schwache und gefährdete menschliche Kreatur und erst in einem zweiten Schritt eine kräftigere, pneumatische Sorte Mensch erschaffen zu haben? Ist diese Abfolge in ihrer Tatsächlichkeit und in ihrer zeitlichen Verwirklichung (zu Kaiser Augustus' Zeiten) Gottes eigenstes Geheimnis? Dann ginge es bei der Frage dieses Buches wesentlich um das Problem »Gott und die Zeit«.

Kann man vielleicht deshalb sagen: Gott ist weder »gut« noch »böse«, sondern er ist »eigenwillig«? Wird nicht erst dies seiner Personhaftigkeit gerecht? Gehört zu dieser Eigenwilligkeit nicht auch die Auserwählung Israels?

Oder ist die Art, in der Gott sich nach Römer 9–11 des Bösen geradezu bedient, ein Vorbild für sein Verhältnis zum Bösen? Gott bewirkt es nicht, aber wenn es einmal da ist, benutzt er es, um die Menschen zum Heil zu führen. »Gott geht auf dunklem Weg. Wie wenn man einen reißenden Fluß überqueren will und für einen Augenblick den Rücken eines gefährlichen Untieres, das daherschwimmt, als Trittstelle benutzt. So sind für Gottes Plan Verstockung und Gottferne nur eine Art Sprungbrett zu neuen Ufern.«[6]

---

[6]Klaus Berger, Gottes einziger Ölbaum, Stuttgart 1990, 204.

III Konsequenzen im Christenleben

Das Böse und das Beten

Der Schrei als Geburt des Glaubens

Alle Kreaturen, die eine Stimme haben, können klagen. Mit ihrem Schrei können sie protestieren gegen die grausame Gewalt und den Schmerz, die ihnen widerfahren. Daher spricht der Apostel Paulus davon, daß die Kreatur mit dem Menschen gemeinsam stöhnt, und er deutet dieses Stöhnen im Sinne von Wehen, die auf Besseres in der Zukunft hinweisen.

Der Mensch jedenfalls hat die Ahnung, daß sein Schrei einen Adressaten und ein Gegenüber hat. Biblisch gesprochen: Gäbe es Gott nicht, so müßte man ihn an dieser Stelle und für diese Situation erfinden.

Doch für die Bibel ist eben fraglose Voraussetzung, daß es Gott gibt. Er muß nirgends bewiesen werden, und niemand muß seine Existenz mit Argumenten verteidigen. Die Frage der Bibel ist nicht, ob es Gott gibt, sondern welcher Gott unter den vielen Göttern und unsichtbaren Mächten der richtige ist. Es wird auch vorausgesetzt, daß jeder Mensch seinen Gott hat, zu dem er, seit wann auch immer, gehört.

Derjenige also, der Not wenden kann, der Gott dessen, der schreit, ist schon immer auf dem Plan. Der Schrei des Menschen ist daher als adressierter Schrei gedacht. Genau aus diesem Grunde ist es für Paulus selbstverständlich, daß das schmerzliche Stöhnen des Menschen den Gott der Bibel zum Gegenüber hat. Daß sein Stöhnen Gott auch wirklich sicher erreicht, ist Werk des Geistes Gottes, der diese

Schreie des Schmerzes in Gottes Sprache übersetzt. Er ist Dolmetscher und Überbringer, da Gottes Thron fern ist.

Es muß nicht erklärt werden, was der Mensch mit seinem Schrei sagen will. Das ist für die Bibel ganz klar. Weder Paulus muß das näher ausführen, noch muß der Hebräerbrief sagen, was Jesus »mit Tränen und Schreien« gerufen hat, da er sich an Gott wandte. Und wenn Paulus das Schreien der Menschen mit dem Stöhnen einer Frau in Wehen vergleicht, ja wenn der Beter eines Liedes aus Qumran über viele Verse hin seine Not mit der einer Gebärenden vergleicht, dann muß niemand hinzufügen, daß dieser Schrei immer bedeutet: »Wie lange noch?« – »Hilfe!« – »Hab Erbarmen!« – »Rette mich, denn das Wasser steht mir bis zum Hals!«

Für den Menschen bedeutet daher der Schrei aus Not einen Appell an alles, was hören kann, und wenn er gen Himmel schreit, einen Appell an den Gott des Himmels und der Erde. Nicht zufällig steht bei den Rabbinen »Himmel« für »Gott«. Die Richtung des Schreis macht den Beginn des Glaubens aus. So elementar, so wenig »hochgeistig« ist Glaube.

Insofern ist der Schrei zum Himmel die Geburt des Glaubens an Gott. Und noch heute spricht man von einem himmelschreienden Elend, einem Elend, das nur noch Gott wandeln kann.

Es ist sicher nötig, daß die allzu braven Gottesdienste und Gebete der Christen ein Stück von dieser elementaren Wucht, von Protest, Trotz und Klage, von Wut und Anklage wiedergewinnen, die sich in den Psalmen der Bibel und in den Liedern aus Qumran wohl findet.

Bei aller Kreatur, die schreien kann, ist der Schrei ein Nicht-einfach-Hinnehmen dessen, was ihr widerfährt. Sondern diese Kreatur nimmt es sich heraus, sich zu dem zu verhalten, was ihr widerfährt. Insofern ist sie in aller Unfreiheit frei.

Von daher ist auch das Gebet des Menschen, selbst wenn es Gott nicht erreichen sollte, sinnvoll, damit der Mensch Person werden kann. Denn ihm mag alles Mögliche zustoßen, und es mag auch mehr oder weniger zahlreiche Hinweise auf menschliche Unfreiheit geben – trotz aller Kerkerhaft hat er die Freiheit, sich zu dem zu verhalten, was ihm widerfährt. Wenn er klagt und Einspruch erhebt – als protestierendes Wesen verliert er seine Würde nicht. (Und alle übrige Kreatur, die protestieren kann, hat in vielleicht ähnlicher Weise ihre Würde.) Es ist die Fähigkeit der Kreatur, Antwort zu geben.

Wenn ein Mensch daher sein Gebet gen Himmel richtet, erkennt er den Herrn des Himmels an, stellt er sich unter seinen Schutz. Und da es – laut Jesus – zu den Charakterzügen dieses Gottes gehört, gerne angerufen zu werden, wird nicht beschämt, wer auf diesen Gott baut. Gott kann nicht gegen den sein, der ihn anruft.

In diesem alttestamentlichen Ansatz (Jesaja 49,23b) liegt die Grundlage für die neutestamentlichen Verheißungen der absoluten Gebetserhörung.

Beten als Ringen um Gottes Ordnung

Der Mensch schreit gen Himmel, wenn und weil die Welt nicht in Ordnung ist. Doch andererseits: Wenn er gen Himmel schreit, stellt er für seinen Teil die Ordnung der Welt schon wieder her. Wenn er Gott anerkennt als das Gegenüber seines Protestes und Hilfeschreis, hat er sich in Gottes Ordnung gefügt. Denn alle Unordnung beruhte darauf, daß Gott nicht anerkannt wurde. Wer also von Gott Gerechtigkeit erbittet oder Ende des Schmerzes, der hat dadurch die gestörte Ordnung schon an der entscheidenden Stelle repariert.

Daher gehört der Lobpreis (Doxologie) zu jedem Gebet (nach dem Muster *Denn dein ist das Reich und die Kraft und die Herrlichkeit*). Das Vaterunser treibt diese Vorleistung auf der Seite des Menschen noch etwas weiter, wenn es heißt: *Vergib, wie auch wir vergeben haben unseren Schuld-*

nern. Das eigene Vergebenhaben liegt voraus. Der Beter verweist darauf. Wenn er die Ordnung, was seinen kleinen Teil betrifft, wiederhergestellt hat, dann wird Gott nicht anders können, wenn man ihn um Ähnliches bittet.

Indem Gott sein Reich kommen läßt, also auf Erden durchsetzt, indem die Menschen seinen Willen tun, indem er ferner die »Rächung seiner Erwählten« nicht aufschiebt, sondern in Bälde vollzieht, wirkt er schlicht Gerechtigkeit, führt er seine Lebensordnung ein. Wie dramatisch das sein könnte, schildert die Offenbarung des Sehers Johannes. Das Beten der Christen ist ein Sich-Hineinsprechen in die Ordnung Gottes. Daher kann es auch Teilhabe an der Schöpfermacht Gottes bedeuten, denn die Ordnung Gottes ist immer die der Schöpfung. Von solcher Schöpfermacht spricht Jesus, wenn er es dem Gebet der Christen zutraut, einfachhin »alles« zu bewirken. Denn das kann der Schöpfer allein. Wer betet, gewinnt Anteil an Gottes Ordnung und damit an seiner Macht.

Die Frage nach dem Bösen findet seit jeher ihre Antwort im Gebet. Die Kette der Zeugen reicht in diesem Fall von Hiob (*Der Herr hat es gegeben, der Herr hat es genommen, der Name des Herrn sei gelobt* Hiob 1,21) bis zu Elie Wiesel mit seiner Meinung, Menschen ohne Hoffnung gebe es wohl, nicht aber Menschen ohne Gebet (»Macht Gebete aus meinen Geschichten«, [2]1986).

Beten als Ringen mit Gott

Der Zusammenhang zwischen dem Bösen, dem Leiden und dem Beten der Juden und Christen ist elementar. Sofern sich die Christen als schuldlose Opfer wissen, kann Jesus ihr Gebet mit einer erpresserischen Klage vergleichen, die Gott förmlich »löchert« (Lukas 18,1–8; dazu gleich mehr). Von Gott fordert der Beter, er solle die Weltordnung, für die er doch als Gott garantiert, umgehend wiederherstellen. Auch im Buch des Sehers Johannes rufen die Seelen der Märtyrer: »Wie lange noch?« Der Beter klagt schlicht Gerechtigkeit ein. Wenn das Gebet ein Sich-Hineinsprechen in Gottes Ordnung ist, dann ist es ein geradezu unfehlbarer Versuch, diese Ordnung wiederherzustellen.

Die Bitte um Bewahrung vor Versuchung im Vaterunser zielt nicht einseitig auf das Interesse der Beter, wie es bei der Bitte um Verschonung vor Leiden wäre, sondern appelliert gewissermaßen auch an Gottes Interesse. Die Versuchung bezieht sich auf den Abfall von Gott, auf das Aufgeben des Glaubens. Die Bitte könnte man daher so umschreiben: Herr, pfeife den Teufel zurück, setze ihm eine Grenze. Denn sonst sind wir, das Volk deines Reiches, gefährdet. Wende, bitte, diese innere Gefährdung deines Reiches ab.

Versuchung geschieht wesentlich durch Leiden. Insofern wird auch aus dem Gebet der Christen deutlich, daß das Aufgeben des Glaubens wegen des überwältigenden Leidensdrucks, der alles bis dahin Erlebte weit übertraf, das entscheidende Problem der frühen Christen war.

Das Vaterunser ist wesentlich ein christliches Gebet. Das gilt vor allem deshalb, weil die Vater-Anrede in Verbindung mit der Reichs-Bitte die kennzeichnend christliche Verbindung von Kindschaft (»Vater...«) und Königtum (»Dein Reich...«) herstellt, die für Jesus wie für seine Jüngerinnen und Jünger typisch ist. Auch ist eben die »Versuchung« traditionell auf die Situation der Neubekehrten bezogen, von denen im frühen Christentum besonders oft die Rede ist.

Unterschiede zu unserem Denken: Für uns heutige Menschen ist die entscheidende Frage – wenigstens theoretisch – die nach der Existenz Gottes überhaupt. Weil sich die Bibel *diese* Frage nicht stellt, sieht für sie auch der Lösungsvorschlag über das Problemdreieck Leiden – Gott – Gebet ganz anders aus.

Für die Bibel kommt es darauf an, in der Not *diesen* Gott anzurufen und keinen anderen. Für viele Menschen heute stellt sich dagegen die Frage, ob sie überhaupt beten und nicht vielmehr verstummen sollten. Denn aus dem Unsicht-baren erwartet man keine Hilfe. Der Schrei des Menschen gilt als sein »psychisches Problem«, nicht als Appell an Gott, wie man denn überhaupt alles das, was früher im »Himmel« angesetzt wurde, jetzt in der Seele des Menschen meint wie-derfinden zu können. Aus diesem Grund vor allem bricht auch die Praxis des Gebets zusammen, weil man zum »eige-nen Inneren« nicht beten kann.

Wir werden nur dann sensibler für das Böse und die Opfer in der Geschichte, wenn wir über die Nabelschau auf die Psyche hinauswachsen. Das Gebet, und sei es als ein Schrei, ist ein Schritt auf diesem Wege. In der Sicht der Bibel der entscheidende Schritt.

Schrei derer, die es nicht mehr aushalten können, das ist Be-ten auch. Wann endlich hört das Unrecht auf, das Morden? Die meisten Gebete sind allerdings wohlgeformt, durch sie spricht sich der Mensch hinein in eine Ordnung, die er ver-lor. Viele Psalmen haben deshalb eine Beziehung zur Schöpfung; wer sie nachspricht, versteht sich als deren Teil. Durch das Beten kommt der Mensch wieder in Ordnung. Sprache ist ein merkwürdig und ein magisch Ding.

Auch wenn der Mensch nur noch schreit, geht es um diese Ordnung. Wer schreit, klagt sie ein. »Herr, wo ist Recht und Gerechtigkeit? Herr, setz endlich deine Ordnung durch, laß nicht die falsche Ordnung deiner Feinde siegen.« Ordnung will jeder, doch nur bei Gottes Ordnung gibt es keine Opfer. Ein Schrei ist Schmerz über verletzte Ordnung. Wem ver-letzte Ordnungen wehe tun, der müßte und dürfte schreien vor Schmerz. Wir haben es zu selten getan.

Wer schreit, kommt selbst an seine Grenzen, kennt nichts mehr außer dem Schrei. Er muß heraus, laut und restlos. Da-her schreit die Mutter, wenn sie das Kind zum entscheiden-den Schub herauspreßt. Auch dies gilt: Wer wirklich schreit, kann nicht lügen.

Vielleicht ist dies doch der Liebe vergleichbar: Der Mensch

kommt an seine äußerste Grenze. Und wie in der Liebe könnte er dabei sich selbst gewinnen. Die Frucht eines Schreis wäre nicht ein Kind, sondern der Beter selbst. Der, der wirklich über die verletzte Ordnung schreien kann, der es *noch* kann, gewinnt dabei sich selbst.

Der Hebräerbrief sagt, Jesu Geschrei habe einen wesentlichen Teil seines Lebens ausgemacht. Martin Luther übersetzt: *Und er hat in den Tagen seines Fleisches Gebet und Flehen mit starkem Geschrei und Tränen geopfert zu dem, der ihm von dem Tode konnte aushelfen; und ist auch erhört, darum, daß er Gott in Ehren hatte* (5,7). Viel mehr wird vom Erdenleben Jesu in diesem Brief nicht berichtet: Geschrei und Tränen als Begleitung von Gebet und Flehen. Die kurze Notiz des Briefes sagt auch etwas über das Anliegen Jesu: Errettung vom Tod. Nichts Geringes daher, und am Ende laufen alle unsere Gebete darauf zu.

Bittgebete gibt es in allen Religionen, die Götter kennen. In der Regel werden sie nicht erhört. So auch im Christentum. Davon, daß Gott »sehr bald« seinen Auserwählten Recht schaffen werde, kann keine Rede sein. Gott antwortet überhaupt nicht. Hängt das mit dem zusammen, was wir Parusie, Wiederkunft Christi, nennen?

Merkwürdigerweise wurde aber die Tatsache, daß Gebete zumeist offenbar nicht erhört werden, noch für keine Religion zum wirklich ernsthaften Problem. Die Menschen treten nicht aus der Kirche aus, weil Gott Gebete nicht erhört. Darüber muß man sich zunächst einmal wundern, um dann nach dem Grund zu fragen. Warum werden die Menschen nicht ob unerhörter Gebete zu Religions- und Gottesfeinden?

Das Gegenteil scheint ja der Fall zu sein. Von den Menschen zum Beispiel, die nach Lourdes wallfahrten, um geheilt zu werden, verspürt nur ein Bruchteil Besserung, geschweige denn Heilung. Dennoch gehen sie alle verwandelt oder getröstet von dort. Daraus folgt: Entscheidend ist am Ende nicht die Hilfe, sondern daß man beim besten Arzt war, den es überhaupt gibt, bei der höchsten Instanz. Denn das kennen wir alle: Kranke Menschen ziehen durch ganz Europa, von Autorität zu Autorität, um den richtigen Arzt für ihre Krankheit zu finden. Auch eine Wallfahrt, aber eine ziellose. Bei Gott, beim Gebet, wo man sagt: Da hilft nur noch beten, ist es sicher, daß man beim kompetentesten Arzt ist. Da hilft nur noch Gott. Dann hat man alles versucht. Man weiß um den Abstand zwischen seiner Macht und der eigenen Ohnmacht. Dieses Machtgefälle bedeutet auch die Chance, daß man dem zustimmt, was immer er beschließt. Es wird schon das beste so sein. Er allein kann und darf auf seine Weise helfen.

Das ist das Geheimnis dessen, daß fast alle, die von einem Wallfahrtsort zurückkommen, auf eine besondere und doch je sehr unterschiedliche Weise geheilt sind.

Ringen mit Gott (Meditation)
Im folgenden werden 1 Mose 32,23–33 und Lukas 18,1–8 typologisch einander gegenübergestellt. Wir folgen dabei der Schriftauslegung der Kunst der Romanik; wie auf vielen Domtüren, auf dem Altar von Klosterneuburg und in vielen liturgischen Texten stellen wir eine Szene aus dem Alten Testament der »entsprechenden« aus dem Neuen Testament gegenüber.

1 Mose 32,23–32
Und Jakob stand auf in jener Nacht... und blieb allein zurück. Da rang ein Mann mit ihm, bis die Morgenröte anbrach. Als er merkte, daß er ihn nicht überwältigen konnte, berührte er sein Hüftgelenk, so daß sich das Hüftgelenk Jakobs ausrenkte, als er mit ihm rang. Und er sagte: Laß mich los, die Morgenröte bricht an! Er aber antwortete: Ich lasse dich nicht los, es sei denn, du segnest mich. Dann fragte er ihn: Wie heißt du? Er antwortete: Jakob. Er sagte: Du sollst nicht mehr Jakob heißen, sondern Israel, denn du hast mit Gott und Mensch gerungen und obsiegt... Er hinkte aber an seiner Hüfte.

Lukas 18,1–8

Es war da ein Richter in einer Stadt, der Gott nicht fürchtete und sich um die Menschen nicht scherte. Es gab aber eine Witwe in jener Stadt, und sie trat zu ihm mit den Worten: Schaffe mir Recht gegen meinen Widersacher. Und über lange Zeit hin zeigte der Richter keine Neigung, dieser Aufforderung nachzukommen. Dann jedoch sprach er bei sich: Zwar fürchte ich Gott nicht und schere mich nicht um Menschen, doch weil mir diese Witwe Mühe bereitet, will ich ihr Recht verschaffen, damit sie nicht am Ende kommt und mir ein blaues Auge schlägt. Jesus sagte: Hört genau hin, was der ungerechte Richter sagt: Wird Gott etwa nicht seinen Auserwählten zu ihrem Recht verhelfen, die Tag und Nacht zu ihm schreien? Wird er sich nicht ihrer erbarmen? Ich sage euch: Er wird ihnen bald zu ihrem Recht verhelfen.

Jakob und der Engel aus dem Alten Testament stehen gegen die Frau und den Richter aus dem Neuen Testament. Gewalt gegen Gott, das ist das ungewöhnliche gemeinsame Thema.

Der Mann und Erzvater hier – die verachtete, schwache Witwe dort.
Jakob ist der Erwählte schlechthin. – Das Tun der Witwe steht für das Gebet von Gottes Erwählten.
Jakob begegnet dem Unheimlichen. – Die Frau steht dem Menschenverachtenden gegenüber.
Jakob ringt dem Engel Segen ab. – Die Frau zwingt den Richter zum Nachgeben.
Der Engel, der segnen könnte, ist Jakobs Gegner. – Der Richter, der Recht verschaffen könnte vor dem Gegner, ist selbst zum Gegner der Witwe geworden.
Der Engel ist Jakobs Feind. – Der gottlose Richter ist der Feind der Frau.
Jakob kämpft um den verheißenen Segen – die Frau um das Recht für die Auserwählten.

Jakob steht am Anfang der Geschichte des Heils, die Witwe am Ende, jetzt geht es nur noch um das Gericht.

Jakobs Ringen mit dem Engel ist kein feines Kämpfen nach fairen Regeln. – Die Witwe wird dem Richter ein blaues Auge schlagen, das traut er ihr zu.

Jakob überwindet wie durch ein Wunder seine Angst vor dem unbekannten Mann, von dem er doch weiß, daß er ihn segnen kann. – Die Witwe hat keine Furcht vor dem skrupellosen Amtsträger, der doch allein Recht schaffen kann.

Jakob ringt mit seiner Kraft – die Witwe kämpft mit ausdauerndem Nachhaken, sie bereitet Mühe, heißt es.

Jakob wächst Kraft zu – gegen einen Engel. – Der Witwe wird Kraft geschenkt gegen einen Mann, der alles gegen sie in der Hand hat.

Der Erzvater hätte nach menschlichem Ermessen keine Chance gegen den Engel. – Die Frau hat nach allen bitteren Erfahrungen keine Chance gegen den Richter.

Jakob wird die Hüfte ausgerenkt, das ist sein Preis. – Die Witwe muß warten, das ist ihr Preis.

Die Verletzung ist Jakobs bleibendes Andenken. – Die Auserwählten, für die die Witwe steht, verzichten dauernd auf Schlaf.

Der Engel ist finster, grausam und will nicht geben. – Der Richter fürchtet nicht Gott noch die Menschen und will kein Recht verschaffen.

Jakob ringt des Nachts – die Auserwählten rufen zu Gott Tag und Nacht.

Jakob ertrotzt Segen. – Die Frau ertrotzt ihr Recht.

Jakob gewinnt im ungleichen Kampf. – Die Witwe obsiegt in aussichtsloser Lage. Die Regel der Welt, daß der Stärkere siegt, wird vor Gott nicht bestätigt. Wie so oft in der Bibel siegt der Pfiffige, der Hartnäckige, der Listige.

Der Engel unterliegt. – Der Richter gibt nach. Zweimal ein Wunder.

Gott, der im Engel erscheint, zeigt sich nicht als allmächtig. – Der Richter, der weich wird, war also verwundbar in seiner Angst.

Der starke Gott war nicht auf die Zeremonie erpicht, sondern auf Händel. – Der übermächtige Richter ließ sich durch ganz menschliche Furcht um seinen Leib besiegen.

Der wilde Engel steht für Gottes abweisende Hoheit. – Der harte Richter lehrt uns, wie weit Gott und Mensch eigentlich voneinander entfernt sind.

Gott wollte sich zu einem Machtkampf herablassen. – Der Richter wird zu einem Machtkampf gezwungen.

Die Welt scheint verkehrt: Ist Gott nicht freundlich, der Engel kein Schutzengel? – Die Welt scheint noch einmal auf den Kopf gestellt: Ist ein Richter nicht gerecht?

Aber Gott ist oftmals abgründig abweisend oder abwesend. – Und die Welt ist in ihrer Ordnung korrumpiert wie der Richter. Zweimal ein Stück Wirklichkeit.

Das ist etwas Neues: Widerstand eines kleinen Hirtenmenschen gegen die himmlische Macht. – Das ist etwas Neues: Eine Witwe widersteht einem Richter.

Der mit dem Engel ringt, kämpft und ringt in Todesangst. – Die gegen den Richter angeht, riskiert alles, denn der Richter hat alle Mittel der Macht auf seiner Seite.

Jakob steht dem Engel allein gegenüber. – Die Witwe hat keinen Beistand. So begegnen wir der Majestät Gottes – allein, wie im Sterben. Wird das Gegenüber weich werden? Wird es Gnade geben?

Jakob, der ringt, bietet letzte physische Kraft auf und wird nur so gesegnet. – Die Witwe nimmt ihre ohnmächtige Kraft und Wut zusammen und hofft wider alle Erwartung.

Jakob wird in diesem Ringkampf er selbst. Erst hier erhält er sein unveränderliches Kennzeichen: den Hinkefuß. Er bekommt seinen Namen: Israel. – Die Frau wird erst durch ihr Schreien so bedeutend, daß sie fortan im Evangelium steht.

Für Jakob ist das ein neuer, ganz unerwarteter Umgang mit

Gott. – Die Auserwählten wissen seit der Witwe, daß Gott nur auf Tag-und-Nacht-Geschrei reagiert. Wer dürfte ab jetzt je noch nachlassen im Gebet?

Neu seit Jakob: Gott bleibt nicht Geist, sondern wird Widerstand. – Und bei der Witwe: Scheinbar ist Gott harthörig. Jesus sagt: Stürmt diese Mauer des Schweigens!
Für Jakob wird das Schweigen der Nacht, wird das Schweigen Gottes zu dessen handgreiflicher Gegenwart. – Noch schärfer bei der Witwe: Nicht nur handgreiflich, sondern offenbar rechtswidrig handelt und schweigt Gott.
Jakob fordert von Gott und spürt den Widerstand. – Die Witwe ist empört und widersetzt sich dem ewigen, üblichen Gang der Weltgeschichte.
Jakob erfährt: Gott ist gefährlich. Du wirst erwürgt oder gesegnet. So ist die Welt. Ausweg: Dies als Ringen mit Gottes Engel begreifen. – Die Frau erfährt es zugespitzt: Der Prozeß, in dem sie vorkommt, kennt nur Gewinner oder Verlierer, keinen Vergleich. So ist es mit den Witwen und den wahren Auserwählten in der Welt.
Jakob: Beten, bis man Gottes Widerstand physisch spürt. – Die Witwe: Beten heißt mit Wut und Leidenschaft sagen, daß es nicht immer so weiter zugehen darf.
Jakob: Kennen wir das nicht auch: Gott als Widerstand? – Die Witwe: Kennen das nicht alle Armen und Rechtlosen: Gott steht offenbar auf der Seite der Etablierten?
Jakob zeigt uns Gott als den, der uns geheimnisvoll dunkel begegnet. Der sich nur zögerlich öffnet, nur dem, der es absolut und mit letzter Kraft will. – Die Witwe: Man muß schon Tag und Nacht schreien, um dieses Geheimnis zu erweichen.
Jakob sagt uns: Wir nehmen das alles zu leicht; um Segen muß man kämpfen. – Die Witwe zeigt: Der gewöhnliche Optimismus, alles werde sich schon von selbst regeln, ist eine gigantische Täuschung.
An Jakob sehen wir: Gott will bekniet werden, förmlich,

physisch, mit letzter Kraft. – An der Witwe wird erkennbar: Tag und Nacht rufen, billiger geht es nicht.

Jakob sagt: Gott will segnen. Aber nur, wenn er weiß, daß er wirklich gebraucht wird. (Ist das nicht mit der Liebe unter Menschen ähnlich?) – Die Frau zeigt uns: Der Richter ist zu erweichen, aber nur, wenn unser Schreien und Klagen, Hoffen und Singen mit unserem Atem selbst eins werden.
Dem geheimnisvollen Gegenüber muß man abtrotzen, was man will.
Empfohlene Taktik: Tag und Nacht löchern.

LEIDEN – WIE LANGE NOCH?

Wir fragen: Jesus verkündet die Nähe Gottes, und er meint damit seine Herrschaft. Sie äußert sich auf verschiedenen Ebenen: persönlich – wir sprechen von Vertrauen; körperlich – wir denken an Heilungen; und zeitlich – man dachte: Gott kommt bald. – Bedeutet das nicht ein schnelles Ende allen Leids und alles Widerwärtigen? Was ist daraus geworden? Was kann man aufgrund der Botschaft Jesu hoffen?

Wer leidet, fordert neue Erfahrung

In markanten Zeugnissen des Urchristentums hören wir die Klage über das Ausbleiben der Gerechtigkeit für die Opfer. Nach Offenbarung 6,10 klagen die Seelen der Märtyrer zu Füßen des himmlischen Altars: *Wie lange noch, heiliger und wahrhaftiger Herr, verzögerst du das Gericht und die Rache für unser Blut an den Bewohnern der Erde?* Die Opfer der bestehenden Machtverhältnisse rufen nach neuer Erfahrung. Sie fordern schlicht »Rache für unser Blut« und damit ausgleichende Gerechtigkeit. Es ist wahr: Weil die Kirchen und ihre Lehrer die Schrift des Sehers Johannes aus dem Blick verloren, kam ihnen zunehmend auch der Blick für die Opfer ausgeübter Macht abhanden. – Auch in Lukas 18 geht es beim Gleichnis von der Witwe und dem gottlosen Richter um das ausgleichende Recht. Jesus fragt (18,7f): *Wird Gott nicht seinen Auserwählten Recht schaffen, die Tag und Nacht zu ihm rufen? ... Er wird ihnen bald Recht schaffen (sie rächen).* – In beiden Texten, in Offenbarung 6 und in Lukas 18, verbinden sich erlittenes Unrecht, Schreien (Beten) und die für bald erwartete Antwort Gottes.

Wer leidet, verwandelt die Welt

Nach Offenbarung 6,11 wird das Leiden beendet, wenn »die Zahl der Gerechten voll« ist. Was steckt hinter dieser merkwürdigen Vorstellung, daß das Leiden der Welt beendet wird, wenn es hinreichend viele Märtyrer gegeben hat, die insgesamt mit dem Geschrei ihres vergossenen Blutes Gott bedrängen? Immer wieder lobt der Seher Johannes die Geduld der »Heiligen«, ihre Fähigkeit zum Aushalten. Sinnvoll ist das vor allem im Rahmen seiner Naherwartung.

Gehen wir noch einmal von unserer Grundvoraussetzung aus: Die Herrschaft Gottes überwindet lebensfeindliches Chaos und Böses, Leiden und Tod. Dann stehen diejenigen, die sich aufgrund der Leiden zu Gott wenden und die dann trotz der Leiden an Gott festhalten, also die Märtyrer, gewissermaßen an der vordersten Frontlinie, wo um die Herrschaft Gottes und ihre Durchsetzung gekämpft wird. Denn diese Menschen wandeln gewissermaßen in ihrer Person Leiden und Chaos um in Herrschaft Gottes. Mit ihrem Leib, mit ihrer Person vollziehen sie die Wandlung der Welt von Leid zu lebensbejahender Ordnung. Sie sind der Kreuzungs- und Knotenpunkt, an dem Leiden und Chaos in die Anerkennung Gottes überführt werden.

Dadurch, daß die Märtyrer leiblich leiden, wird das Leiden selbst überwunden. Daher kann man von der Überwindung des Leidens durch die, die leiden, weil sie Christen werden oder bleiben, sprechen. Denn jeder, der so »im Kampf gegen das Chaos« Gott lobt, stellt ein Stück befreiter Kreatur dar. Lobende Kreatur aber gehört in die Lebensordnung Gottes.

Denn Gott hatte das Leiden, das er selbst nicht geschaffen hatte, vor seinen Karren gespannt und es wie Wasser über seine Mühlen geleitet. Zusammen mit Gottes Offenbarung konnte es Anlaß werden zum Christwerden und Umdenken oder zum Christbleiben und Vertiefen des Glaubens. So hatte jegliches Leiden ein mögliches Wozu, einen Zweck bekommen können. Wer aber die Leiden so als Signale auffaßt, kann dazu beitragen, die Welt ganz unter Gottes Herrschaft zu bringen und damit vom Leiden zu befreien.

Gerade weil das Leiden nicht für sich bleiben darf, nicht mehr Selbstzweck ist, kann es auf lange Sicht in dem »chemischen Umsetzungsprozeß« beim Christwerden und -bleiben ausgemerzt werden. Noch einmal: Wer durch Leiden bedrängt zum Lob Gottes findet und wer in der Auseinandersetzung mit dem Leiden als Christ standhält, der drängt es zurück, indem er Gottes Herrschaft erlaubt, sich an die Stelle von Leiden und Chaos zu setzen. Das Chaos wird überwunden, indem gerade an dieser Stelle Gott anerkannt wird. Die so auf den Glauben hin und wegen des Glaubens Leidenden sind wie Katalysatoren in der Welt.

Gott wischt alle Tränen ab
Meditation zu *Und Gott wird abwischen alle Tränen von ihren Augen* (Offenbarung 21,4)

Wenn uns jemand die Tränen abwischt, dann ist das eine Geste großer, behutsamer Zärtlichkeit. Eine Mutter wischt dem Kind die Tränen ab, wenn das Schlimmste überstanden ist, wenn das Ende des Unglücks wie ein Silberstreifen in Sicht ist.

Wer die Tränen abwischt, hatte nicht selbst zu leiden, konnte aber auch das Leiden nicht verhindern. Tränen abzuwischen ist so ein ganz bescheidener Dienst. Eigentlich wird nichts bewirkt, jedenfalls nichts medizinisch oder physikalisch Erhebliches.

Aber wenn das Kind großen Kummer gehabt hat in der Schule oder auf dem Spielplatz und es kommt nach Hause, und die Mutter weiß schon, sie muß nicht erst fragen, dann ist das wie ein geheimes Einverständnis. Das Kind braucht jetzt nicht die Frage nach dem Warum oder wer es heute wieder war. Es muß nur in die Arme geschlossen werden, und die Tränen werden abgewischt.

Die Mutter mischt sich in das Leiden, in den Kummer nicht ein. Sie schimpft auch nicht und sagt auch nicht, das Kind sei wohl selbst nicht ganz unschuldig gewesen. Sie weiß schon, daß es immer ähnlich verläuft auf dem Spielplatz. Immer das Gleiche. Und gerade daß sie nicht fragt, ist das größte Stück Trost. Sie weiß schon.

Tränen abwischen geschieht ganz sanft, nicht gewaltsam. Allerdings muß man dabei stillstehen und sie sich abwischen lassen. Sonst geht es nicht. Schreien und zappeln darf man nicht. Aber trotzdem schluchzen wir noch, wenn unsere Tränen getrocknet werden.

Tränen der ganzen Menschheit, aus unermeßlichem Leid. Es ist ganz unvorstellbar, wie alle Kreatur leidet. Nichts davon wird in der Bibel beschönigt. Und Gott ist nicht derjenige, der mit dem Zauberstab alles Leiden wegpustet. Keine falschen Illusionen wecken.

Der Inhalt gerade des letzten Buches der Bibel, der Offenbarung des Sehers Johannes, ist: Wir müssen da durch. Wir müssen durch alles hindurch, wie durch die Hölle. Wir müssen hindurch durch die Folgen unseres Tuns und durch das, was offensichtlich unvermeidlich ist. Ich weiß auch, daß all unser gutes und notwendiges Bestreben darauf gerichtet ist, Leiden zu verhindern und abzukürzen. Aber aufs Ganze gesehen gelingt uns das kaum. So wie es uns nicht gelingen will, die Nacht zum Tage zu machen. Gerade wenn wir nachts etwa von einem Hügel aus über eine Großstadt blicken, so gewahren wir überrascht, daß wir doch immer nur einzelne Punkte aufhellen können, nie das Ganze. Und wie die Medizinmänner der Steinzeit stehen wir noch immer vor der Frage, wie man Regen machen kann, etwa um Dürrekatastrophen zu verhindern. Noch nicht einmal das Einfachste vermögen wir oft, ganz abgesehen davon, daß wir kein einziges grünes Blatt herstellen können. Und so viele neue Leiden hat unsere leidenverkürzende Wissenschaft hervorgebracht. Weil das so ist, beschränkt die Offenbarung des Johannes auch das Handeln der Menschen auf den einen bescheidenen Punkt: hier eine halbwegs reine Weste zu behalten. Weil wir so wenig machen können.

Alle unsere Bemühungen in Ehren – aber wir müssen da durch, und die meisten Formen des Sterbens nimmt uns niemand ab. Auch Gott befreit nicht von alledem. Kein Wunder jetzt und kein Schlaraffenland am Ende verspricht die Bibel. Auch das letzte Buch der Bibel ist ganz realistisch. Keine Träne wird geleugnet. Nur dies: Wenn wir durch den dunklen Tunnel hindurch sind, dann wird Gott wie einer sein, der uns die Tränen abwischt. Der weiß, was wir leiden, und nicht fragen muß.

Gott – wer ist das? Das letzte Buch der Bibel fragt anders: Gott – wer wird das sein? Wenn wir ihn jetzt, mitten im Tunnel, nicht sehen, nicht an ihn glauben können, dann ist das nicht gerade verwunderlich. Ich verstehe die Leute, die sagen, sie könnten nicht an Gott glauben, irgendein Geistwesen, das ganz überflüssig zu sein scheint. Nein, er *wird sein*. Er gewinnt seine Bedeutung aus dem, was kommt. Er wird sein wie eine Mutter, die Bescheid weiß und Tränen trocknet. Wie wenn er sagen wollte: Du brauchst jetzt nicht mehr zu weinen, es wird alles gut.

Wie eine Mutter. War das nicht auch schon zu Anfang so, als wir klein waren? Ja, so wird sich der Kreis schließen. Wie eine Mutter ihr Kind auf dem Schoß hat, am Anfang und am Ende, so wird, was wir am Ende zu erwarten haben, sein wie der Anfang. Die Pietà wird bisweilen so dargestellt: Wenn

Maria den toten Christus auf den Armen hält, dann ist er oft wieder wie ganz klein geworden, wie damals am Anfang. Warum soll das nicht sein: daß wir am Ende wieder wie Kinder sind, daß jemand unsere Tränen trocknet wie die Mutter zu Anfang?

Manchmal pustet eine Mutter dann auch noch, um die letzten Spuren zu trocknen. Wie damals, als Adam geschaffen wurde und Gott ihn anpustete. Wie der Auferstandene am Ostertag die Jünger anblies und sagte: Empfanget den heiligen Lebensatem Gottes. Auch der Lebenswind Gottes trocknet unsere Tränen. Empfanget den Heiligen Geist.

Hier wird nicht gefragt: Warum all das Leid? Oder: Wie konnte Gott das zulassen? So fragen Philosophen oder Leute, die nach rückwärts blicken. So fragen Leute, die vom Leiden Abstand gewonnen haben und die eine Theorie interessiert. Die eine Theorie ersinnen möchten, ob Gott gut dabei wegkommt oder nicht, manchmal vielleicht auch, um sich immun zu machen mit einer Theorie. Das Denken aber schaltet die Klage aus, und viele flüchten dann aus dem Herzen in die Herrschaft der Vernunft. Und dann dürfen wir nicht mehr klagen. Alle Theorien sind Klageverbote. Aber wir brauchen doch – wenn es wirklich ernst wird – keine erklärte Welt, keine Theorie, wie alles gekommen ist. Sondern wir sehen Menschen, die schreien vor Schmerz oder schreien wie wir selbst, und wir wollen wissen, wie lange das noch dauern soll.

Die Antwort der Bibel ist nicht die Erklärung des Leidens, sondern die Aufforderung zum Warten auf neue Erfahrung, die Bitte um neue Erfahrung. »Herr, laß dein Reich kommen.« Unser Bild vom Trocknen der Tränen ist persönlicher als das andere Bild vom Kommen des Reiches.

Und was haben wir *jetzt* von diesem zärtlichen, mütterlichen Gott? – Das Thema Psyche interessiert die Menschen, sie entdecken ihre Seele, wissen plötzlich, daß das meiste von dem, was sie so sagen, psychologische Fragen sind. Die

Psyche ist immer die wichtigere Seite, und da sind wir bei der Bibel an der richtigen Adresse. Den Gott, der unsere Tränen abwischt, gibt es auch jetzt schon. Zu dem können wir auch jetzt mit unseren kaputten Knien kommen. Bei Kindern ist das oft so: Wenn etwas passiert ist und wenn sie dann zu Hause ankommen, dann weinen sie erst richtig. Weil sie in die Arme genommen und getröstet werden wollen. Weil es so schön ist, getröstet zu werden.

Das betrifft unsere Art zu beten. Wir meinen immer, das sei etwas für fragwürdig fromme Leute, etwas Offizielles und Rechtgläubiges. Etwas für Leute mit steifem Rücken und hartem Herzen. Aber wenn wir das so sehen, ist Gott noch nicht wirklich unser Gegenüber geworden. Beten heißt eigentlich: die verkrampften Hände lösen. Viele Leute führen Selbstgespräche, verschwiegene und laute, aber immer wie im Angesicht eines anwesenden Geheimnisses. Unsere Selbstgespräche, die Fetzen davon, Spuren von Zwiegesprächen, das sind die Gebete der Neuzeit, wenn wir nur den Namen Gottes dabei finden, irgendwann.

Gott ist wie eine Klagemauer; wenn er, wie es heißt, unsere Tränen abtrocknen wird, dann dürfen wir vor diesem Geheimnis auch jetzt schon alles sagen. Vor ihm dürfen wir sein, wie wir sind, dürfen wir uns ausweinen, und sein Heiliger Geist trocknet unsere Tränen.

In den Psalmen wird Gott oft mit den Bergen verglichen, die so fest und groß sind. Von den Bergen kommt unser Heil. Wenn ich das höre, denke ich an die Täler und Berge rund um meine Heimatstadt, an den Anblick, der sich bietet, wenn man weit oben am Berghang steht und die Bäume den Blick freigeben in das Tal, das dadurch entsteht, daß Bergrücken, Bergkuppen und Hänge sich einer vor den anderen schieben und den Weg und das Flüßchen im Tal von allen Seiten her lenken und begrenzen. Sie geben den Blick nicht frei auf das Ende des Weges und die Quelle des Flusses. So, als bewahrten die schier endlosen Wälder ein Geheimnis. Für mich war das immer ein Bild für das Geheimnis, vor dem wir alle stehen, und daß es am Ende nicht gegen uns, sondern für uns sein wird.

Wenn wir vor Gott so sein dürfen, wie wir sind, dann sind wir in Wahrheit ja nicht nur arme Sünder, sondern auch Menschen mit Hoffnung. Nur wenn wir sie nicht hätten, wäre alles ohne Sinn. Wenn wir realistisch sind, finden wir die Hoffnung in unseren Herzen, entdecken sie als ein Stück von uns. Wir haben die Hoffnung, sonst freuten wir uns nicht über einen schönen Morgen. Sonst erwarteten wir nichts mehr von jedem neuen Tag. Vielleicht gibt es doch noch ein Glück, wie mit der Wiedervereinigung, an die fast niemand mehr geglaubt hat. Selbst für irre Hoffnungen wie Lotto und Toto bezahlen wir viel Geld. Hoffnung läßt sich nicht wegreden, und wir sind zornig auf Menschen, die sie uns nehmen wollen. Wie in Gerhart Hauptmanns »Webern«, wo ein junger studierter Mann dem alten Weber seinen Kinderglauben an das Himmelreich ausreden will. Und er erhält zur Antwort: »Nimm ihm doch nicht die einzige Hoffnung.«

Auch darin ist das letzte Buch der Bibel ganz realistisch, denn gegen alle Menschen und Verhältnisse, die uns die Hoffnung nehmen wollen, entdeckt es dieses: Laßt euch das nicht nehmen, von dem ihr lebt. Alle Bilder der Bibel zusammengenommen drücken dieses eine aus: Der Stoff, aus dem unsere Seele gemacht ist, heißt Hoffnung. Vielleicht ist sie irre, wahnwitzig. Aber wir tun doch auch sonst so viel Irres, lassen uns doch auch sonst auf so viel Wahnsinn ein.

Ob das alles stimmt mit der neuen Erfahrung, auf die wir warten sollen? Neulich hat mir eine Frau, die viel leiden mußte, ganz schlicht gesagt: Gott führt zwar in Schreckliches, aber er hilft einem dann auch. Oder machen wir uns das nur vor? Wird die Gewalt das Letzte sein, werden die Opfer der Gewalt für immer um alles betrogen werden? Ist der letzte Sinn der Staub und das Nichts? Wir wissen es nicht, niemand weiß es. Doch alle Gedanken über Zukunft haben immer nur Sinn für die Gegenwart. Und für diese

Gegenwart ist es dann schon sehr erheblich, ob man der Meinung ist, Gewalt und ohnmächtiger Staub seien das Letzte. Denn das gibt doch sehr wohl einen Sinn, einem Kind die Tränen abzuwischen, einem Trauernden die Hand zu drücken, ein Tier zu streicheln, einen Verachteten zu grüßen, an die Toten zu denken. Das alles macht Sinn, und es gibt keinen anderen.

Wenn Gott so zärtlich ist, Tränen abzuwischen, dann gilt das auch für unsere Weise, als Christen zu trösten: nicht dogmatisch und mit vielen Worten, eher schweigend und das Schluchzen nicht zerredend.

Es gibt etwas, durch das wir alle hindurch müssen. Doch am Ende gilt dies: Der Durst ist der Beweis für die Existenz von Wasser. So ist alles Dasein gebaut. Und genau dieses lasse ich mir nicht nehmen.

Ist das Ende des Leidens nah?

Sollten aber nicht das Leiden und das Reich des Bösen bald ein Ende haben? Gehört nicht zur christlichen Botschaft über Leiden und Böses hinzu, daß deren Tage gezählt sind und ihr Ende absehbar geworden ist? Sieht dann nicht alles wieder ganz anders aus, wenn es noch zwei- oder dreitausend Jahre länger dauert? Ist nicht die Naherwartung Jesu widerlegt worden, weil er sich geirrt hat, da doch das nach Markus 9,1 angekündigte Kommen des Reiches zu Lebzeiten der Jünger ausgeblieben ist?

Zu Markus 9,1 nur dies: Das *Kommen des Reiches in Kraft* ist nicht notwendig und nach dem Kontext des Markusevangeliums auch tatsächlich nicht mit dem »Weltende« gleichzusetzen. Denn »Herrschaft Gottes« heißt immer: Anerkennung Gottes. Die in Markus 9,2–8 geschilderte Verklärung ist deshalb als ein sichtbares und herrliches Ereignis ein Kommen des Reiches in Kraft, weil »Reich« und »Sohn (Kind)« im Neuen Testament zusammengehören. Mit der Bindung aller Normen des Reiches *(Auf ihn sollt ihr hören)* an den Sohn ist dieses in einem wichtigen Teilstück Wirklichkeit geworden, »gekommen«. Im Bild: Der Sohn ist das erste befreite Territorium in Gottes Reich. Auch sonst ist »Gottes Reich« nie die Summe dessen, was kommen wird, und ist deshalb zu unterscheiden von Neuer Welt, Neuem Äon, allgemeiner Totenauferstehung usw.

Im übrigen ist Naherwartung – wie auch die Rede vom Ende und vom himmlischen Jerusalem – ein Element mythischer Weltsicht und gehört in dieselbe Kategorie wie Erzeugung durch den Heiligen Geist, Auferstehung, Verklärung und Totenerweckungen. Sie ist daher auch nicht als isoliertes Stück aus diesem Verbund herauszubrechen und plötzlich »fundamentalistisch« wörtlich zu nehmen, indem man ihre Wahrheit mit den Mitteln technisch-rationaler Weltsicht und dann etwa auf unserer technisch-chronologischen Zeitschiene messen wollte. Nur in diesem Fall wäre sie gegebenenfalls »falsifizierbar«.

Aber es ist Eigenart mythischen Denkens und entsprechenden Wahrnehmens von Wirklichkeit, daß bestimmte Bereiche der Alltagswahrnehmung mit besonderer Vorliebe mythisch besetzt werden. Dazu gehören Geburt und Tod eines wichtigen Menschen, dazu gehört vor allem auch die Dimension »Zukunft«.

Zur mythischen Wahrnehmung der Zeit gehören nun gerade bei der sogenannten Naherwartung drei wichtige Elemente: Sie ist expressiv, elastisch und polymorph, kann also verschiedene Gestalten annehmen.

Expressiv heißt: Was durch den Hinweis auf das baldige Kommen des Herrn (Naherwartung) *bekräftigt* wird, ist besonders, ja unersetzlich wichtig (zum Beispiel das Ablegen der Finsternis und das Anziehen des Lichts nach Römer 13,12).

Elastisch heißt: Die Überzeugung vom baldigen Kommen des Herrn ist deshalb nicht auf eine genaue Zeit festzulegen, weil Gottes Zeitplan seiner Nähe für uns nicht entschlüsselbar ist.

Polymorph, vielgestaltig, zu sein ist eine typische Eigenschaft von göttlichen Wesen in der Antike. So kann Paulus sowohl davon reden, daß er direkt nach seinem Tod mit dem Herrn sein will (Philipper 1,23), als auch mit einem Zwischenzustand rechnen, in dem die »in Christus« Gestorbenen auf die Wiederkunft des Herrn und das Vereintwerden mit ihm warten (1 Thessalonicher 4,16f). – Beides ist nur für rationalistisches Denken ein Widerspruch, während mythisches Wahrnehmen hier komplementär sein kann.

Wir halten fest: Wo mythisches Denken die nähere oder auch die weitere Zukunft »besetzt« hat, handelt es sich um bestimmte Erfahrungen der Macht Gottes, die als besonders bestimmend, fordernd und in Jesus anwesend erfahren wird. Daher ist bei der Aussage über die »Nähe des Reiches« in Markus 9,1 auch von der »Kraft« die Rede. Macht Gottes bedeutet immer Sieg über Böses und Leid. Deshalb ist Jesus auch ab Markus 9,2–8 gegenüber dem Tod und der Versuchung, die dieser darstellt, besonders gefestigt.

Auch die Offenbarung des Sehers Johannes sieht im Konflikt der Gemeinde mit dem Bösen einen mythischen Machtkampf. Da jede Macht sich in Symbolen äußert und geradezu in Symbolen besteht, sind für ihn alle Zeichen und Symbole so wichtig. Das gilt besonders für die Liturgie der Gemeinde.

Die Würde der Opfer

Die christliche Hoffnung zielt freilich nicht nur auf die »Abschaffung« des Leidens, auf ein Miteinander in Gerechtigkeit am »Ende« der Geschichte, sondern auch auf einen »Ausgleich« in der Geschichte, nach dem die Märtyrer erhöht, ihre Feinde aber gedemütigt werden. Auch hier geht es um eine Antwort auf die Frage nach dem »Ziel« von Leiden und Gewalt.

Rehabilitierung der Opfer? (Meditation)

Offenbarung 3,9: *Siehe, ich lasse auftreten Leute aus der Synagoge Satans, die sich fälschlich Juden nennen und lügen. Ich werde sie kommen und sich niederwerfen lassen vor dir zu deinen Füßen, und sie werden erkennen, daß ich dich geliebt habe.*

Um Opfer geht es hier und deren Feinde, ferner um die Würde der Opfer. Die Opfer sind die Christen der Gemeinde des kleinasiatischen Philadelphia, deren Feinde sind offenbar Juden, die mit der römischen Obrigkeit gegen die Christen kollaborieren. Daher heißen sie, aber auch nur sie, nicht das Judentum überhaupt, hier Synagoge Satans. Ihre Selbstbezeichnung als Synagoge Gottes dreht ihnen der Seher Johannes im Munde um, läßt daraus die Synagoge Satans werden. Die Würde der Opfer wird Christus, der diesen Text spricht, wiederherstellen: Die Feinde werden vor den Opfern im Staub kriechen. Denn das bedeutet es: Sie werden niederfallen vor ihnen und erkennen, wen Gott geliebt hat.

Es ist selten, daß man sich um Opfer kümmert, hier wohl um die Opfer von Denunziation und Verfolgung, sprich: sozialer Isolation und Handelsboykott. Es ist auch selten geworden, von Feinden zu sprechen. Und es ist fast ausgeschlossen und gilt fast als unchristlich, mit der Wiederherstellung der Würde der Opfer zu rechnen. Besteht darin Gottes Führung in der Geschichte, daß unsere Feinde, die Feinde der Christen, vor uns niederfallen werden, unsere Füße küssen? Nein, wir reden nicht von Opfern, sondern möchten die Täter therapieren; wir sprechen nicht von Feinden, sondern bestenfalls von Andersdenkenden; niemand soll vor Christen im Staub kriechen, niemand soll anerkennen müssen, Gott habe die Opfer geliebt. Nein, die Erlösung stellen wir uns anders vor, nämlich als Erlösung aller Sünder, unterschiedslos. Je mehr wir unsere eigene Sünde als das Unheil ansehen, desto mehr verdrängen wir die Frage: Was wird aus den Opfern? In der Tat: Was wird aus ihnen?

Erlösung der Sünder aus Schuld, die Erwartung, daß uns jemand der Illusion befreit, Nabel der Welt zu sein – das ist ja auch gut so. Aber wir erwarten es irgendwie im geschichtslosen Raum, und es ist auf jeden einzelnen Sünder bezogen. Nur die Frage nach dem unendlichen Leid in der Geschichte bleibt dabei ohne Antwort. Sind wir Aktivisten oder auf der aktiven Seite des Lebens Stehenden nicht doch zuerst in die Täter verliebt, daß wir uns fast nur um sie kümmern? Ist die Frage nach den Opfern nicht auch deshalb unangenehmer, weil eine Antwort nicht nur auf menschliche Sünde und Schuld verweisen kann, sondern auch das Gottesbild ankratzen muß? Ist das nicht zuerst eine Anfrage an Gott: Herr, was wird aus den Vergewaltigten der Geschichte? Was gedenkst du mit ihnen zu tun? Und wir sehen: Das ist nicht mit dem Hinweis auf unsere Schuld zu beantworten, sondern ist Anklage und Klage gegenüber Gott.

Vielleicht gibt es doch noch Feinde, doch noch Opfer und deren Würde, die gen Himmel schreit. Und Gott ergreift Partei für die Opfer, jetzt und immer schon.

Sie werden vielleicht sagen: Man soll nicht klagen und maulen, in unserem Land gibt es weder Verhungernde noch Märtyrer. Doch ich denke, daß man die Offenbarung des Johannes dann sachgemäß auslegt, wenn man entlarvt und Konsequenzen aufzeigt. Es geht eben bei uns fast immer um subtilere und komplexere Strukturen. Sie machen ein eindeutiges Wort fast unmöglich, bieten für jeden, der sich angesprochen fühlen müßte, tausend Entschuldigungen, Schuldverschiebungen und Ausflüchte.

Dennoch ist es mit der Klage nicht getan. Denn wie das mit der Würde der Opfer ist, das ist noch nicht geklärt. Wird der Herr sie wiederherstellen? Was ist tröstlich an der Offenbarung des Johannes? Unser Text sagt es unüberhörbar anstößig: *Sie werden kommen und niederfallen vor deinen Füßen.*

Nun, niederfallen, das tut man als Protestant gar nicht, zumindest nicht mehr seit dem Kniebeugestreit von 1844, bei dem es darum ging, daß alle Soldaten des bayerischen Heeres, auch die evangelischen, während der Wandlung bei der Meßfeier niederknien mußten. Kein Christ fällt nieder vor den Füßen eines Menschen, jedenfalls außerhalb von Papstaudienzen. Aber die Bibel sagt es, Jesaja, die Offenbarung des Johannes, auch Henoch. Paulus schildert den Vorgang in 1 Korinther 14,24f: Weil die Gemeinde das Herz eines Außenstehenden, der hinzutrat, entlarven konnte, wird dieser so Entlarvte *auf sein Angesicht niederfallen und Gott anbeten und sagen: Wirklich, Gott ist gegenwärtig unter euch.* Vor den Christen fällt er nieder, weil Gott in ihnen ist. Und so sagt es dann ja auch der Seher Johannes: Gott wird unter ihnen wohnen, mit ihnen sein, sie werden seine Kinder sein. Dann offenbar wird das geschehen, was in unserem Text den Philadelphiern verheißen ist.

Also: Gott wird unter uns wohnen – oder in der paulinischen Variante: Er wohnt schon unter uns. Wie auch immer: Ob mehr Zukunft oder mehr Gegenwart – die Gemeinde ist der Ort der Anwesenheit Gottes. In, mit und unter uns, nicht im fernen Himmel droben, ist Gott. Gewiß, er geht nicht darin auf, in uns zu sein. Bekannt ist der Dialog zwischen zwei Rabbis: Sage mir, wo Gott ist! – Und die Gegenfrage: Sage mir, wo Gott nicht ist.

Doch unser Text sagt über die Gemeinde etwas Besonderes, das auch jetzt schon gilt und das über bloße Gegenwart Gottes hinausgeht: *Ich habe dich geliebt.* Weil er uns liebt, kann, will und wird er unter uns wohnen. Man muß schon etwas tiefer Luft holen, um das zu erfassen.

Denn es geht nicht um ein Haus neben anderen, der Seher Johannes bestreitet ausdrücklich, daß es ein besonderes Haus geben werde, sondern die Gemeinde selbst ist das Haus, das Zelt, der Tempel, jeder und jede einzelne und alle zusammen.

Weil Christen das so oft schon gehört haben, verharmlosen sie es. Daher muß man es schärfer sagen: Die Menschen werden und können in den Christen Gott anbeten. Gott ist nicht geizig mit seiner Gegenwart und seiner Liebe. Er will Menschen vergotten. Radikal und bedingungslos, so, daß seine Herrlichkeit auf Menschen ruht. *Wir* sind gedacht als Ort seiner Gegenwart und seiner persönlichen Liebe.

Ist nicht das auch genau die Vision von Kirche, die heute fehlt in all der Kläglichkeit und Freudlosigkeit? Da streiten die Menschen über Binnenstrukturen der Kirchen, was alles recht ist, aber sie sind zu sehr mit sich selbst beschäftigt und nicht mit der Verheißung von Gottes Herrlichkeit.

Aber geht es nicht doch um Gottes Herrlichkeit und nicht um die der Menschen? Das Wort »vergotten« ist mißverständlich, und ferner könnte man einwenden, es sei überhaupt die Gemeinde nicht der Ort der Anwesenheit Gottes, da Gott *alle* Menschen liebe. Dagegen ist zu halten: Das ewige Auseinanderdividieren von Gott und Mensch, von göttlicher Aktivität und menschlicher Passivität, von Gottes Herrlichkeit und menschlicher Nichtigkeit, dieses peinlich sorgfältige Auseinanderhalten geht an der Wirklichkeit der christlichen Versöhnungsbotschaft einfach vorbei.

Wenn Gott erklärt, und das nicht nur in diesem Text, daß er uns liebt, dann gilt fortan das, was auch von jeder anderen Liebe und Liebesgeschichte gilt: Sie ist unteilbar. Hier wird gerade nicht gefragt: Was gebe ich und was gibt er oder sie? Sondern hier gilt, daß wir gemeinsam sind und gemeinsam widerstehen dürfen. Wir dürfen die Hand Gottes annehmen und müssen nicht mehr auseinanderdividieren. Wir sind gestärkt, getröstet und befreit.

Wir dürfen geborgen sein in seiner Liebe und in seiner Gemeinde. Denn die Verheißung seiner Anwesenheit ist über dieser Gemeinde. Auch der Evangelist Johannes sagt es ähnlich: Ich habe euch die Herrlichkeit gegeben, auf daß ihr eins seid.

Wenn diese Verheißung der Herrlichkeit gilt, brauchen wir uns um die Rehabilitierung der Opfer nicht zu sorgen. Denn keine Liebe ist umsonst und vergessen. Jede, auch jede scheinbar erfolglose, ist – wenn es denn wirklich stimmt mit der Existenz des lebendigen Gottes – ein Stück Zusammenfügen des gespaltenen Antlitzes der Welt. Denn Gott ist ein anderes Wort für Erinnern, für Nicht-Vergessen im biblischen Sinn. Nämlich so, daß alles Gute und alles Liebe, das war, geradezu gegenwärtig ist.

Dem Christentum laufen die Leute davon, weil die Christen ängstlich, zerstritten und mit sich selbst beschäftigt sind, statt sich bedingungslos der Verheißung der Herrlichkeit über uns anzuvertrauen. Es sind am Ende nicht Zölibat und fehlende Frauenordination, die die Menschen wirklich enttäuschen, es ist die fehlende sogenannte Ausstrahlungskraft. Christen müßten erkennbar werden an einem anderen Lebensstil, andere müßten neidisch werden auf ihr Christsein. Ausstrahlung, dieses schöne Wort, hat biblisch mit Herrlichkeit zu tun. Herrlichkeit aber mit Freude am eigenen Glauben. Jedes Fünkchen Freude ist ein Stück von Gottes Herrlichkeit.

Gericht oder Versöhnung?

Die Gerichtsaussagen sind aus der Botschaft Jesu nicht künstlich zu entfernen. Sie sind weder später hinzugekommen noch zu verharmlosen. Jesus redet tatsächlich vom »Feuer«, in das man geworfen werden kann. Und vielleicht ist dieses Feuer nichts anderes als die Hoheit Gottes selbst, der nur jemand gewachsen ist, der sich durch Jesus hat imprägnieren lassen. Oder ein anderes Bild: Jesus ist wie eine Brandmauer, in deren Schutz wir der Hoheit Gottes gewachsen sind.

Es ist eine verbreitete Ansicht vieler Menschen, ein liebender Gott könne es doch nicht übers Herz bringen, Menschen zu strafen, noch dazu mit ewigem Höllenfeuer. Man beruft sich dafür gerne auf die Allversöhnungslehre des Kirchenlehrers Origenes. Dieser hatte so argumentiert: Gottes Ewigkeit ist so erhaben über alle menschliche Gebrechlichkeit, daß Gott aus Liebe über die doch am Ende – angesichts der Größe

Gottes – unerheblichen Sünden der Menschen hinwegsehen wird. Nun war Origenes christlicher Platoniker, und das bedeutete: Die konkrete irdische Welt wurde angesichts der himmlischen Welt Gottes ganz entwertet. Daher haben eben auch die Taten der Menschen keine Bedeutung mehr. Die christliche Endzeiterwartung wurde von diesem Platonismus aufgenommen, und zwar unter dem Stichwort »Abwertung des Irdischen«. Doch das war ein folgenreiches Mißverständnis. Denn in christlicher Endzeithoffnung wird das Irdische gerade nicht unwichtig, sondern das Verhalten hier gewinnt wegen der Kürze der Zeit und der Einmaligkeit des Augenblicks höchste Bedeutung. Denn hier und jetzt gewinnt oder verfehlt sich der Mensch. Es wird gerade nicht gesagt, daß eine »ewige Liebe« alles vollständig relativieren werde. Sondern angesichts des Kommens Gottes wird auch das Geringste und das Verhalten zu den Geringsten voll Bedeutung. – Nach dem biblischen Menschenbild gibt es keine Trennung zwischen Leib und Seele, daher gibt es auch nur ein einziges Leben, das verfehlt oder gewonnen werden kann. Dieses Menschenbild ist der letzte Grund für jede Enderwartung, die Konsequenzen für das menschliche Handeln hat.

Anläßlich dieses Konfliktes mit Origenes kann man aber nun die Rede von Gericht und Hölle in ihrem wirklichen Gehalt darstellen. Denn es geht nicht um irgendeine zusätzliche Lehre oder einen Höllenglauben. Wie überall bei Endaussagen liegt der Ton nicht auf einer Wahrsagerei, sondern auf der Gegenwart, die verändert werden soll, weil sie verändert werden kann.

Der Mensch ist ein stark gefährdetes Wesen und kann sich leicht verfehlen. Es kann keine Rede davon sein, das Christentum sei eine Vertröstungsreligion. Vielmehr wird der Mensch direkt aufgefordert, sein Leben verantwortlich in die Hand zu nehmen, ehe es zu spät ist. Thema ist nicht, sich irgendwie zu gewinnen, sondern weil Gott das Gegenüber des Menschen ist, geht es um ein Scheitern an ihm oder ein Seligsein in ihm.

Den Menschen wird daher nicht zusätzlich angst gemacht. Entweder haben sie sowieso schon Angst, dann wird diese auf den Punkt gebracht. Oder sie leben dahin, dann bedürfen sie der Aufklärung. Nicht aus grausamer Phantasie, sondern aus Sorge heraus redet Jesus so.

Ist eine Welt ohne Leid wünschenswert? Es ist wichtig, sich über Zukunftserwartungen Rechenschaft zu geben, weil daraus immer Konsequenzen für das Handeln in der Gegenwart gezogen werden. – So kann man fragen: Gehört nicht das Leid zum Menschen dazu? Wäre eine Welt ohne Leid nicht langweilig? Wir fragen auf einer grundsätzlicheren Ebene: Was ist überhaupt der Maßstab für unsere Zukunftserwartungen?

Der Maßstab ist offenbar das Miteinander von Gott und seinem Volk, daß er Vater und die Menschen, die es wollen, seine Kinder sind. Auch im letzten Buch der Bibel ist dieses der Rahmen der Enderwartung (Offenbarung 21,7: *Ich werde ihm Gott sein, und er wird mir Sohn sein*). Liebe und Gerechtigkeit sind daher der letzte Maßstab, nicht Leidfreiheit an sich. Wir haben bereits gesehen: Auch »Auferstehung« ist eine Frage der Liebe. Geborgensein in Gottes Liebe ist erstrangig, alles andere ist zweitrangig. Das gilt für die Zukunft wie für den Maßstab des Handelns jetzt.

GOTT WEIST DEM LEID SEINE ROLLEN ZU

Gott hat das Böse und das Leid nicht gemacht. Doch innerhalb der Geschichte zwischen Gott und Mensch findet es seinen Ort, weil Gott der Herr dieser Geschichte ist. Es wird nicht geringer, nicht weniger katastrophal, wenn ihm sein Platz zugewiesen wird. Doch die ganze Bibel ist der Auffassung, daß Gott eben darin Gott ist, daß er in dieser Frage das letzte Wort haben wird. Insofern erschließt die Frage nach dem Leid noch einmal die Gottesfrage selbst neu. Gott ist derjenige, der das Leid nicht das Letzte sein läßt, Gott ist der, dessen Geheimnis auch die schrecklichste Untat und die unglaublichste Katastrophe noch überragt. Gott ist die Antwort auch noch dann, wenn wir vor Entsetzen verstummen. Sein Schweigen und sein Wunsch, Vater der Menschenkinder zu sein, sind das innerste Geheimnis alles Seins. In der Bibel finden wir ein differenziertes Bild von den Rollen des Leidens:

Leiden als Folge des Tuns: Der sogenannte Zusammenhang von Tun und Ergehen gehört hierher. Der einzige Weg, die Folgen des Tuns zu vermeiden, ist, sofort mit dem Tun aufzuhören. Denn man empfängt sein Tun »in den Schoß zurück«.

Leiden als unerklärliches Geschehen: Die Frage des gerechten Hiob, warum er dennoch leiden muß, wird so beantwortet: Gott hat Leben und Leiden in der Hand und teilt es nach Belieben zu. Er ist freier Herr und niemandem Rechenschaft schuldig.

Leiden des Gerechten als Teilhabe am Widerspruch der Menschen gegen Gott: Der Widerstand der Welt gegenüber Gott äußert sich als Peinigung der Gerechten (Märtyrer). Wer zu Gott gehört, muß zwangsläufig um Gottes willen leiden.

Leiden als Stellvertretung: Das Leiden (zum Beispiel des Gottesknechts nach Jesaja 53,4) ist nicht Folge des eigenen, sondern fremden Tuns. Die Lebenshingabe des Erwählten führt nicht nur zur Befreiung von Schuld, sondern auch zu Erkenntnis.

Leiden als Weg: Hier besteht die Auffassung, daß auf dem Weg des Menschen zu Gott oder in sein Reich eine Phase des Leidens geradezu sachlich notwendig ist. Weil der Abstand zwischen Kreatur und Gott so groß ist, muß das Hinderliche förmlich »verbrannt« werden.

Hierher gehört die Rede von der Vollendung durch Leiden, die Abfolge von Leiden und Herrlichkeit oder die Auffassung, daß es nötig sei, durch Drangsale hindurch zum Reich Gottes zu gelangen (zum Beispiel Apostelgeschichte 14,22). Hierher gehört auch die Meinung, der Glaube werde durch Leiden auf das Wesentliche bezogen und gereinigt wie Gold im Feuer.

Leiden als negative Voraussetzung für Gottes Wirken: Das Leiden wird hier eine Art dunkler Folie für Gottes Handeln, das dann seine Kraft und Herrlichkeit erweist. Das gilt für die Abfolge von Schwäche und Kraft (Gottes) bei Paulus, aber auch für die Folge von Tod/Krankheit und Herrlichkeit im Johannesevangelium. Das Nacheinander ist unumkehrbar. Ähnlich ist es auch bei den beiden Phasen, in denen Gott die Schöpfung realisiert, wie wir oben gesehen haben.

Leiden als Tausch: In der Hoffnung auf eine neue Zeit, die die bestehende geradezu umkehren wird, nimmt man in der Gegenwart Leiden in Kauf, sucht geradezu freiwillig die Rolle des Märtyrers. Hierher gehören vor allem Verhaltensanweisungen wie das Schema Erniedrigung – Erhöhung und auch viele Anweisungen der Bergpredigt bzw. Feldrede. Der Zusammenhang mit Leiden wird auch daran erkennbar, daß Jesus die Jüngerregeln nach dem Muster »Wer der erste sein will, soll der letzte sein (und Diener aller)« im Zusammenhang mit den Leidensweissagungen gibt, und zwar als deren Umsetzung. – Leiden ist hier nicht »Schicksal«, sondern die Art, in der Christen Gerechtigkeit üben. Die scheinbare Passivität ist die Aktivität ihres Gehorsams.

Leiden als Freude: Das Leiden wird ekstatisch-charismatisch übersprungen. Man spricht schon in der Gegenwart von Jubel, Geist Gottes und Seligkeit. Das Leiden ist hier nicht die Voraussetzung für künftigen himmlischen Lohn, sondern der Himmel ragt als Freude schon hinein in das Jetzt. Das gilt besonders auch für den 1. Petrusbrief (1,8; 4,13.14), vgl. auch Apostelgeschichte 5,41; 2 Korinther 8,1f.

Leiden als Gemeinschaft: Entweder kann man mit Christus leiden, dann ist das Leiden Zeichen der Gemeinschaft mit ihm (eine Form der Nachfolge), oder man leidet zugunsten anderer; hierher gehört auch das Leiden des Apostels zugunsten seiner Gemeinde. In dieser Perspektive wird die Einsamkeit des Leidenden überwunden.

Zum Gottesbild: Weil es nur einen Gott gibt, nicht einen gleichrangigen Teufel neben ihm, muß man beides, Rettung und Leiden, auf Gott zurückführen. Er rettet aus Leiden, woher sie auch stammen, und er führt in sie hinein wie ein Bergführer in eine dunkle Regenwand. Gerade deswegen bleibt er als Person ein Geheimnis und wird nicht zum Prinzip.

Wir halten fest: Wie alles, was dem Menschen widerfährt, in das Verhältnis gegenüber Gott hineingehört, so auch das Leiden. Es erschreckt und bekümmert den Menschen in seinem Herzen und reibt seinen Leib auf. Es gibt Leiden, das in die Vergangenheit zurückweist (als Folge falschen Tuns), anderes dagegen weist auf die Zukunft voraus. Unsere Übersicht macht deutlich: Einen einheitlichen Sinn des Leidens kennt die Bibel nicht. Aber weil es so angreift, ist es immer eine Frage zwischen Gott und Mensch. Dadurch wird zugleich in jedem Fall die Einsamkeit des Leidenden überwunden. Denn Gott ist nicht ohnmächtig, ist er doch Adressat der Klage und mildert so das Schlimmste.

Was hat die Trinität mit Leiden zu tun?

Die Fragestellung ist ungewöhnlich. Denn in der klassischen Theodizeefrage geht es nur um Gott. Kaum je wird erkennbar, daß fast immer Christen über diese Frage diskutieren, die ja ein trinitarisches Bekenntnis haben, auch wenn im Neuen Testament erst (wichtige) Ansätze dazu aufweisbar sind. Aber gerade deshalb sollte man diese Frage nicht einer sich hier gerne verselbständigenden Systematischen Theologie überlassen. Mehr denn je scheint es geboten, die Rede von der Dreifaltigkeit an das Neue Testament zurückzubinden und von dorther verständlich zu machen. Das erfordert auch der sich anbahnende Dialog zwischen Judentum, Islam und Christentum, in dem das Christentum sich zu seiner »dreifaltigen Denkweise« bekennen muß.

Für die Sicht des Neuen Testaments formuliert lautet die Frage: Was bedeuten Heiliger Geist und Sohnschaft Jesu Christi für die Frage nach dem Bösen und dem Leiden in der Welt? Eine Antwort auf diese Frage ist mit den beiden Texten Markus 14 und Römer 8 zu geben.

Der Geist ist mutig, aber der Mensch ist schwach

Der hier entscheidende Satz aus Markus 14,38 lautet: *Wacht und betet, damit ihr nicht in Versuchung geratet. Der heilige Geist ist mutig, aber der sterbliche Mensch ist schwach.* Kurz vorher hatte Jesus Gott mit *Abba* angeredet, sich selbst also damit eindeutig als Kind oder Sohn bezeichnet. Vater, Sohn und Geist sind damit in diesem Text beisammen, in dem es um den Sinn des Leidens Jesu geht.

Jesus steht hier an der Frontlinie des Kampfes um die Durchsetzung der Herrschaft Gottes. Die Ungerechtigkeit greift physisch nach seinem Leben. Gott hilft seinem Sohn nicht. Da auch die Jünger schlafen, muß Jesus ganz allein sein Gottvertrauen unter Beweis stellen. Das ist eine schier übermenschliche Herausforderung. Entsprechend fällt Jesus auch vor Schwäche, Angst und Zittern zu Boden. Wenn er sagt, daß *der sterbliche Mensch schwach* ist, so zeigt dies, daß er – rein als Mensch gesehen – vor dieser Einsamkeit kapitulieren muß. Sein Gebet macht dann deutlich: Gottes Geist ist die Kraft, die den schwachen Menschen in der versucherischen Herausforderung standhalten läßt.

Diese Frage war bislang offengeblieben: Wenn der durch Leiden herausgeforderte Mensch den Provokationen standhalten soll, wenn er sich auf Gott verlassen statt den Glauben aufgeben soll – was gibt ihm die Kraft dazu? Wie kommt der Mensch dazu, in dieser schwierigen Situation den Weg des Heils zu gehen?

Die Antwort wird hier gegeben: Der Mensch ist von sich aus schwach, nicht stabil, leicht umzuwerfen und noch leichter vom Glauben abzubringen. Nur in der Kraft von Gottes Geist vermag Jesus der Versuchung zu widerstehen.

Auch in anderen Texten wird darüber nachgedacht, wie der Mensch der Versuchung gewachsen sein kann, die ihn trifft, wenn er sich Gott zugewandt bzw. Christ geworden ist.

In der jüdisch-hellenistischen Hioblegende des 1. Jahrhunderts »versiegelt« der Engel Hiob gleich im Anschluß an seine Bekehrung und bevor der Teufel mit seinen schmerzbringenden Versuchungen beginnt. Ebenso wird in Offenbarung 7,3 von »Versiegelung« vor der allgemeinen Versuchung gesprochen; sie wird den Christen von Engeln zuteil, damit sie nicht abfallen. Daß in den ersten Jahrhunderten die Taufe häufig Versiegelung genannt wird und daß diese Versiegelung durch den Heiligen Geist geschieht, ist sicher nicht zufällig. Denn offenbar ist die Taufe überhaupt ein Akt, in dem der, der zum Glauben gekommen ist, auf besondere Weise Schutz erhält, der ihn vor den Versuchungen zum Abfall bewahrt. Dabei ist es dann nicht entscheidend, ob dieser Schutz durch Anrufung des Namens Jesu und Gottes oder durch Verleihung des Geistes vollzogen wird.

Wichtig ist nur: Die Leiden, die den Christ gewordenen Menschen zum Abfallen bringen könnten, sind so mächtig und so versucherisch, daß der Mensch leicht »alles hinwerfen« könnte. Es bedarf des besonderen Beistands Gottes, um hier standzuhalten.

Das heißt aber: Gottes Herrschaft ist nicht bereits mit dem Anerkennen Gottes im anfänglichen Bekenntnis gänzlich hergestellt. Das Schlimmste kommt erst noch: der persönliche Kampf, den die unterlegenen Mächte des Chaos und der Finsternis gegen jeden einzelnen führen. Wer diesen Kampf mutig auf sich nimmt, muß leiden. Wo das durch das Böse verursachte Leiden »bestanden« wird, kann das Böse selbst besiegt werden. Um so das Böse wirklich zurückzudrängen, gibt es den besonderen Beistand Gottes. Dieser wird als Heiliger Geist (Markus 14,38; vgl. Markus 1,10) oder als über dem Bekehrten angerufener Name (erst Jesu, im heidenchristlichen Bereich dann ergänzt um den Namen Gottes) oder als Versiegelung durch einen Geist (Engel) verstanden.

Damit aber erhält der Heilige Geist im Christentum für die Zurückdrängung des Bösen eine einmalige und sehr konkrete Funktion. Er stärkt an der entscheidenden Stelle, nämlich dort, wo man um seines neu gewonnenen Glaubens willen Nachteile in Kauf nehmen muß, die zum Aufgeben bewegen könnten. Der Heilige Geist stärkt daher jeden einzelnen ganz konkret.

Im übrigen wird hier auch die Bedeutung des Gebets für die Dreifaltigkeit und besonders die Auffassung vom Heiligen Geist erkennbar. Denn in Wachen und Gebet wird der Heilige Geist erfleht, und zugleich wird auch das Gebet selbst als seine Wirkung verstanden. Beides gehört zusammen. Das Gebet erfleht den Geist und kommt aus dem Geist. Der Sohn wird als der Betende vom Geist des Vaters erfüllt.

Jesus Christus aber, der Sohn, ist für das Markusevangelium weit mehr und weit ausschließlicher als für die drei anderen Evangelien das Urbild und der Urtyp des Christenmenschen. Darin steht Markus wohl noch der Briefliteratur nahe, innerhalb derer jedenfalls Paulus (ähnlich der Hebräerbrief) wiederholt sagt, Jesus sei der erste unter vielen Kindern Gottes. Auch in Markus 14,38 ist Jesus geradezu als Vorbild verstanden.

Auch für Juden müßte die Rede von der Dreifaltigkeit dann verständlich sein, wenn der Sohn als der Ort der Anwesenheit Gottes (wie ein Tempel) durch seinen heiligen Geist verstanden wird.

Diese Rolle Jesu gewinnt Züge unersetzlicher Einmaligkeit, weil er durch seinen Märtyrertod exklusiv den Teufel oder den Tod besiegt hat. Dem ist hier nicht im einzelnen nachzugehen. Mit allen anderen, die um der Gerechtigkeit willen leiden, hat Jesus hier gemeinsam, daß er den Kampf zur Überwindung des Bösen leibhaftig erduldet und nicht aufgibt. Stellvertretend kann er darüber hinaus wirken, weil und insofern er der schlechthin Gerechte ist. Diese Überwindung ist immer prinzipiell, sozusagen *de jure* erfolgt, aber noch nicht in allen Einzelheiten wirklich vollstreckt. Was geschah, ist nicht nur symbolisch, sondern ein Anfang, so, daß der Anfang das Ganze verbürgt.

Wir halten fest: Die Rede von Sohn und Geist klärt die Frage, aus welcher Kraft und in welcher »Schule«, wir sprechen von Jüngerschaft, die Überwindung der Krise vom Aufgeben bedrohter Christen sich konkret vollziehen kann.

Der Geist als Dolmetscher

Man wird dem großartigen Stück paulinischer Theologie in Römer 8 nur gerecht, wenn man es auf der Ebene der grundsätzlichen Frage liest, die in diesem Buch erörtert wird. Die Frage, inwieweit Gott Leiden »zuläßt«, wird hier im Lichte der Rolle von Sohn und Geist noch einmal neu gestellt.

Der bedeutendste Fortschritt in Richtung Theologie der Dreifaltigkeit besteht nach Römer 8 darin, daß Gott seinen

Geist nicht nur »wie in einer Einbahnstraße« zu den Menschen gesandt hat, sondern daß dieser Geist Gottes bei den Menschen nun von sich aus, gewissermaßen von seinem Sender sich emanzipierend, zum Fürsprecher derer wird, zu denen er gesandt ist. Damit wird Gott selbst bei sich selbst zum Anwalt der Menschen. Dieses bezieht sich nun genau auf die Situation der leidenden Menschen. Denn deren Schreie des Stöhnens übersetzt der Geist in Gottes Sprache und trägt sie vor ihn, ganz sicher in dem Sinn, daß sie bald, möglichst bald erlöst und befreit werden wollen (daher das Bild der Wehen, das auf einen Vorgang deutet, dessen Ende absehbar ist).

Ähnlich ist es auch mit dem Sohn. Auch der Sohn wird zum Anwalt derer, zu denen er gesandt war. Und weil der Sohn nun zur Rechten des Vaters unser Anwalt im Himmel ist, kann uns kein Leiden und kein Schrecknis mehr trennen von der Gemeinschaft mit Gott (Paulus nennt sie »Liebe«). Der Geist hingegen ist der Anwalt auf Erden, da er bei uns, in unseren Herzen ist.

Beide, Sohn und Geist, sind direkt hingeordnet auf die Kindschaft der Christen. Sie ist das absolute Ziel Gottes. Denn der Geist macht die Christen in ihren Herzen zu Kindern (8,15), und der Sohn ist (nur und allerdings) der Erstgeborene unter vielen Geschwistern; sie alle werden wie er werden und mit ihm sein. Sohn und Geist sind daher wie Vorposten Gottes, um genau das herzustellen, was auch schon im *Alten* Testament das Ziel der Verheißung war: »...daß sie meine Kinder sind und daß ich ihr Vater bin.« Dreifaltigkeit ist daher kein Selbstzweck, sondern gibt die Struktur der »Familie« Gottes an, des umfassenden Vater-Kinder-Verhältnisses Gottes mit den Menschen.

Der Schluß von Römer 8 macht nun deutlich, daß diese Familienzugehörigkeit, die Paulus »Liebe« nennt, die jetzt schon intensiv begonnen hat, ihre Bedeutung für alle möglichen Leiden hat, inklusive Martyrium, Tod und Engelmächte (8,35–39). Denn diese können sich jetzt nicht mehr als eine wirklich gefährliche Trennwand zwischen Gott und Mensch schieben.

Theoretisch könnten sie es: Leiden und Tod könnten (ganz im Sinne der oben geschilderten »Versuchungen«) den Menschen vom Glauben an Gott abbringen, weil man angesichts ihrer am Sinn verzweifeln kann. Und die Engelmächte könnten Gleiches tun, weil sie Gottes abweisende Hoheit darstellen; etwa, wenn man daran denkt, daß auch der Tod als herrlicher Engel dargestellt wird. – Alle diese Gefährdungen des Glaubens durch Leiden und Erschrecken vor Gottes Hoheit verhindert der Erweis von Gottes Liebe von der Wurzel her. Insofern ist Liebe als verwirklichte Gemeinschaft zwischen Gott und Mensch weit »vollkommener« als Glaube.

Wir halten fest: Paulus liefert in Römer 8 einen ganz eigenen Beitrag zum Thema der durch Leiden und Tod gefährdeten Beziehung der Christen zu Gott. Der Erweis von Gottes Liebe hat eine Gemeinschaft (»Familie«) begründet, deren zusammenhaltende (zentripetale) Kraft stärker ist als die gefährdende Kraft der irritierenden Leiden und der abstoßenden und schrecklichen Hoheit Gottes (zentrifugale Tendenzen).

DAS LEIDEN DER AUSSERMENSCHLICHEN KREATUR

Nach Auffassung der neuzeitlichen Biologie gehören Leiden und Tod zum Leben notwendig dazu, und zwar zu jeglichem Leben. Angesichts dessen kann man fragen, wieso Juden und Christen überhaupt darauf erpicht sind, Tod und Leiden zu verringern oder zu verhindern. Sollte man sich nicht lieber mit diesen Gegebenheiten abfinden?

Die Perspektive biblischen Denkens ist anders. Sie ist wie die des Arztes. In der ganzen Bibel wird Gott als der Arzt vorgestellt, der das Leiden und Sterben eben nicht nur beschreibt, sondern der Partei ergriffen hat für die Seite des

Lebens und auf dieser Seite kämpft. Die Abneigung mancher (nicht aller) Texte der Bibel gegen menschliche Ärzte rührt lediglich daher, daß diese manchmal als Konkurrenz zu »Gott dem Arzt« gesehen wurden. So wie sich der Arzt für einen Wert entschieden hat und sich ihm bedingungslos unterordnet, eben dem Wert »Leben«, so ist biblische Religion daran orientiert, daß Leben, insbesondere menschliches Leben, Gottes eigenste und innerste Leidenschaft ist.

Freilich richtet sich die Bibel an Menschen, sie ist in ihrer Sprache formuliert. Und wir Menschen halten es für gegeben, daß gefährlichen Bakterien, quälenden Mücken, Milben und Ratten, gelinde gesagt, eine umfassende Förderung nicht zuteil werden sollte. Der Maßstab für das Eingreifen des Menschen scheint, nach allem, was wir wissen, eine Art ökologischen Gleichgewichts zu sein, für dessen Konkretion man aus der Weisheit der Völker vieles lernen kann.

Die Bibel läßt von Anfang an keinen Zweifel daran, daß der Mensch – ganz im Sinne der Weisheit der Völker – in hohem Maße für dieses Gleichgewicht verantwortlich ist. So ist das Regieren über die Erde nach 1 Mose 1,28 aufzufassen, üblicherweise übersetzt als *Macht euch die Erde untertan* – aber Regieren ist etwas anderes als hemmungsloses Sich-Unterwerfen zum Zweck der Ausbeutung.

Für Paulus besteht eine durchgehende Solidarität zwischen Mensch und außermenschlicher Kreatur auch im Leiden und in der Vergänglichkeit. Die Schöpfung, sagt er (Römer 8,22), *liegt mit dem Menschen zusammen in Schreien des Stöhnens und in Wehen,* das heißt: Sie trägt große Schmerzen und ist auf das Ende der Schmerzen ausgerichtet. Mit der Besiegung des Todes am Ende der Zeiten und mit der Auferstehung der Christen wird auch für die außermenschliche Kreatur das Leiden und das Sterben beendet sein. Rätselhaft und umstritten ist hier besonders Römer 8,20: *Die Schöpfung ist der Vergänglichkeit unterworfen, nicht freiwillig, sondern wegen dessen, der sie unterworfen hat, wenn auch auf Hoffnung hin.* – Die Schöpfung insgesamt steht demnach in einer Sklaverei, nämlich der des Sterbenmüssens. Paulus erkennt sehr wohl, daß der Mensch mit seinem »Sein zum Tode« kein Einzelfall ist, sondern eingeordnet in eine negative »Ordnung zum Tode«. Paulus denkt hier ganz im Sinne des biblischen Gottesbildes. Die Unterwerfung unter die Vergänglichkeit geschah nicht nur unfreiwillig, ohne und gegen den Willen der Kreatur, denn niemand wird freiwillig Sklave, sie war auch nur für eine begrenzte Zeit gedacht, nämlich von Anfang an *auf Hoffnung hin*. Denn Gott ist der Gott des Lebens und kann den Tod nur zeitlich begrenzt zulassen.

Offen ist die Frage, wer derjenige ist, *der sie unterworfen hat*. Ist es Adam oder Gott? Von Gottes Tun ist in diesem Sinne nirgends die Rede. Wohl aber heißt es vom Menschen (Adam), er solle sich die Erde untertan machen. Der jüdische Übersetzer Aquila gebraucht an dieser Stelle (1 Mose 1,28) dasselbe griechische Wort (*hypotasso,* »unterwerfen«), das auch Paulus in Römer 8,20 verwendet *(sondern wegen dessen, der sie unterworfen hat)*.

Daraus ist folgendes zu ersehen: Der Mensch hat sich die Erde untertan gemacht. Als er selbst wegen seiner Sünde in die Sklaverei des Todes geriet, wurde zwangsläufig auch sein Sklave, die Erde, mitversklavt. Die außermenschliche Kreatur ist daher nach dem Motto »Mitgefangen, mitgehangen« oder »Was dem Herrn passiert, gilt auch für seinen Sklaven« wie der Mensch dem Tod unterworfen. Das Wort »nicht freiwillig« ist daher noch pointierter zu übersetzen: nicht wegen eines eigenen Vergehens, sondern wegen der Schicksalsgemeinschaft mit dem Menschen, die aufgrund der Abhängigkeit vom Menschen bestand. Die Kreatur selbst hatte nichts übertreten. Sie ist nur im Schlepptau des Menschen mitversklavt worden. So liegt sie jetzt mit in Wehen. Als Satellit des Menschen ist sie mit in Sklaverei geraten, ohne eigene Schuld.

Jüdische Texte erhoffen denn auch ein Ende des blutigen Existenzkampfs in der Natur, so das 3. Buch der Sibyllen

(Vers 787ff; 3. Jahrhundert v. Chr.): *Und der Wolf und das Lamm werden auf den Bergen gemeinsam weiden, und Gras werden mit den Böcken zugleich die Panther verzehren, Bären sind mit Kälbern gemeinsam im Pferch auf der Weide, und der fleischfressende Löwe wird wie der Stier Spreu an der Krippe zerkauen..., und es werden vereint mit Drachen die Säuglinge liegen.*

Was kann man heute mit diesen Gedanken anfangen? Der Angelpunkt ist der Zustand des Menschen. Wenn er aus der Gefangenschaft und Sklaverei unter dem Tod zur Freiheit der Kinder Gottes erlöst wird, dann wird wiederum die übrige Kreatur in seinem Schlepptau mit frei werden. Eine Schicksalsgemeinschaft zwischen Mensch und Natur besteht daher durchgehend. Zum großen Teil sind für uns diese mythischen Aussagen jedenfalls heute unmittelbar einleuchtend: so etwa, daß der Mensch durch sein Fehlverhalten die Natur mit »reinreißt«, obwohl diese nichts dafür kann. So auch, daß diese Solidarität mit der Natur besteht, weil der Mensch die übrige Kreatur in so hohem Maße von sich abhängig gemacht hat. Nicht mitteilbar ist, daß dieses auch im Guten gelten soll – eine kühne Hoffnung und Umkehrung. Nicht einleuchtend ist aber auch schon, daß der Mensch durch sein Tun den Tod in die Natur gebracht haben soll. Aber wahrscheinlich wäre das schon wieder eine fundamentalistische Überinterpretation. Denn Paulus will nicht in Wettstreit mit Aussagen der Biologie treten. Seine mythische Sprache sollte man nicht totalitär mißverstehen, als sei sie eine welterlösende Gesamtantwort. Daher sind auch Nachfragen nach Einzelheiten nicht erlaubt. Entscheidend ist für ihn, daß Tod, Untergang und Vernichtung nicht das letzte Wort sein werden, weil sie angesichts dieses Gottes nicht das letzte Wort sein können. Das Wie hat er dabei vollkommen offengelassen. »Hoffnung« ist das entscheidende Stichwort.

Ist Gott allmächtig?

»Wenn Gott allmächtig ist und gut, wenn er Gott ist, warum läßt er dann die Menschen elend sterben und leiden?« So hört man es oft. Mir scheint, als sei dieses Problem auch ein hausgemachtes. Denn hier rächen sich leichtfertig und unverstanden gebrauchte Formeln. Gemeint ist die Rede vom einfachhin »guten« und die vom »allmächtigen« Gott.

Viele Glaubensbekenntnisse der Kirchen sprechen es aus: »Ich glaube an Gott, den Vater, den Allmächtigen«, und in vielen Katechismen steht unter der Rubrik »Eigenschaften Gottes«, Gott sei allmächtig, allwissend und allgegenwärtig. Diese Aussagen werden in der Anwendung auf die Lektüre der Bibel sehr leicht mißverstanden oder sie führen dazu, daß man angesichts eines solchen Gottesbildes die Erzählungen der Bibel überhaupt nicht mehr versteht. Immer wieder erheben sich dann Fragen wie diese: »Wenn Gott sowieso schon wußte, was die Menschen tun würden, warum hat er sie dann erst erschaffen?« oder: »Wenn Jesus sowieso allmächtig war, warum hat er dann nicht alle Krankheiten überhaupt beseitigt?« oder: »Wenn Gott allmächtig war, warum hat er dann nicht eine bessere Welt erschaffen, in der die Menschen nicht sündigen konnten?«

In Wahrheit nehmen die traditionellen All-Aussagen, angewandt auf Bibel-Lektüre, Gott jede Personhaftigkeit und jeden Eigensinn, sie machen ihn zu einem Prinzip ohne Leben und vor allem zu einem Abstraktum, zu dem man nicht beten kann.

Diese All-Aussagen mögen ihren Sinn in spekulativer Dogmatik haben oder gehabt haben. Sie sind und bleiben damit begrenzte menschliche Aussagen über Gott. Sie sind verführerisch, weil sie sich in der Beschreibung der Hoheit Gottes »nicht genug tun können«. Aber eigenartigerweise versperren sie gerade in dieser Eigenschaft wesentliche Zugänge zum jüdisch-christlichen Gottesbild. Nicht daß Gott unvollkommener wäre – er ist geheimnisvoller und eigenwilliger, als diese Formeln es vermuten lassen. Vor allem aber kann man nicht mit Hilfe dieser Sätze Beliebiges aus dem Gottesbegriff »von vornherein ableiten« (deduzieren).

Es kommt jedoch darauf an, genau zu erfassen, was mit diesen Aussagen gemeint ist. Ein Blick in eine Bibelkonkordanz zeigt nämlich bereits, daß das Neue Testament große Scheu gegenüber dem Wort »allmächtig, Allmächtiger« (griechisch: *pantokrator*) hat. Das hebräische Alte Testament hat überhaupt keine sinngemäße Entsprechung zu diesem Wort; die griechische Bibel übersetzt zwar zumeist »Gott der Heerscharen« (Luther: »Herr Zebaoth«) mit »Allherrscher«, aber auch das bedeutet nicht Allmacht im Sinne des deutschen Wortes.

Vor allem ist wichtig, daß das Wort, auf Gott angewandt, im *Neuen Testament* außer in 2 Korinther 6,18 nur in den Märtyrertexten der Offenbarung des Johannes vorkommt. Gegenüber dem römischen Kaiser wird für Gott die Allmacht beansprucht, ein Attribut, das für Herrscher gerade nicht nachweisbar ist. Und dieses Wort bedeutet hier wie auch in der griechischen Bibel: Gott erhebt einen alleinigen Rechtsanspruch, er besitzt ein Gewaltmonopol und ist der jeweils Überlegene. Was mit dem Ausdruck nicht gemeint ist, hat schon 1942 W. Michaelis gesagt[7]: Es geht nicht um die Schöpfer- und Allwirksamkeit Gottes. Erst zur Zeit der Kirchenväter wird das Wort Ausdruck des universalen Charakters des Christentums, das alle Völker umfaßt. Auch hier bezieht sich das Wort noch nicht auf das Schöpfungsregiment und die Lenkung der Weltgeschichte. Ausdrücklich und mit Recht sagt: Michaelis: »Die Deutung *der Macht hat über das All* liegt jedoch fern.«

[7] In: Gerhard Kittel (Hg.), Theologisches Wörterbuch zum Neuen Testament III, 914.

Die Bestreitung der Allmacht Gottes mündet verschiedentlich in der Aussage, Gott habe sich – besonders auch in der Gestalt Jesu Christi – seiner Gottheit ganz entäußert, um mit den Menschen in ihrem Leiden und Sterben solidarisch zu sein. Diese in der Gegenwart sehr verbreitete Position verdient eine Würdigung, weil sie die Frage des Leidens in Verbindung mit Gott sehr ernst nimmt.

Das Gegenbild zu dem ohnmächtigen Gott sind die »seligen«, »unsterblichen« und zum Leiden nicht fähigen Götter der Griechen. In der Stoa wird die Verähnlichung des Menschen mit den Göttern gerade unter dem Aspekt der Leidensunfähigkeit gedacht. Könnte es nicht sein, daß der wahre Gott im Unterschied zu den Göttern der Griechen oder zu dem »Göttlichen« der Philosophie gerade nicht erhaben wäre über Schmerz, Leiden, Ohnmacht und Tod? Anders gefragt: Ist der Inbegriff des Göttlichen wirklich die Leidensunfähigkeit – oder nicht vielmehr die Fähigkeit zu Solidarität, zum Mitleiden und damit zur Liebe?

Es heißt oft: Im Leiden des Christus kann man den mitleidenden Gott entdecken, der die Menschen versteht, weil er ihnen nahe ist. Gott ist nicht mehr der ferne Weltenrichter, auch nicht mehr die anonyme Schicksalsmacht, sondern er ist der in Christus menschgewordene Gott, der mit uns und in uns schreit, wo wir im Angesicht des Leidens müde, zynisch und resigniert die Welt und ihre Leidenden sich selber überlassen

Und weiter: Wenn man davon ausgeht, daß Gott mit den Kreaturen leidet, dann entfällt die Forderung, Gott müsse all diese schrecklichen Leiden ändern können oder wollen. Vielleicht kann er es nicht, vielleicht ist es das Höchste, jemanden in seinem Leiden, wenn es schon nicht mehr abzuändern ist, zu begleiten? Man könnte sich für diese Antwort auf Erfahrungen am Sterbebett berufen: Wenn alles Helfen- und Bessernkönnen am Ende ist, bleibt der Beistand in Solidarität. Daß der Leidende nicht allein gelassen ist, sondern bis in den Tod in einer Gemeinschaft geborgen – das wäre das Letztmögliche. Ist es Gott, der diesen letzten Beistand leistet? Besteht aller Trost in der Solidarität, die er gewährt? Auch die Rabbinen haben über Gottes Trauern nachgedacht, und kommt nicht in Jesus diese Solidarität zum Ausdruck?

Gott wäre also nicht derjenige, an den man ständig appellieren müßte, doch bitte alles Leid zu ändern. Es würde verständlich, warum Gott noch kein Leid der Weltgeschichte wirklich wissenschaftlich nachweisbar beseitigt hat. Alle Bitten, Leid zu beseitigen, wären bei ihm an der falschen Adresse. Er wäre tief mit hineingezogen in Schmerz und Trauer der Welt, nicht lächelnd darüber erhaben. Solidarität im Leiden wäre das Äußerste, und alle tatsächlich von Menschen geleistete Hilfe und Veränderung hätte doch ihre Wurzel in der göttlichen Solidarität. Gott müßte nicht für das Leid gerechtfertigt werden, geschweige denn, daß ihm Ursächlichkeit oder Schuld angelastet werden dürfte.

Die Gegenposition, daß Gott nicht leiden kann, hat – konsequent durchgeführt – zu unmöglichen Verrenkungen geführt. Bei gnostischen Texten des 2. und 3. Jahrhunderts kann man sehen, daß die Meinung, Gott sei unfähig zu leiden, besonders die Auffassungen über Jesus geradezu gesprengt hat: Der wahre, himmlische Christus wird lächelnd neben dem Kreuz geschaut, während der am Kreuz Sterbende nur der Mensch Jesus von Nazareth war. An dieser Spaltung der Christologie wird nur dieses deutlich: In Jahrhunderten, in denen die Menschen ohne Betäubungsmittel und sanfte Weisen zu sterben noch Unsägliches an Schmerzen ertragen mußten, war die Leidensunfähigkeit Gottes und damit auch seines Sohnes ein elementares Dogma. Die – auf den ersten Blick eher komisch anmutende – Lehre vom mehrfachen Christus zeugt nur vom Ernst dieses Gottesbildes. Und die Streitigkeiten in der Alten Kirche über die rechte Auffassung von Gottheit und Menschheit in Jesus

Christus haben darin ihren elementaren Bezugspunkt im Leben. Man bedenke, daß die Kirche damals gerade dem Stadium einer Märtyrerkirche entwachsen war.

Aber: Was für ein unmenschlicher Gott wäre ein leidens- und mitleidensunfähiger Gott! Und wenn man an der Leidensunfähigkeit Gottes festhält, erhebt sich die Schwierigkeit, daß der angeblich liebende und allmächtige Gott gleichwohl Unsägliches zuläßt, seitdem die Welt besteht. Das ändert sich in dem Augenblick, in dem man annimmt, Gott stehe nicht lächelnd und triumphierend über dem Leiden, sondern sei tief in das Leiden hinein verstrickt.

Wir halten fest: Einem leidenden und ohnmächtigen Gott kann man nicht die Leiden dieser Welt vorhalten. Sie sind kein Grund mehr, gegen ihn zu protestieren, weil er kalt und erhaben lächelnd alles geschehen ließe, sondern geradezu ein Grund, sich an ihn zu wenden, da er Tod und Ohnmacht selbst geschmeckt hat.

Es gibt aber auch Gegenargumente gegen die Rede vom ohnmächtigen Gott:

In der These von der Ohnmacht Gottes wird übersehen, daß die Rolle des Mitleidenden schon seit jeher Jesus zukommt, der, obgleich Gottes Sohn, dennoch ganz Mensch war und mit den Menschen leiden konnte. Hier ist besonders an Philipper 2,6–11 und an den Hebräerbrief zu denken. Speziell die Frömmigkeit des Spätmittelalters, in der auch Martin Luther aufgewachsen ist, betont in krassem Realismus die Leiden des Heilands nicht erst am Kreuz, sondern bereits bei Geißelung und Dornenkrönung (»Schmerzensmann«). Christus- und Marienleben liefen gewissermaßen zusammen in der Gestalt der Pietà (Maria mit dem toten Christus auf dem Schoß). Alle großen Seuchen des Mittelalters haben ihren Niederschlag in entsprechenden Darstellungen des Gekreuzigten gefunden. Das heißt: Solidarisch im Leiden ist schon immer Jesus, der Gottessohn. Offenbar ist die moderne Theologie damit aber nicht zufrieden, wenn und insofern sie die Gottessohnschaft Jesu in Vergessenheit geraten läßt. Erst dann muß das Thema Gott und Leiden neu diskutiert werden. Aber wenn schon der Philipper- und der Hebräerbrief sich dazu Gedanken machen, kommt es wohl zunächst darauf an, diese Texte zu verstehen. Ich halte es von daher nicht für nötig, daß die Auffassung über Gott den Vater gewissermaßen für die verlorengegangenen Dimensionen der Christologie büßen muß.

Ferner geht es nicht um eine Alternative zwischen einem angesichts des Leidens kalt lächelnden Gott einerseits und einem ohnmächtigen Gott andererseits. Der biblische Gott ist weder nur lächelnd und selig, noch ist er ohnmächtig. Es gibt dazwischen ein Mittleres, und das sieht so aus: Der Gott der Bibel kann hören und trauern, er kann zornig sein und sein Werk bereuen. So denken sich die Beter der Psalmen Gott, und ihre Aussagen gründen wiederum in der Auffassung, Gott sei so etwas wie eine Person. Daß Gott also ein sensibles, personales Gegenüber ist, bedeutet nicht, daß er sich in die Ohnmacht habe begeben müssen. Vielmehr gehen alle biblischen Texte davon aus, daß Gott der Starke und Mächtige ist, da er der Schöpfer ist. In Schöpfung und Weltregiment wird die Macht und Majestät Gottes jeden Tag spürbar. Es ist genug Grund zum Loben und auch zur Freude.

Daß Gott es in der Geschichte schwer hat, ändert nichts daran, daß er der Schöpfer ist. Wir sahen bereits: Bis Gott seine Herrschaft gegen die lieblosen Chaosmächte durchgesetzt hat, wird noch Zeit vergehen; das ist ein Prozeß, der noch andauert. Aber der Lieblosigkeit gehört nur ein Teil der Zeit, nicht die Ewigkeit.

Man kann den Vertretern der These von der Ohnmacht Gottes vorwerfen, sie verstünden die Aussagen über die Macht Gottes in 1 Korinther 1,18ff geradezu im Sinne der Törichteren unter den Korinthern, nicht aber im ganz gegenläufigen Sinne des Paulus. Denn im Rahmen des grundsätzlichen Gegensatzes zwischen den Wertmaßstäben

Gottes und der Welt gilt: Was sichtbar und in den Augen der Welt schwach, ohnmächtig, unedel, arm, fast wie nichts ist, das ist vor Gott, bei ihm und in ihm und damit in Wahrheit stark, weise und zukunftsträchtig. Die Ohnmacht Gottes, die sich für den Betrachter in dieser Welt zeigt, ist in Wahrheit keineswegs Ohnmacht, sondern Kraft Gottes. Und das ist nicht in einem aufgeweichten (und lediglich »dialektischen«) Sinn zu verstehen, sondern es ist immerhin die Macht des Schöpfers, die so erscheint. Ihre Stunde kommt freilich, was das Entscheidende betrifft, erst bei der endgültigen Überwindung des Todes. Sie ist, wenn man das so sagen darf, auf ihr Spezialgebiet beschränkt: neue Schöpfung und Überwindung des Todes. Sie äußert sich jetzt in Liebe und Charismen, in der Auferstehung Jesu durch den Geist und der damit verbundenen Entgrenzung. Was hier als mächtig erscheint, ist in Wahrheit nur todgeweihter Bruch, Irrtum und Illusion. Der Gekreuzigte ist extrem schwach, aber er gibt Gottes Selbstdarstellung in Herrlichkeit alle Chance. Dieses gilt auch für die Schwäche des Apostels, in der Gottes Kraft wirkt.

Die Schwäche und Kraftlosigkeit gibt Raum für Gottes Handeln. Man kann daher lediglich sagen, daß Gott aus der Sicht derer, die wie die Welt denken, so schwach erscheint wie der Gekreuzigte und die Korinther, deren soziales Ansehen nur gering ist. Dieser Anblick täuscht jedoch. Was Gott selbst betrifft – der Glaube sieht das Unsichtbare; was Jesus, den Gekreuzigten betrifft – seit Ostern kann man seine Herrlichkeit einsehen; was die Glaubenden anbelangt – der unsichtbare »innere Mensch«, wie Paulus ihn nennt, ist schon jetzt Realität. Die Tage der Ohnmacht der Gerechtfertigten sind daher jedenfalls gezählt. Nur wenn man sowohl die unsichtbare Herrlichkeit als auch die Hoffnung auf Auferstehung und Herrlichkeit streicht, kann man eine Ohnmacht Gottes theologisch vertreten.

Schließlich scheitert die Auffassung von der Ohnmacht Gottes daran, daß nicht erklärt werden kann, wie und aus welcher Kraft dann in der Welt irgend ein Wandel zum Besseren, ob man ihn Auferstehung nennt oder anders, möglich sein soll. Und die Vorstellung, Gott habe seine Kraft nur zeitweilig »an den Nagel gehängt«, um sie später wieder zu ergreifen, geht auf bereits unseriöse Weise von menschlichen Alltagsvorstellungen aus, ist »anthropomorph«. – Ein nur leidender Gott ist nichts als »eine projektive Verdoppelung unter dem anonymen Druck eines gesellschaftlich herrschenden Solidaritätsideals« (J. B. Metz). Denn am Ende kommt die Rede über Gott aus der Sprache der Gebete.

Zu einem ohnmächtigen Gott kann man nicht beten, da weder für Dank noch für Bitte, weder für Lob noch für Anklage ein Anlaß besteht. Insofern könnte man umgekehrt sagen: Die Konstruktion eines ohnmächtigen Gottes ist Widerspiegelung einer Epoche, die das Gebet nicht verstehen kann. (Man sehe nur einmal nach, welche Rolle das Gebet in den Fragen der neutestamentlichen Exegese der letzten zweihundert Jahre gespielt hat.)

Wir halten fest: Es ist nicht möglich, Gott und das Böse so zusammenzudenken, als sei Gott nur als ohnmächtig leidender »Kamerad« in die Welt eingebunden. Wer das so nicht annehmen kann, sollte freilich genauso das Gegenbild vermeiden: Die Bibel denkt Gott weder allmächtig noch unberührt vom Leiden. Ist sein Geheimnis die Zeit, die er angesichts des Bösen hat? Darf man so überhaupt fragen? Ist das der Sinn der Rede über das Kommen Gottes im frühen Christentum?

Bleiben hier nicht doch Fragen offen? Wie ist denn das Verhältnis Gottes zum Leiden der Kreatur, wenn er nicht ohnmächtig ist? – Die Menschen, an die die Offenbarung ergeht, können immer nur das wahrnehmen, was als Gabe oder Schickung von Gott kommt, also die Schöpfung, Gottes Gesandte, Gottes Wort an die Menschen. Damit sind unsere Möglichkeiten, etwas über Gott zu sagen, sehr eingeschränkt. Über Gott »an sich« können wir nichts sagen, nur über das, was Gott uns von sich zeigt, eben über die Gaben, die er schickt. Dazu gehören auch Zorn und Erbarmen. Weil die Bibel annimmt, daß Gott »mindestens so etwas ist wie eine Person«, spricht sie immer wieder davon, daß Gott, wenn man alle Regungen, die man erfährt, zusammen-nimmt, ein Herz hat. So denkt die ganze Bibel bei dem Wort Gott nicht zuerst an ein Geistwesen und nicht zuerst an den absolut Guten, sondern an ein Gegenüber »mit Herz« und Willen. So spricht die Bibel davon, daß Gott Kummer, Zorn, Trauer und Reue empfindet. Aber Hilflosigkeit und Ohn-macht, das ist etwas anderes. Ich kann diesen Zug im bibli-schen Gottesbild beider Testamente beim besten Willen nicht finden. Und ich zweifle angesichts der Weise der Bibel, stets nur über die Gaben Gottes zu reden, ob man mit menschlicher Rede so weit in das Innere Gottes vordringen darf.

Ein neuer Aspekt: In diesem Zusammenhang ist die Lösung interessant, die Paulus in Römer 8 bietet. Gott ist nicht ohn-mächtig, aber er ist auch nicht passiv. Er greift zwar nicht in das Weltgeschehen ein. Aber er hat sich unwiderruflich selbst festgelegt, indem er den Christen seinen Geist als An-walt vor sich selbst gestellt hat. Dieser Anwalt bringt die Klagen der Welt vor Gott, und der Sohn, den Gott aus Liebe den Menschen gesandt hat und dessen Leben er riskierte, verbürgt die neue Situation. Gott hört die Menschen wie ein Vater.

Die Formel »Bei Gott ist kein Ding unmöglich« bezieht sich nicht auf eine Gesamtdeutung des Seins oder der Weltge-schichte, sondern auf Gottes Wundermacht im Einzelfall (zum Beispiel bei der Empfängnis Jesu ohne Mitwirken ei-nes Mannes) und besonders auf seine Macht, die Herzen zu bewegen (Markus 10,27). Immer geht es um sehr konkrete Ereignisse.

Die Bibel erlaubt es also nicht, eine spekulative Allmachtstheologie zu entwickeln, als sei Gott selbst vor allem auf das Prinzip der Allmacht festzulegen. Weder eine Alleinwirksamkeit Gottes noch eine Alleinverantwortlichkeit noch die stets gegebene Möglichkeit, die Welt zu vernichten oder neu zu schaffen, ihre Regeln willkürlich zu ändern, ist daraus herleitbar. Alles Prinzipielle in Aussagen über Gott ist der Bibel grundsätzlich zuwider. Vielmehr gilt: Gott zeigt sich, wenn er es so will, je als der Stärkere. Man kann nicht sagen, daß er es »ist«, weil sein Handeln oder das, was man dafür hält, jeweils das letzte erreichbare Datum ist.

Für unsere Frage bedeutet das: Aus der Bibel ist kein Gottesbild zu erkennen, nach dem Gott prinzipiell ein allmächtiger Potentat wäre. Denn Allmacht im herkömmlichen Sinn des deutschen Wortes bedeutet ein wesen- und willenloses Prinzip, eine unpersönliche Ansammlung von automatisch reagierender Kraft (wie ein Hochspannungswerk). Bei allen Prinzipien wird insbesondere der Faktor »Zeit« und »Geschichte« unterschlagen. Nach Auffassung der Bibel ist Gott der »je größere«, er ist jedoch nicht auf eine prinzipielle statische Eigenschaft festzulegen. Daher ist auch nicht das Vorkommen von Leiden und Bösem in der Welt im Sinne der Anklage gegen die Allmacht Gottes vorzubringen. Denn diese wird im dogmatischen und statischen Sinne nirgends in der Bibel behauptet.

Ist Gott nur »die Liebe«?

Der Satz »Gott ist die Liebe« (1 Johannes 4,8b) hat in der jüngeren Gegenwart eine besonders steile Karriere gehabt. Er sollte für eine Weile das Geborgenheitsgefühl ersetzen, das den Menschen dieses Jahrhunderts weder in der Gesellschaft noch in den großen Volkskirchen vermittelt werden kann, das aber speziell mit dem Wegfall der Großfamilie und der dörflichen und kleinstädtischen Vereine vermißt wurde. In der Regel wird dieser Satz dann hermeneutisch völlig unreflektiert zum »Kanon im Kanon«, also zum Inbegriff der Bibel erklärt und dient oftmals dazu, Aussagen der Bibel über drohende negative Konsequenzen zu verdunkeln.

Insbesondere ist dieser Satz – greift man ihn isoliert heraus – nicht dazu angetan, Menschen die Konfrontation mit Leiden und dem Bösen in der Welt zu erleichtern. Vielmehr hat man bei Theologen, die die gesamte biblische Botschaft auf diesen Kernsatz beziehen, den Eindruck, sie vernebelten die Wirklichkeit mit Worten, die sehr leicht vergehen, da sie sich schnell als Illusion entpuppen. Zu unserer Erfahrung von Wirklichkeit gehört meines Erachtens, daß wir Gott weitaus häufiger als abwesend, rätselhaft oder verborgen wahrnehmen denn als die Liebe selbst. Außerdem ist es noch die Frage, ob der Satz, in seinem Kontext betrachtet, wirklich so konsequenzenlos und individualistisch zu verstehen ist, wie viele meinen.

In seinem Kontext betrachtet besagt der Satz (1 Johannes 4,8b): Gott ist nicht irgendwo unverbindlich hinter den Wolken, sondern ist dort zugegen, wo Menschen in einer eindeutigen Gemeinschaft mit klaren Grenzen ein intensives Miteinander verwirklichen. Dazu gehört sowohl ein klares Bekenntnis als auch ein Miteinander im Sinne der Familie. Denn die in 1 Johannes gebrauchten Bilder (Vater, Kinder, Bruder, lieben) wenden das Muster der Familie auf die Gemeinde an. Und in einer Familie kann es nicht um folgenlose Unverbindlichkeit gehen.

Die »Liebe« steht im 1. Johannesbrief immer wieder dem Haß und der Finsternis gegenüber (zum Beispiel 2,9–11), und er spricht von Kain und vom Teufel (3,12). Die Finsternis ist dieselbe, die im Matthäusevangelium (22,13; 25,30) und anderswo Hölle und Heillosigkeit bedeutet. Gerade der 1. Johannesbrief ist nicht sehr »tolerant«: Außerhalb der geschwisterlichen Liebe der Gemeinde gibt es nur Tod, Teufel und Finsternis.

Entgegen landläufigem Verständnis ist daher der Satz »Gott ist die Liebe« keine Antwort auf die Frage nach dem Leiden und dem Bösen, so daß Gott als der »ganz Gute« dargestellt würde. Vielmehr ist das Böse, sind Sünde und Leid überall dort gegeben, wo der Raum der Verbindlichkeit gemeindlicher Liebe verlassen wird.

IV Wo kommt die Sünde her?

Von den Themen »Leid« und »Böses« ist die Frage nach der Sünde zu unterscheiden. Auch hier sind die Fragen nach Ursprung und Sinn zu klären.

Die Sünde als Folge der Freiheit?

Ein sehr alter und oft wiederholter Ansatz zur Lösung der Frage nach Leiden und Bösem lautet so: Gott hat den Menschen nach seinem Bild geschaffen und damit in Freiheit. Er wollte keine Photographien seiner selbst, sondern will die freie Zustimmung des Menschen. Diese umfaßt das Risiko, daß der Mensch sich auch für das Böse entscheiden und sich die Folgen dieser Entscheidung zuziehen kann. Die Katastrophen der Weltgeschichte stellen sich unter diesem Aspekt als das im wesentlichen mißlungene Experiment dar, den Menschen Freiheit zu gewähren. Verwandt ist etwa die Position Senecas, nach der des Menschen höchste Freiheit darin besteht, sich das Leben zu nehmen (wenn er es sich schon nicht selbst geben kann).

Diese Ansicht kommt neuzeitlichem Denken sehr entgegen. Denn sie ist auch unter der Voraussetzung radikaler Autonomie denkbar. Die Freiheit des Menschen wird als tragische gesehen, das heißt, seine höchste Würde ist zugleich in der Regel der Anlaß zum Untergang. Man könnte daher von einem Lösungsversuch aufgrund »tragischer Autonomie« reden.

Biblisch gedacht ist dieser Ansatz freilich ganz und gar nicht, und das biblische Freiheitsverständnis hat mit dem neuzeitlichen nur wenig zu tun. Ähnlich wie bei der »Allmacht Gottes« gibt es auch für »Freiheit« kein Wort im

Hebräischen. Für die hebräische Bibel ist daher kein Äquivalent zu belegen. Das inhaltlich unserem »befreien« verwandte »retten« setzt immer einen »Retter« voraus und ist daher gerade nicht an der Autonomie des Menschen orientiert.

Das Neue Testament spricht zwar von Freiheit, insbesondere Paulus nennt dieses Wort oft. Aber hier gibt es nur die Freiheit *von* etwas, nicht die Freiheit *zu* etwas, schon gar nicht Freiheit als Inbegriff der Selbstbestimmung und Selbstverwirklichung des Menschen. Für Paulus besteht die Erlösung darin, daß der Mensch frei wird. Aber es ist eine Freiheit von dem falschen Herrn, nämlich vom Zwang zum Sündigen, von der Verurteilung durch das Gesetz, vom Tod. Freiheit gibt es überdies nur im Übergang vom alten Herrn zum neuen Herrn. Wer dem neuen Herrn (Jesus Christus) gehört, ist damit vom alten Herrn befreit. Der antike Sklavenmarkt wird zum Bild für den Vorgang der Erlösung. Der Herrschaftswechsel bedeutet die entscheidende Verbesserung für den Menschen.

Freiheit wird daher nicht als Würde des Menschen an sich oder als dessen Selbstwert aufgefaßt. Entscheidend für die Frage nach Werten ist nur, welcher Art von Sklaverei der Mensch zugehört, in wessen Dienst er steht. Denn dabei geht es um Tod oder ewiges Leben. Im Gegensatz zum modernen Individualismus wird der Mensch also hier in seinen Abhängigkeiten, Beziehungen und Verflochtenheiten gesehen. Wenn man Sünde und Begierde losgeworden ist, steht man damit nicht schon als »freier Mensch« Gott und der Welt gegenüber, sondern man gehört dem Befreier. Es gibt keine ortlose Freiheit, sondern nur die Möglichkeit einer neuen Bindung.

Der Mensch der Bibel »kann« zwar ungehorsam sein, er hat aber nicht die Freiheit, selbst die Normen und Regeln zu bestimmen. Denn ist er Gott ungehorsam, so folgt er zwangsläufig den Regeln einer anderen Bindung. Man kann das gut anhand von Lukas 16,13 sehen: *Kein Sklave kann zwei Her-*

ren dienen; ... ihr könnt nicht Gott dienen und dem Mammon.
Daraus folgt: Die Freiheit zum Bösen, von der das hier diskutierte Modell spricht, ist biblisch gesehen keine Freiheit, sondern Versklavung unter Trieb und Sünde, einer Sucht vergleichbar. Das bedeutet: Die Möglichkeit des Menschen, den eigenen Untergang anzustreben, ist kein Gut, sondern die entscheidende Schwäche des Menschen. Das, was wir Freiheit nennen, nämlich die Fähigkeit des Menschen, alles Mögliche inklusive den eigenen Untergang wollen zu können, ist für die Bibel eine Einschränkung des Menschen und eine Gefährdung seines Lebens. Wenn er aus dieser Schwäche befreit werden kann, wird – biologisch gesprochen – seine Instinktsicherheit wiederhergestellt. Paulus würde dazu sagen: Das Gesetz wird erfüllt. Denn nicht die grenzenlose Wahlfreiheit ist für die Bibel das höchste Gut, sondern ein Leben nach den Regeln des Lebens. Dazu gehört sowohl die Freude am Leben wie auch das Sich-Einfügen in die Regeln des Kosmos. Lebensfreude kann es nur geben, wenn der Mensch zu den Regeln des Lebens zurückfindet. Für den Menschen realisiert sich Leben vor allem in einem gerechten Miteinander (Liebe und Gerechtigkeit).

Man kann natürlich fragen, warum Gott den Menschen so schwach erschaffen hat. Aber die Bibel fragt so nicht. Sie geht davon aus, daß es Schwäche und Tod gibt, und fragt angesichts dessen nach dem Ausweg. Sie ist darin nicht spekulativ rückwärtsgewandt, sondern vorwärtsschauend und lebensbejahend: Bei diesem Gott muß es einen Ausweg geben.

Wir halten fest: Da die Freiheit des Menschen nach der Bibel kein Selbstwert ist, kann man im Sinne der Bibel das Böse und das Leid nicht damit erklären, daß der Mensch eine Chance habe bekommen sollen, seine Wahlfreiheit nach allen Richtungen hin zu gebrauchen. Eine solche Freiheit kann die Bibel nur als Schwäche ansehen. Daher besteht Erlösung gerade darin, den Menschen in die Lage zu versetzen, zu den Regeln des Lebens freudig ja zu sagen und sich des Lebens vor Gott zu freuen.

Diese Sichtweise der Bibel trifft sich in erstaunlichem Maße mit der modernen Biologie, die von der Instinkt-Ungesichertheit des Menschen spricht. Immer wieder wird gerade im Frühjudentum dem Menschen die Regelhaftigkeit aller Kreatur (ihr »Gehorsam«) vor Augen gestellt, und er wird aufgefordert, sich mit Hilfe des Gesetzes Gottes in diese Weltordnung einzufügen. Denn Gesetz und Schöpfung kommen aus derselben Hand. Darin liegt die unbezweifelbare »Leistung« Gottes, und er wird daher wie der Stifter einer idealen Verfassung gesehen. So übersetzt die griechische Bibel das hebräische Wort »erschaffen« mit dem Fachterminus für das Stiften einer Verfassung bzw. für Städtegründungen (griech.: *ktizein*).

Die Sünde als Strafe Gottes

Sünde ist die Art, in der speziell der Mensch Böses in die Tat umsetzt. Natürlich stellt sich die Frage, warum und wie der Mensch ein so fehlbares Wesen sein kann. Zur Klärung der Frage wollen wir uns im folgenden besonders an die Vorgaben paulinischer und johanneischer Theologie halten, insbesondere aber an den Römerbrief.

Nach Paulus ist Sünde nicht das Grund- oder Urvergehen des Menschen, sondern bereits die Folge eines viel grundlegenderen Versagens, nämlich einer »religiösen Verweigerung«. Diese besteht darin, daß Menschen Gott nicht ehren oder nicht an das Evangelium mit der Botschaft vom Messias Jesus glauben wollen. Diese Verweigerung ist also nicht moralisch, sie verletzt nicht Einzelgebote oder »Tugenden«, sondern ist eher »kultisch« im weitesten Sinne zu nennen, weil der Mensch sich weigert, Gott zu loben und zu bekennen.

Im einzelnen sieht das so aus: Gott macht den Menschen ein öffentliches Angebot. Er äußert sich im Werk seiner Schöpfung für aller Augen sichtbar, und er hat Jesus Christus sowie die Apostel gesandt. Im ersten Akt ging es um die Anerkennung seiner Person, im zweiten Akt um das »Evangelium«, die Sendung des Messias und die Ausweitung seines auserwählenden Handelns auf die Heiden.

Nach Paulus ist – im Anschluß an das Frühjudentum – die erste grundlegende Verfehlung des Menschen sein Vertauschen der Ordnung. Er betet anstelle des Schöpfers das Geschaffene an, und diese Grundvertauschung wird von Gott mit einer weitreichenden Verstockung beantwortet, die alle Laster zur Konsequenz hat, die gleichfalls ihrem Wesen nach »Vertauschungen« sind. Es geht daher um einen im Bereich des Kultischen, nämlich der Anbetung, liegenden Defekt bei der Reproduktion der vorgegebenen Ordnung. Es handelt sich damit um eine Störung der Ordnung, die der Mensch in seinem Anbeten, Denken und Handeln nachvollziehen sollte. Kommt die tückische Intelligenz des Bösen daher, daß es noch teilhat an intelligenten Strukturen der Schöpfung?

Die »Vertauschung« als »Veränderung der Ordnung« erklärt einiges, führt aber das Böse in der Welt auf einen menschlichen Akt zurück, der als »Rezeptionsfehler« oder als »Ungehorsam« seinerseits nicht weiter begründet wird. Gott ist jedenfalls an der Vertauschung unschuldig, und eigentlich ist Vertauschung Nachäffung. Luthers Satz vom Menschen als dem Affen Gottes ist – angesichts von Luthers durchgehend negativem und von Angst gezeichnetem Urteil über Affen und Äffisches – von daher zu verstehen. Vertauschung ist nichts weiter als unfähige Nachahmung der bestehenden Ordnung. So kann dann Paulus diesen unglücklichen Weg, wenn es um das Heil geht, ersetzen durch das »Nachahmen (Christi)«.

Es könnte sein, daß die Aktualität von Luthers Ansatz noch weiter geht. Denn wenn alles Böse in der kultischen Sphäre beginnt, im Nicht-Anbeten Gottes, dann muß auch der Wandel nicht in der Moral, sondern wiederum in der kultischen Sphäre (Glaube, Klage und Lobpreis, besonders im Lied) beginnen. Von daher erklärt sich jedenfalls deren Bedeutung in unseren Überlegungen.

Die »erste« Ablehnung Gottes ist nach Paulus unentschuldbar, da ja die Menschen Einsicht hätten haben können. Im Fall der Weigerung, überhaupt Gott zu ehren, besteht das Vergehen des Menschen darin, daß er eine Vertauschung vornimmt. Er betet Götzen an statt Gott. Und im Fall der Ablehnung Jesu Christi haben, so Paulus, die nicht-christlichen Juden das neuerliche »Hakenschlagen« Gottes noch nicht mitbekommen und nicht wahrhaben wollen. – Aber mit alledem bewegt sich die Dramatik im Verhältnis Gott – Mensch noch ganz im Bereich der *Sinnfrage* und noch nicht im Felde moralischer Verfehlungen. Den Glauben an den Messias Jesus zu verweigern, ist keine Frage von gut und böse. Der Mensch scheitert zunächst einmal und grundlegend an der Sinnfrage.

Die moralische Verderbtheit des Menschen ist dann erst die Folge der falschen Orientierung in der Sinnfrage. Denn nachdem der Mensch sich in der Sinnfrage verschlossen hat, *liefert* ihn Gott dem Unverstand der Sünde *aus*. Das heißt: Die Sünde wird überraschenderweise bereits als eine *Strafe Gottes* verstanden, die den Menschen deshalb trifft, weil er in der Sinn- und Orientierungsfrage versagt hat. Trotz dieses Strafcharakters bleibt der Mensch weiterhin verantwortlich für das, was er tut. Wenn er zur Strafe »ausgeliefert« ist an den Unverstand der Sünde, bedeutet dies nicht, daß damit nur Gott verantwortlich sei. Denn auch der Sklave ist verantwortlich für sein Tun, für Gehorsam oder Ungehorsam. Letztlich hat das darin seinen Ursprung, daß der einzelne nicht individualistisch gesehen wird, sondern als Teil eines (im Heil oder im Unheil) lebenden Kollektivs. Und da gilt: Mitgefangen, mitgehangen.

An diesem Punkt kommt der vor-moralische Charakter der paulinischen Sündenkonzeption zum Ausdruck. Moral, Gut und Böse, ist auch nach Paulus das, was der Mensch zu verantworten hat und wofür ihn Obrigkeit und Gewissen (sowie das Endgericht demnächst) tadeln oder loben. Und die Gebote des Gesetzes sprechen den Menschen in seiner Handlungsfähigkeit an. Aber das alles (Gesetz, Gewissen, Lob und Tadel) ist eingebettet in eine umfassendere Geschichte, die der Verfügung des Menschen entzogen ist. Nach dem Römerbrief wirkt Gott darin mehrfach durch Verstocken (1,24–28; 9,14–22), also durch ein Handeln, dem sich der Mensch absolut nicht entziehen kann und das sein eigenes außermoralisches Ziel hat. Paulus relativiert Moral und Gesetz durch diese Einbettung in einen umfassenderen Zusammenhang ganz entscheidend durch die Dimension der Geschichte. Dieses ist das eigentliche Ziel des Römerbriefes.

Daß die Sünde nicht in erster Linie eine autonome Entscheidung des Menschen ist, geht vor allem daraus hervor, daß erst der durch Jesus Christus befreite Mensch dem Zwang zu sündigen entgehen kann. Sünde ist nicht primär eine autonome Entscheidung des Willens für gut oder böse, sondern, wie es Paulus im 1. Kapitel des Römerbriefes sagt: Gott hat ihn an den Unverstand des Sündigens ausgeliefert. Das Problem der Sünde ist wie beim Götzendienst die falsche und zum Unheil führende Orientierung, die irrtümliche Wertwahl (Paulus spricht mit Genesis 3,13 und dessen frühjüdischer Auslegung von »Betrug«) und damit eine Hinordnung auf unheilvolle Abhängigkeit.

Die Sünde als Sklaverei

Wenn Paulus dann (in Römer 7) die Sünde als Herrin im eigenen Leib darstellt, als »Untermieterin, die die Führung des Hausstandes an sich gerissen hat«, dann wird Sünde gerade nicht als Resultat einer Entscheidung in Freiheit dargestellt, sondern als Abhängigkeit. Vielmehr ist die Freiheit, von der die Moralphilosophen sprechen, überhaupt erst das

Ergebnis der Erlösung. Die Abfolge von Römer 7 und Römer 8 macht deutlich: Erst der durch Jesus Christus befreite Mensch kann dem Zwang zum Sündigen entgehen. Erst der so »aufgebaute« Mensch ist fähig, ermahnt zu werden. Das aber bedeutet: Die Tyrannei unter der Sünde zuvor und auch die Erlösung durch Jesus Christus spielen noch im vormoralischen Feld. Auch bei der Rede von der Sünde selbst also ist Paulus sehr zurückhaltend mit moralischer Beurteilung. Die Einbettung der Sünde in Vormoralisches ist so umfassend, daß es gewissermaßen erst »sehr lange dauert«, bis man mit Paulus dort angelangt ist, wo wir von gut und böse sprechen. Das Ergebnis der Befreiung durch Jesus Christus ist nicht die »Sündlosigkeit« der Christen, sondern daß sie nicht mehr zwangsläufig sündigen müssen.

Die Sünde als Sucht

Man kann die Sünde des Menschen wohl kaum zutreffender als mit dem modernen Wort »Sucht« beschreiben. Mit einer Sucht hat sie folgendes gemeinsam:
– Der erste Schritt ist freiwillig, alles andere ist Sklaverei und Tyrannisiertwerden. Der erste Schritt ist freiwillig, alle anderen nicht mehr. Den ersten, noch freiwilligen Schritt schildert Paulus, was den Kosmos angeht, in Römer 5,12, und was den einzelnen betrifft, in Römer 7,8–11. Die Folge des ersten Betrugs der Sünde ist dann, daß die Sünde im Menschen dort herrscht, wo er handelt, nämlich in seinen Gliedern. Paulus schildert besonders in Römer 7 den Widerstreit zwischen Wollen und Tun, der unter der Herrschaft der Sünde besteht. Die Sünde ist der eigentliche Sünder (7,13), sie tyrannisiert und lähmt den Willen. Die Bindung an die Sucht ist Bindung an eine Tyrannei.
– Wer die alte Tyrannei (der Sünde/der Sucht) beenden will, muß sie durch strenge neue Verbindlichkeit ablösen. Paulus nennt diese neue Verbindlichkeit »Dienst gegenüber der Gerechtigkeit« und schildert sie in Römer 6,12–23.

212

– Es besteht ein direkter Zusammenhang mit der Sinnfrage. Wenn der Mensch keinen Sinn findet, wird er sündig – das wurde oben dargestellt. Ähnlich kann es bei der Sucht sein.

– Der Mensch bleibt verantwortlicher Täter auch in der Sucht. Charakteristisch für die Sucht ist, daß der Süchtige selbst dabei immer auch handelt. Er ist nicht nur passiv der Getriebene. Auch nach Paulus handelt der Sünder und wird zur Rechenschaft gezogen, obwohl die Sünde in ihm Subjektfunktion eingenommen hat.

– Die Sucht zielt, solange sie währt, auf den Tod. Sucht stellt sich dar als ein Prozeß, der zunehmend intensiver den Verfall bewirkt und beschleunigt. – Paulus sieht – anders orientiert – die Sünde als einen zielgerichteten Sog, der in den Abgrund reißt. Der Tod ist für ihn nicht nur der physische Tod, sondern das Ausgelöschtwerden überhaupt. Weil das so ist, deshalb stellt sich die Situation so ernst dar.

– Die Sucht gaukelt ein Scheingut vor. Die Sünde betrügt den Menschen, weil sie Leben verheißt, aber Tod bewirkt (Römer 7,11).

– Die Sucht wirft den Menschen auf sich selbst zurück. Isoliert kämpft er einen geradezu verzweifelten Kampf. Dramatisch kommt das im Übergang von Römer 7,25b zu 8,1 zum Ausdruck. Für sich genommen kann der Mensch der Sünde nicht entrinnen. Daher ist die aussichtslose Spaltung zwischen Wollen und Tun erkennbar am *ich für mich selbst* (Einzahl!) in 7,25b. Die Erlösung dagegen besteht darin, daß viele oder alle *in Christus* sind (8,1), befreit aus der Vereinzelung. Schon direkt zuvor hatte Paulus von der Vernichtung des Sündenleibes (6,6) und von der Befreiung aus der Verurteilung durch das Gesetz durch Zugehörigkeit zum Leib des Christus (7,4) gesprochen. Mit »Leib« meint Paulus hier offensichtlich die jeweilige soziale Zugehörigkeit des Menschen entweder zur Sünde oder zu Christus.

– Die Sucht richtet sich an die für die Vitalität wichtigen Instinkte des Begehrens. Die Sucht setzt nicht beliebig an, sondern an der Fähigkeit, genießen zu können, die für die

Erhaltung des Lebens grundlegend ist. Von daher nimmt sie auch ihr scheinbares Recht. Paulus nimmt auf das »Begehren« des zehnten Gebotes Bezug, das ein ungeordnetes, der Führung durch die Ratio sich entziehendes Begehren ist.

– Der Zusammenhang von Sünde und Sucht ist auch in unserer Sprache geläufig, etwa wenn wir von Habsucht oder Ehrsucht reden.

– Der entscheidende Akt der Therapie ist, den Süchtigen überhaupt wieder soweit aufzubauen, daß er entscheidungsfähig ist. Und umgekehrt besteht zwischen Neigung zur Sucht und systematischem gesellschaftlich oder sonstwie gut gemeintem Abbau der Entscheidungsfähigkeit ein enger Zusammenhang. – Jesus Christus versetzt den Menschen in die Möglichkeit, sich entscheiden zu können, weil er zum einen selbst die Sünde verurteilt hat, indem er in ihrem Herrschaftsbereich erschienen ist, und zum anderen das Wollen des Menschen durch den Heiligen Geist steuert.

Die Sünde und die Frage nach dem Bösen

Wir hatten das Böse bestimmt als alles das, was die Ordnung des Lebens zerstört. Weil die Ordnung des Lebens auf Gott als den Schöpfer weist, hat das Böse etwas mit Gott zu tun. Das gilt auch von der Sünde, die die Aneignung des Bösen durch den Menschen ist.

Sünde ist daher in der Schöpfung wie ein Sog in Richtung Tod. Im Bild: Gott wäre wie eine Quelle, der Wasser entströmt, der Quelle gegenüber wäre ein Abflußloch, das genau dieses hervorströmende Wasser in sich hineinschluckte. Die Sünde ist daher der Sog, der Gottes Schöpfungswerke wieder vernichtet, indem er sie in den Tod überführt.

Sünde ist damit der Richtung, der Stoßrichtung der Schöpfungskraft Gottes entgegengesetzt. Wo Gott Leben will, will sie den Tod als dessen Negation. Sünde ist nicht mit dem Tod identisch, aber sie ist der Strudel in Richtung Tod, wie auf einen Gully hin, der das Wasser der Regenrinne in sich verschluckt. Sünde ist daher eine äußerst konsequente Richtung, die Geschöpfe einschlagen können.

Diese Auffassung ist nicht nur bei Paulus gegeben, sie ist offenbar weiter verbreitet frühjüdisch. Denn von hier aus ergeben sich direkte Konsequenzen für die Sündenvergebung.

Gott allein kann Sünden vergeben (Markus 2,7). Das entspricht der anderen Aussage, nach der Gott allein Tote erwecken kann. Deshalb weist es sicher auf Gott, wenn Jesus von den Toten auferweckt wurde, und es weist auf göttlichen »Anspruch«, wenn jemand Sünden zu vergeben behauptet. Die Evangelien zeigen, daß beides, Totenerweckung und Sündenvergebung, von Jesus geleistet wird. Beides geschieht im übrigen auch auf gleicher Basis: Jesu Wort, durch das er dieses bewirkt, wirkt wie Gottes eigenes Schöpfungswort selbst. Jesus hat offenbar an ihm Anteil.

Denn Tote erwecken kann nur der Schöpfer selbst, der Totes lebendig macht und Nicht-Seiendes als Seiendes ruft (Römer 4,17), eben mit seinem Wort. Und genauso kann nur der Schöpfer mit seinem Wort die Schuld aufheben, die ja eine Wirklichkeit ist. Das bedeutet: Wer Sünden vergibt, kann dies nur in der Vollmacht des Schöpfers selbst tun. Daß es sich so verhält, darauf weisen auch Worte hin, nach denen die Gemeinde, die sich einig ist, eben nicht nur Sünden vergeben, sondern mit ihrem Wort auch Berge und Bäume versetzen kann, typische Schöpfungsleistungen also. Es geht daher um dieselbe magische Vollmacht. Wenn man zur Beseitigung der Sünde Schöpfermacht braucht, dann besagt das Entscheidendes auch über die Sünde selbst.

Denn wie Totenerweckung Wiederherstellung versehrter Schöpfung ist, ebenso ist Sündenvergebung die Re-Installation zerstörter Schöpfungsordnung. Und Sünde war ja, wie wir sahen, die Tendenz, Schöpfung zunichte zu machen. Sündenvergebung unterbricht daher die zielsichere Richtung auf den Tod hin und kehrt sie um. Der Schöpfer greift ein und hebt die Energie, den Sog in Richtung Tod auf. Das geschieht – wie die Schöpfung – durch ein Wort. Von daher gehören Sündenvergebung und Heilung im Neuen Testament zusammen, und deshalb heißt es auch nach der Begegnung Jesu mit der Sünderin in Lukas 7,36–50 wie nach einer Heilung: »Dein Glaube hat dir geholfen.«

Der Kern der Sünde betrifft also die Schöpfung. Die Sünde ist wie eine Erdspalte, die das Quellwasser der Schöpfung verschluckt. Sündenvergebung ist dann sanierte Schöpfung. Paulus hat das begriffen, indem er in Römer 8,19–22 die gesamte Schöpfung teilhaben läßt an der Befreiung von der Sklaverei, die am Ende durch die Sünde des Menschen herbeigeführt worden war.

Daraus ergibt sich: Sünde ist Verletzung der Schöpfungsordnung. Erst hier ergibt sich auch ein erster Zusammenhang mit der Moral. Denn auch Gut und Böse haben nach Auffassung des Judentums ihren Maßstab in der Schöpfung selbst. Sie ist das große Staatenwesen (Politeia) Gottes – so faßt es das hellenistische Judentum auf –, und die Torah des Mose ist die schlechthin ideale Verfassung für diese Politeia.

Die Aufhebung der Sünde

Nicht nur durch das vergebende Wort wird Sünde aufgehoben, sondern auch durch den stellvertretenden Tod Jesu Christi. Er ist der Gerechte, aber er ist auch der Schöpfungsmittler. Beides steht in engem Zusammenhang. Denn als der Gerechte stellt er die Ordnung in Person dar, durch die die Welt geschaffen wurde. Die Griechen würden sagen: Er ist wie das lebendige Gesetz in Person (griech.: *nomos empsychos*).

Wenn Gott die Sünde auf ihn schiebt, dann begegnet kein gewöhnlicher schwacher Mensch der Sünde in Potenz, sondern der Schöpfungsmittler[8], also ihr stärkster Widersacher.

---

[8] Vgl. dazu 1 Korinther 8,6 und K. Berger, Theologiegeschichte des Urchristentums, 2. Aufl. 1995, § 125–133 (»Die alte Logoschristologie«).

Diese Begegnung vollzog sich bereits durch die Sendung Jesu auf die Erde. Schon damit wurde die Alleinherrschaft der Sünde gestört und durchbrochen.

Im Rahmen der frühchristlichen Theologiegeschichte ergibt sich folgendes interessante Bild: Nach den synoptischen Evangelien (und wohl auch nach Johannes, vgl. 20,23) geschieht Sündenvergebung durch das vollmächtige Wort Jesu und der Jünger. Nach Paulus ist Jesus als der Schöpfungsmittler in bestimmter Hinsicht das Schöpfungswort selbst, so auch nach Johannes 1,1–3. Gemeinsam ist allen diesen Ansätzen: Durch Gottes Schöpfungswort werden Sünden vergeben. Bei Paulus und auch bei Johannes ist dieses Wort durch »Identität« an die Person Jesu gebunden.

Die Sünde und die Gemeinde

Sünde ist für die frühen Christen nicht in erster Linie ein Einzelvergehen eines einzelnen Menschen, sondern sie zeigt Züge, die weit über den Einzelmenschen hinausgehen. Sie betrifft den »falschen Kontext«, in dem der Sünder überhaupt steht, den unheilvollen Raum außerhalb Gottes. Daher werden die »Heiden« auch »die Sünder« genannt. – Insofern ist Sünde auch der »Gerechtigkeit« entgegengesetzt. Denn Gerechtigkeit ist die angemessene Existenzweise, in der Gott und Mensch zusammenleben sollen.[9] Zusammenleben in Gerechtigkeit überbietet bloßes Existieren, ist die Krönung des Schöpfungswerkes. Sünde ist daher im besonderen jede Unterbrechung der Gerechtigkeit, jedes Verlassen dieser heilvollen Sphäre des Miteinanders. Wenn »Sünde« und »Gerechtigkeit« die eigentlichen Oppositionen sind, dann ist Sünde primär als asoziales Verhalten zu bestimmen. Gerechtigkeit ist dann freilich nicht an einem Tugendsystem orientiert, sondern hat ihren Maßstab in sich selbst, im gelingenden Miteinander von Gott und Mensch. Und Sünde ist jedes

[9] Vgl. dazu K. Berger, ibid., § 340

Zerstören von Gemeinschaft. Daher hat es einen Sinn, wenn Paulus in 1 Korinther 3,17 dem, der die Gemeinde (durch Spaltung) zerstört, das endgültige Gericht Gottes androht.

Anhand der frühjüdischen und der frühchristlichen Rede von der »unvergebbaren Sünde« oder der »Sünde zum Tode« kann man erkennen, daß diese jeweils wirklich gravierende Sünde den Sünder außerhalb des heilvollen Verbandes der »Gemeinde« stellt. Das heißt umgekehrt: Als eine derartige Sünde wird jeweils die Preisgabe dessen bezeichnet, was für die jeweilige Gruppe und ihren Bestand grundlegend wichtig ist

Im 1. Johannesbrief ist es die zum Tod führende Sünde, wenn man seinen Bruder nicht liebt. Auch hier steht die Gemeinde vor uns als ein Kreis, dessen Unversehrtheit im Sinne strikter gegenseitiger Liebe mit der Bedingung des Heils gleichbedeutend ist. Ekklesiologie und Liebesgebot fallen daher hier zusammen, die Grenzen der Gemeinde sind die Grenzen der Liebe. Auch nach anderen frühchristlichen Dokumenten ist die Realisierung von Liebe und Vergebung unter den Gemeindegliedern geradezu automatische und insofern wiederum »magische« Voraussetzung dafür, daß Gott seinerseits auch deren Sünden vergibt. Alles liegt an der Einheit der Gemeinde. Ist ihr Binnenraum geschlossen, so ist er auch strikt frei von Sünde, da Gott dann jedes Gebet um Sündenvergebung erhört.

Sünde gewinnt von daher für die frühen Gemeinden (so aber auch noch für das Matthäusevangelium) eine besondere Qualität: Sie ist Verletzung der heiligen Integrität des Gemeindeverbandes und zerstört dessen Kraft. Deshalb muß jede solche Sünde mit Ausschluß geahndet werden. Und umgekehrt ist gerade am Matthäusevangelium zu erkennen: Als von Jesus gestifteter Bund hat die Gemeinde die Vollmacht zur Sündenvergebung.[10]

Paulus stellt sich – ähnlich wie Lukas 16,13 *(Ihr könnt nicht*

---

[10] Vgl. K. Berger, ibid., 736.

zugleich Gott dienen und dem Mammon) – Gott und Sünde
als Gebieter vor. Man ist entweder dem einen oder dem anderen untertan. Und ähnlich wie für den Bereich Gottes gilt
für den Bereich der Sünde ein besonderer Zusammenhang
von Tun und Ergehen, ein spezielles Verhältnis von Tat und
Folge. Dieses führt im Bereich Gottes zum Leben, im Bereich der Sünde zum Tod. Zugrunde liegt die Metaphorik
des Sklaven im antiken Haus: Jeder Sklavendienst hat seinen Lohn. Sünde ist Tat und Tatfolge zugleich. Denn der
Mensch steht jeweils in einer Sphäre des Heils oder Unheils.
Das bedeutet grundsätzliche Zugehörigkeit. Sünde ist in
diesem Sinne das sichtbare Zeichen der Zugehörigkeit zum
Unheilsbereich. Wegen dieses Sphärencharakters der
Sünde (und der Gerechtigkeit) gibt es auch keinen Unterschied zwischen »Sünde« und »Schuld«.

Die Sünde und die Vollendung der Schöpfung

Paulus sagt über Adam, durch ihn sei *die Sünde in die Welt
hineingekommen.* Gab es sie also vorher außerhalb der
Welt? Diese Frage ist nicht zu klären und wird zu beantworten sein wie die Frage nach dem Ursprung des Bösen. Aber
man kann mit Paulus sagen, daß Sünde durch Zusammen-
wirken mehrerer Faktoren »in die Welt gekommen« ist.
Diese Faktoren waren:
– Der Mensch, geschaffen als »Fleisch«, ist damit verführbar, schwach und sterblich.
– Seine Vitalinstinkte haben alle mit »Lust« zu tun, so daß
diese lebenserhaltend wird. Wenn diese Instinkte aus dem
Lot geraten, maßlos und zum verbotenen Begehren werden, so scheint es sich zunächst um etwas Lebensfreundli-
ches, Lebensbejahendes zu handeln. Alle Sünde entsteht daher unter dem Vorwand, daß dem Menschen Lebensqualität
geschenkt wird.
– Die Sünde ist eine Betrügerin, die Scheinwerte vorgau-
kelt, hier: Leben(squalität).

– Gottes Gebot/Gesetz verbietet das Begehren; denn das zehnte und letzte und daher wichtigste Gebot lautet: *Du sollst nicht begehren.*

– Das Gesetz spricht die Todesstrafe über jeden aus, der es (in wichtigen Punkten) nicht oder nicht ganz tut (5 Mose 27,26, zitiert in Galater 3,10).

– Gott hat den Messias noch nicht gesandt, den pneumatischen Menschen, mit dem er die Schöpfung vollendet (1 Korinther 15,51f).

– Gott hat den Menschen verstockt, weil dieser Geschaffenes statt seiner angebetet hat, und ihn damit dem unverständigen Sinn ausgeliefert, der den Menschen so leicht dem Betrug der Sünde auslieferte.

– Der Tod ist der Gully, der das Wasser des Lebens in sich verschluckt.

Zwar hat Paulus deutlich gemacht, daß der Mensch verantwortlich ist für alles, was Unheil und Tod bedeutet (auch in der unbelebten Schöpfung, vgl. Römer 8). Dennoch ist es nicht seine Absicht, den Menschen ständig als schuldig hinzustellen. Das unterscheidet ihn von modernen Moralisten, die erst zufrieden sind, wenn sie Menschen ob ihrer Schuld »betroffen gemacht« haben. Bei Paulus fehlen ausdrückliche Schuldzuweisungen vielmehr ganz. Das liegt auch daran, daß Gott selbst in das Unglück verwickelt zu sein scheint. Denn in Wahrheit möchte Paulus wohl darstellen, daß die Zeit vor Jesus Christus im ganzen eine Unheilszeit war und daß jetzt die Chance besteht, in eine neue Sphäre, in einen anderen Zusammenhang von Tun und Ergehen einzutreten. Eben aus diesem Grund haben wir oben die enge Verquickung von Sünde und Gemeinde betont, um zu zeigen: Hier entsteht immer eine Art Gewebe. Und Paulus möchte für das neue Gewebe werben, er fordert vehement dazu auf, in diesen neuen Bereich einzutreten.

Erst mit Jesus Christus wird das »alte Modell« Mensch nach der Art Adams abgelöst durch den neuen Menschentyp, der nach der Art Jesu mit heiligem Geist (Pneuma) gewirkt ist. Paulus läßt keinen Zweifel daran, daß sich erst so die Schöpfungsgeschichte der Bibel ganz erfüllt.

Das heißt: Erst jetzt, mit den neuen Menschen nach Jesu Christi Bild, wird die Schöpfung wirklich vollendet. Wenn das so ist, dann wird nochmals deutlich, daß es Paulus nicht auf Schuldzuweisungen für die Vergangenheit ankommt. Denn alles liegt daran, daß jetzt die neue Zeit begonnen hat. Darauf will er weisen. Alle Nicht-Christen mahnt er nur, die Zeichen der Zeit nicht zu übersehen.

Warum Gott erst die schwache und dann die durch den Heiligen Geist stärkere Schöpfung in die Welt setzte, ist sein Geheimnis. Aber man kann eine Ahnung einer Antwort bekommen, wenn man Schöpfung nicht als Totalverursachung, sondern als allmähliches Durchsetzen der Herrschaft Gottes gegen das Lebensfeindliche auch auf Erden versteht. Ähnlich hat Gott zunächst nur Israel erwählt und dann erst das Evangelium der ganzen Menschheit zukommen lassen. Auch hier geht es um einen (langsam voranschreitenden) Prozeß.

Das bedeutet: Wir unterscheiden zwei Auffassungen. Nach der ersten wird mit der Sünde die Ordnung der Schöpfung verletzt; durch Sündenvergebung wird sie wiederhergestellt. Nach der zweiten Auffassung, wie wir sie in 1 Korinther 15 finden, beginnt die Welt gerade nicht mit einem Ideal-Zustand, sondern mit einem Schwach-Zustand. Diese Schwäche besteht darin, daß der Mensch durch Täuschung verführbar und sterblich ist, daß er eine Neigung dazu hat, Scheingütern zu folgen, die ihm »schnell« »Leben« bringen sollen. Er kann nicht warten, hat keinen Sinn für Gottes eigenen Terminkalender. Daß der Mensch dem Schein folgt, liegt vielleicht wirklich daran, daß er in seiner Hinfälligkeit meint, keine Zeit zum Warten zu haben.

In der späteren Theologie hat man diesen Ansatz des Paulus oft vergessen, sprach vom Paradies als dem idealen Urzustand und fragte, wie lange diese schöne goldene Zeit gedauert habe. Mit dieser Rede vom paradiesischen Urstand ist man dem von Paulus abgelehnten Modell gefolgt. Dieses Modell orientiert sich am platonischen Gedanken der vollkommenen Ur-Idee. Unser Geschichtsbild ist ganz maßgeblich davon beeinflußt, von der Vorstellung, daß am Anfang alles gut gewesen und dann auf rätselhafte Weise verdorben worden sei. Paulus schon hat dieses Bild im Blick auf Jesus Christus in 1 Korinther 15,46 *(Aber zuerst gab es nicht das Vollkommene aus Gottes Geist, sondern das Unvollkommene, in dem nur schwaches Leben war)* umgekehrt: Am Anfang stand die unvollkommene und schwache Welt. Erst mit Jesus Christus, dem zweiten Adam, wird diese durch die eigentliche und vollkommene Schöpfung abgelöst. Wenn Paulus das Vollkommene ans Ende setzt, dann wird all unsere Sehnsucht zu Hoffnung und muß nicht schmerzliche Nostalgie sein. Dem Vollkommenen müssen wir nicht nachtrauern, denn es kommt erst.

Auf Paulus zu hören bedeutet daher eine kleine Revolution unserer üblichen Vorstellungen über »das Böse«. Denn wenn »das Paradies« nicht am Anfang stand, sondern erst für das Ende und als Ziel verheißen ist, dann bedeutet das: Das Böse muß nicht als rätselhafte Verschlechterung irgendwie erklärt werden. Sondern das Unvollkommene wird durch das Vollkommene abgelöst. Und es bedeutet: Statt Ursachenforschung gilt Hoffnung.

Konkretion
Gott und die Zeit (Meditation)

Ist Gottes letztes und wahres Geheimnis die Zeit? Daß er Erlösung, Vollendung der Schöpfung nicht von Anfang an, sondern erst mit Jesus Christus gewollt und gewirkt hat?
Und ist, dem entsprechend, des Menschen eigentliches und wahres Ungenügen die Ungeduld? Wird daran der Abstand zwischen Gott und Mensch sichtbar? Der Mensch meint nicht warten zu können auf das, was Gott ihm reichlich und gerne geben will, doch zu *seiner* Zeit.

Weil der Mensch nicht warten kann, liebt er das »schnelle Glück«, das aber leider Betrug und Scheinglück ist.

Kommt dies daher, daß der Mensch weiß, daß er sterblich ist und deshalb keine Zeit hat? Stammt daher die Hektik des Genießens? Ist dann die eigentliche Sünde zusammengeflossen aus Sterblichkeit, Genießen und Mangel an Zeit?

Aber Gottes Zeitplan und die menschliche Ungeduld stehen einander nicht starr gegenüber. Laut Auskunft der Bibel ist Bewegung in dieses schwierige Gegenüber gekommen: Gott will sich bitten lassen, er läßt mit sich reden. Und im gleichen Atemzug kann sich der Mensch zu Geduld hin bekehren.

Aus eben diesem Grund steht in der Mitte paulinischer Mahnrede die »Geduld«. Sie vermittelt zwischen Leiden und Herrlichkeit. So heißt es nach Römer 5,3–4: *Bedrängnis wirkt Geduld, Geduld bewirkt Bewährung, die Bewährung aber erringt das Gut der Hoffnung.* Eine einzigartige Vermittlerin zwischen den Zeiten.

Doch wir wissen auch, wie häufig Menschen die Geduld der anderen dazu mißbraucht haben, aus dem Christentum eine Vertröstungsreligion werden zu lassen. Wir haben Menschen mit etwas vertröstet, was wir direkt und sofort selbst hätten leisten müssen.

Darf Gott uns so lange warten lassen und vertrösten? Er ist der Herr der Zeit. Die Gebete, an ihn gerichtet, sprechen eine eindeutige Sprache: »Herr, wie lange noch?« – »Unser Herr, komm« (Maranatha) – »Komm, Herr Jesus!«

Die Rede von der geheimnisvollen Zahl der Gerechten, die erst voll werden muß, bevor das Ende kommt, wird im frühen Christentum auf die Zahl der Märtyrer gedeutet. Auch hier geht es um die Vollendung der Zeit. Wann ist die Zahl voll? Und Zahlen und Zeiten sagen hier – wie auch sonst – nichts anderes als dies: Wann das Ende kommt, das ist nicht nur Sache Gottes, sondern auch der Menschen, die ernstlich umkehrten, »gerecht« sind. – So liegt »es« nicht nur an Gott, sondern auch an den Menschen.

Ist nicht der Märtyrer gerade in diesem Sinn das Gegenbild

des Sünders? Auch das Martyrium kreist um die Frage nach der Zeit. Denn der Märtyrer verschenkt die Zeit seines Lebens. Und nicht nur er. Ist dies das Geheimnis der Zeiten, daß Gott die Zeit verkürzen wird, wenn es ein paar Menschen gibt, die um Gottes willen ihre Tage verkürzen lassen? Meint das der Seher Johannes, wenn er auf die Frage *Wie lange noch?* die Antwort geben läßt: *eine kurze Zeit, bis daß ihre Zahl* (die der Märtyrer) *voll ist* (6,10f)? Meint das die Apostelgeschichte, wenn Petrus mahnt: *Kehrt um..., damit die Zeiten des Aufatmens kommen* (3,19f)? Wird darin nicht symbolisch zum Ausdruck gebracht: Jawohl, ihr Menschen habt Anteil an der Vollendung der Welt? Ist das nicht eine Ermutigung zum Schenken, die wir dringend brauchen? Neben der »Gerechtigkeit« derer, die mitwirken, steht das Beten derer, die mit Gott ringen (Lukas 18,1–8).

Überwindung der Sünde, indem wir Zeit schenken.

Es gibt auch frühchristliche Theologen, die sagen: Daß es noch dauert, liegt daran, daß Gott uns noch Zeit schenkt, in der wir umkehren können.

Wenn Sünde Zeit-Raffen und Zeit-Überspringen ist, dann besteht Erlösung in einem Spiel des Zeit-Schenkens.

Die Sünde und der Tod

Zwischen Tat, Schuld und Ergehen besteht ein enger Zusammenhang. Sünde ist die »Sucht zum Tode«. Die »Strafe« kommt nicht zusätzlich hinzu, sondern ist Teil des Phänomens. Dennoch verbindet die Bibel auch die Strafe mit Gott. Gott selbst haftet für die »Ordnung« in der Welt. So bleibt es – im Guten wie im Bösen – keine anonyme Ordnung. Vor allem aber kann Gott durch die Propheten und Repräsentanten, die er sendet, persönlich auf die Folgen warnend hinweisen – und er vermag zu vergeben.

Wichtig ist für das Frühjudentum und das Neue Testament, daß der eigentlich gefährliche Tod nicht der biologische, sondern der »zweite« Tod ist, der Verlust des Selbst.

Die Geschichte zwischen Gott und Mensch ist kein geradliniger Weg. Gott hat mit seinem Handeln, zum Beispiel mit der Gabe des Gesetzes, das Böse einerseits indirekt verstärkt (Römer 5,20f), andererseits aber antwortet seine Gnade gerade auf ein Übermaß von Sünde und Schuld. Durch beides ist die Geschichte zwischen Gott und Mensch nicht einfach eine Geschichte der Moral, in der Gottes gute Taten den schlechten Taten der Menschen gegenüberstehen. Und das Böse muß, rein moralisch gesehen, auch nicht überboten werden. Sondern in Wahrheit tritt in der Geschichte das moralische Urteil zurück gegenüber einem Gesamtsinn. Auch Böses und Dunkles sind Wege Gottes, sind für Gott wie Ton in der Hand des Töpfers. Auch hinter den dunkelsten Wolken verläuft die Spur seines Weges. Denn das Neue, das Gott in Jesus Christus wirkt, ist so überwältigend, daß es die Kategorien Gut und Böse übersteigt.

V Ausblick

Die glückliche Schuld Adams

Der Kirchenvater Aurelius Augustinus (gest. 431) hat als erster den Begriff der »glücklichen Schuld« (lat.: *felix culpa*) geprägt und damit folgendes gemeint: Die Sünde mit allen ihren Folgen (Tod) ist unleugbare Schuld und *das* Unglück der Welt. Alle sind der Sünde und dem Tod radikal verfallen. Aber all dieses wahrhaft Entsetzliche war für Gott der Anlaß, die Erlösung in Jesus Christus zu »veranstalten«. Dadurch wird das Entsetzliche nicht weniger entsetzlich, aber es war Anlaß und Voraussetzung für ein Geschehen, das noch weitaus unfaßlicher ist und das Sünde und Tod mehr als wett macht. Denn es wird nicht nur ein Ausgleich geschaffen, eine Wiedergutmachung, sondern die Erlösung ist der Schritt, der über alles, was je zuvor war, auch über das Paradies am Anfang, weit hinausführt. Die Schuld Adams ist daher durch die Antwort, die Gott darauf gab, doch noch zu einer glücklichen Schuld geworden. Denn das, was nun nachher sein darf, ist weitaus herrlicher als das, was vorher je war. In der Liturgie kommt diese Auffassung zum Ausdruck im Loblied auf die Osterkerze auf dem Höhepunkt des Kirchenjahres, in der Osternacht. Da heißt es:»Ja wahrlich, geschehen mußte die Sünde des Adam, daß Christi Sterben sie sühne. O glückliche Schuld, gewürdigt eines Erlösers, so hehr und erhaben!«
Diese Auffassung fragt nicht danach, warum die Sünde in die Welt kam, sondern wozu das gut war. Denn im Lichte der Erlösung durch Jesus Christus sieht die ganze Weltge-

schichte mit einemmal anders aus. Wie oft hatte es in Texten des Frühjudentums geheißen: »O Adam, was hast du getan...!« Diese Klage ist jetzt durch den Jubelruf der Liturgie ersetzt.

Augustinus bewegt sich hier auf biblischer Linie, wie sie durch Paulus in Römer 5 vorgeführt wird. Der Ausdruck »glückliche Schuld« findet sich hier nicht, dafür aber dieser Gedankengang: Die Erlösung durch Jesus hat das, was Adam angerichtet hat, in jeder Hinsicht zum Guten hin überboten. Paulus endet mit dem Gedanken »Je mehr Sünde, desto mehr Gnade«. Da dies von Menschen leicht mißverstanden werden kann, die darin einen Freibrief zum Sündigen sehen könnten, korrigiert sich Paulus gleich anschließend (Römer 6,1: *Sollen wir bei der Sünde bleiben, um mehr Gnade zu bekommen? Keineswegs!*). Aber die Kühnheit des Gedankens bleibt bestehen.

Bei der Vervielfältigung der Sünde hat überdies das Gesetz selbst eine unheilvolle Funktion gehabt. Die der Gnade vorausgehende Herrschaft der Sünde beruhte auf den Faktoren der Schwäche und Suchtgefährdung des Menschen, der Eigenschaft der Sünde als Sucht und dem Verbot speziell des Begehrens durch das Gesetz. Dieser Zusammenhang ist hier nicht im einzelnen darzustellen. Wichtig ist aber: Sowohl durch die Erschaffung des Menschen als schwaches Wesen als auch durch die Gabe des Gesetzes, das den Menschen bei Übertretung zum Tode verurteilen kann, als auch insbesondere durch dessen Ausrichtung auf das Begehren, das dem schwachen Menschen besonders nahe liegt, hat Gott sich – modern betrachtet – zumindest mitschuldig gemacht, ist er indirekt Verursacher des Unheils, das den Menschen und die ganze Kreatur betroffen hat. – Doch gerade an diesem Punkt zeigt es sich, daß das moderne Verursacherprinzip auf den Gott der Bibel nicht anwendbar ist. Denn zum einen ist die Welt inklusive Mensch ja »gut«, und »gut« ist auch das Gesetz. Zum anderen wird an der Verantwortlichkeit und »Schuld« jedes einzelnen Menschen kein

Zweifel gelassen. Den Menschen hat der Tod als Sold der Sünde ja bereits getroffen. So hat alles Lamentieren über Gott keinen Sinn, wenn das Verhängnis doch den Menschen sichtbar trifft und wenn Gott ihm, ähnlich wie beim Gesetz, nunmehr väterliche Hilfe anbietet und ihn heilt, indem er ihn in die Kindschaft als Bruder oder Schwester Jesu Christi beruft. Entscheidend ist nicht die Frage der Verteilung der Schuld, sondern daß der Mensch die Chance ergreift, die jetzt geboten ist.

Uns mag es unverzeihlich erscheinen, daß die biblischen Autoren sich zur Frage der Mitschuld Gottes nicht weiter äußern – man muß ihnen zugute halten, daß sie daran nicht das geringste Interesse hatten. Die Bibel spricht von Sklaverei und von Rettung. Gott, Jesus und die Apostel kämpfen um die Menschen wie um das Leben von Patienten in einer Katastrophe. Was hilft da eine Theorie über den Ursprung des Bösen, wenn die Menschen so tief verletzt, so schwer verwundet sind, daß ihnen schnell geholfen werden muß! Der Zustand der Menschen ist besorgniserregend schlecht, sie gehen dem Tod entgegen. Jetzt zu theoretisieren, wäre soviel wie unterlassene Hilfeleistung. Der verwundete Mensch sollte das Angebot der Rettung dankbar annehmen.

Dieselbe nüchterne Antwort gilt auch für die ebenso theoretische Frage, ob die Menschen aus anderen Religionen selig werden können. Auch hierzu kann sich die Bibel nicht äußern, denn zu solchen Erwägungen bleibt gar keine Zeit. Innerhalb des begrenzten Horizontes, der dem Menschen zur Verfügung steht, hat er genug vor der eigenen Tür zu kehren. In beiden Fällen ist die Bibel auf überraschende Weise realistisch und konkret. Seit der Aufklärung verlangen dagegen die Europäer nach einer Gesamt-Theorie, in der nichts, auch nicht das Entfernteste, offen bleibt. Das ist ein großes Mißverständnis. Religion erschließt Zusammenhänge, ist aber keine Gesamt-Theorie aus der Sicht des Thrones Gottes. Die Neugier ist zwar verständlich, lenkt aber im Grunde nur ab von den konkreten und verbindlichen Beziehungen, in denen jeder Mensch steht. Vielleicht geht die Theorie der »glücklichen Schuld« in dieser Hinsicht schon einen Schritt zu weit, jedenfalls kommt das theologische Denken hier an eine Grenze.

Anthropologisch orientierte Deutungen: Das Böse als falsches Selbstverständnis oder als psychisches Phänomen

Insbesondere in der modernen Anthropologie denkt man über unser Thema ganz anders, und dies hat auch erhebliche Auswirkungen auf die theologische Diskussion gehabt. Zu nennen sind insbesondere die existentialtheologische Bibelauslegung und der Einfluß der Psychologie auf die moderne Seelsorge. Wir versuchen, diese beiden Gedankenkreise je für sich kurz darzustellen.

Das Böse als falsches Selbstverständnis: Die existentialtheologische Bibelauslegung argumentiert wie folgt: Schon aus der Sündenfall-Erzählung geht hervor, daß das Böse ein ganz bestimmtes, pervertiertes Selbstverständnis ist, das ein ebenso verkehrtes Welt- und Menschenverständnis nach sich zieht. So wird der Mitmensch jetzt (nach dem »Fall«) anders verstanden als zuvor, nämlich als verfügbares Es, nicht mehr als unverfügbares Du. Erlösung bedeutet einen Wandel dieses Selbstverständnisses: Man erkennt, wer man früher war, und weiß jetzt, wie sehr man sich früher selbst pervertiert hatte.

Deutlich wird: Hier ist nicht mehr die Rede von Gott, Teufel, Personhaftigkeit und Weltgeschichte, sondern nur von diesem oder jenem Selbstverständnis. Gott ist eigentlich nur noch eine Quelle, das »Woher« des neuen Selbstverständnisses. Der alte Vorwurf gegen diese Art der Auslegung, sie sei darin inkonsequent, daß sie nicht auch Gott selbst noch entmythologisiere, wird besonders an der Erörterung des

Bösen greifbar, wird doch Gott auf einen Punkt reduziert. Die Frage, wie Gott und das Böse sich zueinander verhalten, kommt hier deshalb gar nicht erst auf, da allein das erörtert wird, was am Menschen geschieht und an ihm beobachtet wird. Diese Einschränkung biblischer Aussagen auf das Raster einer philosophischen Anthropologie ist heute so wenig annehmbar wie zur Zeit ihres Entstehens vor fünfzig Jahren. Das Schweigen der Bibel über die Herkunft des Bösen, das, wie wir sahen, seine Gründe in einer grundsätzlich anderen Optik hat, wird in dieser Auslegung dahin mißverstanden, als wolle und könne die Bibel nur über das reden, was sich am Menschen ereignet. Der Verzicht auf angebliche »Metaphysik« bedeutet auch einen Verzicht auf die Aufarbeitung biblischer Fragestellungen.

Das Böse als psychisches Phänomen: Die psychologischen Fragestellungen kommen bei der Frage nach dem Bösen nicht nur tatsächlich, sondern auch programmatisch ohne die Rede von Gott aus. Denn das Böse wird in die Seele des Menschen verlagert, und diese ist ausschließlich in seinem Inneren gegeben. Außer Schuld und Angst werden auch »nicht integrierte Bereiche des Gefühlslebens« der Personen als wichtige Stichworte genannt. Die Frage wird gestellt, ob das Böse eine »Krankheit« ist. Die Ursachen des Bösen liegen in der Biographie des Kranken, gleich, ob diese eher individualistisch oder sozial gedeutet wird. Eine tiefere Begründung zum Beispiel der gemeinsamen Werte, die Therapeut und Patient verbinden, wird nicht gesucht.

Im Blick auf diese beiden Ansätze ist nochmals zu fragen, ob denn ein Vorteil darin besteht, wenn das Böse überhaupt mit der Frage nach Gott verknüpft wird. Denn angesichts der beiden anthropologisch orientierten Lösungsvorschläge scheint es so, als werde dem Menschen durch die Bibel hier zusätzlicher Ballast auferlegt, der in der Annahme völlig überflüssiger transzendenter Wesenheiten besteht. Wird das

Leiden des Menschen hier durch das Leiden an einer Dogmatik vergrößert?

Der biblische Gott ist nicht die Summe einer Theorie oder sinnreicher Methoden. Es ist Auffassung von Juden und Christen, daß der Mensch, der auf diesen Gott setzt, nichts Böses verschweigen muß und dennoch das eigene Dasein und die Weltgeschichte im ganzen als Zusammenhang begreifen und dazu noch dem menschlichen Handeln einen Ort zuweisen kann. Wie weit dieser Zusammenhang im einzelnen von den Menschen als sinnvoll einsehbar und begreifbar ist, sei dahingestellt. Doch scheint eine Deutung dann am wenigsten zur Konsequenz von Chaos und Hoffnungslosigkeit verurteilt, wenn sie mit einem Gegenüber rechnet, das Geheimnis ist und doch wie eine Person. Insbesondere an Jesus Christus wird der »Charakter« dieses Gegenübers anschaulich. Die Ahnung, daß dieses Geheimnis am Ende doch Liebe bedeutet, für uns ist und nicht gegen uns, ist ein konkurrenzloses Angebot.

Überwindung des Bösen
durch Versöhnung mit sich selbst

Wir fragen: Ist nicht die Annahme eines »großen Sinns« zu aufwendig? Ist nicht ein Sinnverzicht angebracht, die Beschränkung darauf, daß man mit der Welt und sich zufrieden sein kann und erträgt, was man nicht ändern kann? Wäre eine solche gelassene Anerkenntnis nicht Weisheit? Das große Ganze wäre dann nicht sinnlos, aber sinnfrei. Gibt es nicht ein Recht der nächsten Dinge vor den letzten?

Die Antwort: Das Produkt dieser verbreiteten »Versöhnung mit sich selbst« sind der moderne Individualismus, das Kreisen um den eigenen Bauchnabel, die Psycho- und Selbsterfahrungswellen. Die Welt voller Ungerechtigkeit kann aber nicht warten, bis alle mit sich selbst versöhnt sind. Und biblisch gesehen gewinnt man dann sich selbst, wenn man sich verliert, sich riskiert in leidenschaftlicher Gerech-

tigkeit und radikaler Liebe. Für das Neue Testament ent-
scheidet sich das Ganze gerade am Kleinsten und scheinbar
Unwichtigsten.

Das Böse als Frage der Moral

Der Gott der Bibel ist der Lebendige, der Leben schenkt
und der – so die Sicht des Frühjudentums – in Schöpfung
und Torah die Lebensordnung der Welt festgelegt hat. Von
daher kann man, wie wir gesehen haben, das Böse als Zerstörung dieser Lebensordnung verstehen. – Im Gegenzug
gegen eine unreflektierte Aufklärung kann ich das sogenannte Böse weder in erster Linie moralisch noch überhaupt unpersönlich auffassen. Beides richtet sich gegen eine
massive herrschende Strömung in den Großkirchen, besonders der evangelischen, das Christentum ausschließlich von
Vernunft und Moral her zu bestimmen.

Moral betrifft gerechtes oder ungerechtes Handeln oder
Selbstverständnis. Dabei ist bei allen Menschen der Wille am
Werk. So spricht man von einer anthropologischen Größe.
Das Böse ist jedoch weitaus umfassender. Denn es reicht
hinab in die Tiefe von Sucht, Zerstörung der Schöpfung, Ver-
stockung und Tod. Ähnlich ist auch »Sünde« zu begreifen.

Den klarsten Beweis dafür, daß das Böse oder auch die
Sünde – jedenfalls in der jüdisch-christlichen Tradition –
nicht nur ein moralisches Phänomen ist, liefern wichtige
Traditionen der Bibel, wonach eine Beseitigung des Bösen
nicht oder nicht nur auf moralischem Weg möglich ist, etwa
durch veränderte Motive, durch bloßes Wollen oder neue
Ideale. Vielmehr bedarf es dazu – und an dieser Stelle unterscheiden sich verschiedene Entwürfe – kultischer Aktionen.
Diese führen zur sogenannten »Sündenvergebung«.

Diese Vergebung der Sünden geschieht entweder durch
Stellvertretung vor Gott oder durch einen Gnadenerlaß auf
der Basis der Schöpfermacht Gottes, die Geschehenes
nichtgeschehen machen kann. Selbst dort, wo moralische

Aktionen wichtig werden, wie etwa in der weisheitlichen Auffassung, daß Almosen oder Liebe »Sünden zudecke«, ist das Zudecken kultisch-rituell gedacht. Denn die Masse, mit der Befleckungen bedeckt werden (zum Beispiel Blut am Versöhnungstag), absorbiert diese Flecken auch.

Wir halten fest: Sünde ist nicht primär etwas Moralisches, sie ist Existenz außerhalb des heilbringenden Bereiches Gottes (Ziel: Tod, Identitätsverlust), daher Verbindung von Götzendienst und Sünde, daher Verknüpfung von Verstockung und Sünde. Biblisch gesehen ist die Freiheit, von der die Moral(philosophie) spricht, überhaupt erst das Resultat der Erlösung: Erst der in Christus Befreite hat die Wahlfreiheit, muß nicht mehr sündigen. Sünde ist in der Schöpfung wie ein Sog in Richtung Tod und daher der Schöpfermacht entgegen. So werden Sünden auch in der Vollmacht des Schöpfers vergeben, und Jesus ist als Schöpfungsmittler Widersacher der Sünde.

Darüber hinaus begreife ich das Böse nicht als unpersönlich. Im Frühjudentum und im frühen Christentum wird das Böse eine selbständige Größe, dort, wo dualistisches Denken vordringt. *Dualismus* ist jede strikte Zweiteilung der Wirklichkeit (gut – böse; Licht – Finsternis; diese Welt – die kommende Welt). Die Wurzeln einer solchen Zweiteilung liegen vor allem auch in der Weisheit (Toren – Weise).

Aktuell wurde dieses Denken, weil das frühe Christentum als Bekehrungsreligion auftrat, denn jetzt ging es um den Kontrast von einst und jetzt, der oft wie der Kontrast von Licht und Finsternis dargestellt wurde. Die Verbindung von Religion und Dualismus ist ein exklusives Merkmal von Frühjudentum und frühem Christentum (Weisheit plus Intoleranz des Gottes Israels). Wichtig ist auch, daß die Bekehrung hier durchweg als Aufklärung gefaßt wird. Es war daher schon ein Ergebnis des antiken Dualismus, das Böse zu entpersonalisieren. Beides geht Hand in Hand und ist Merkmal eher der Bekehrungs- als der Volksreligion.

Der »Ketzer« Markion (Anfang 2. Jahrhundert) war konsequenter Vertreter des Christentums als Bekehrungsreligion. Denn er nahm zwei göttliche Prinzipien an, ein gutes und ein böses. Jede Personhaftigkeit geht Gott hier ab. Dieser Ansatz Markions (oder was man sich so zurechtlegt) ist in der liberalen Tradition deutscher Forschung besonders beachtet worden und auch in der Gegenwart noch aktuell. Denn alle Gleichsetzungen von Gott und Liebe haben hier ihren Ursprung. Das Anliegen dieses Buches ist es dem gegenüber, diesem Ansatz zu widerstehen und die Personhaftigkeit Gottes, nicht aber der »prinzipiellen Liebe« zu betonen.

Das Böse als Frage der Philosophie

Die Unterschiede zu einer philosophischen Erörterung der Frage, die uns beschäftigt, sind kurz zusammenzufassen: Ein Philosoph – jedenfalls aus der Schule kritischer Aufklärung – spricht als Philosoph nicht von Auferstehung, ewigem Leben oder ewiger Liebe Gottes, auch nicht davon, daß Gott wesentlich Erinnerung sei. Das alles sind mythische Kategorien, die nicht seine Sache sind. Dadurch erhalten das irdische Leiden und der irdische Tod einen anderen Stellenwert, oftmals im Sinne des »Letzten«.

Einem Philosophen ist, jedenfalls sofern er Philosoph ist, das Beten unmöglich. Denn dieser Akt und die ihn begleitenden Vorstellungen sind ein Abgrund von Anthropomorphismus. Dagegen hatten wir gerade das Gebet als *die* Antwort des Menschen auf Leid und Katastrophen angesehen. Da die Theodizeefrage wesentlich aus dem aufklärerischen Deismus kommt, dem auch die Vorstellung von der Personhaftigkeit Gottes zumindest äußerst verdächtig ist, fehlt schon die schlichteste Voraussetzung für das Gebet. – Da ferner Gottes Handeln, wie es die Bibel beschreibt, dem kategorischen Imperativ nicht unterworfen ist, ergeben sich gerade an dieser Stelle Verstehensprobleme, es sei denn, man überschreite die Grenzen der bloßen Vernunft.

Schließlich ist auf ein Mißverständnis hinzuweisen: Gerade

der Einfluß philosophischen Denkens auf die systematische Theologie hat zu dem geführt, was heute der Hauptanstoß der Philosophen (und nicht nur dieser) an dem Gottesbild der Theologie in Fragen der »Theodizee« ist. Im gottesdienstlichen Lobpreis der Christen wurden Prädikate wie »groß«, »mächtig« und vor allem viele Aussagen mit »all-« verwendet. Denn zum Lobpreis gehören Freude, Begeisterung und Überschwang. Wenn man nun aber diese Attribute nimmt und in einer systematischen Gotteslehre zweckentfremdet und verselbständigt, dann verlieren sie ihren ursprünglichen Wahrheitswert. Dabei ließ sich die systematische Theologie lange vom Ideal stimmiger philosophischer Definitionen leiten. Das hat sie in eine schwierige, ja unmögliche Situation gebracht. Was »wahr« sein kann, solange man *zu* Gott redet, wird schwierig, wenn man es wagt, *über* Gott zu reden. Hier hat, wie gesagt, der philosophische Einfluß die Dogmatik verführt.

WIE KANN GOTT DIESE KIRCHE ZULASSEN?

Kirche als geliebtes Gottesvolk

Das ganze Neue Testament läßt erkennen, daß die Kirche als Gemeinschaft von Menschen ungleich gefährdeter ist als die einzelnen Menschen, die sich immer viel leichter aus der Affäre ziehen können. Daher sagt schon Jesus, daß man dem einzelnen unendlich oft, siebzigmal siebenmal, vergeben soll, daß die Gemeinschaft dagegen vor jedem zu schützen ist, der ihr mutwillig auf der Nase herumtanzt.

Gerade weil sie so zerbrechlich und gefährdet ist, wird die Gemeinde zum Beispiel in Offenbarung 12,1 als so schön geschildert. Denn sie ist mehr als die Summe der mehr oder weniger unsympathischen Menschen. Gerade weil man ihr so leicht etwas anhängen kann, gerade weil jeder einzelne sich schnell mit hartem Herzen für unendlich erhaben halten kann gegenüber dem armseligen Haufen, gerade deshalb sagt Gott schon im Alten Testament, und er wiederholt es im Neuen, über dieses Gottesvolk: Dies ist meine erste und einzige große Liebe. Und eben deshalb wird sie hier als Summe aller Schönheit gezeichnet und untrennbar mit dem Messias zusammengedacht.

Wie leicht kann Gemeinschaft zerbrechen, wie leicht als der sozusagen letzte Verein geschmäht werden! Wie schnell addieren sich hier die Versäumnisse, wird aus der heiligen Braut des Lammes die infame und viel geschmähte Frau! Und weil in jeder Gemeinschaft der Langsamste das Tempo bestimmt, der Unfähigste den gemeinsamen Nenner, deshalb können wir so leicht sagen: Jesus ja, Kirche nein.

Aber wenn es stimmen sollte, daß Gott die Sünder annimmt, den glimmenden Docht nicht auslöscht, wenn der Heiland sich der miesen Geschäftemacher, der Zöllner und Huren voller Liebe erbarmt, dann eben auch und gerade der Kirche. Deshalb wird sie die geschmückte Braut sein, von der Gott sagt, er liebe sie über jedes Maß. Und aus diesem Grunde hat man schon im Judentum früh, wenn auch ohne exegetisches Recht, das Hohelied auf das Verhältnis Gottes zu Israel bezogen.

Die Kirche heißt im Neuen Testament die »Heilige«, einzelne Heilige gibt es hier noch nicht. Sie ist gegen allen Anschein die Krone der Schöpfung. Auf sie fällt im Widerschein der Glanz des Messias, denn für sie ist er da. Der Seher Johannes schildert uns das Gottesvolk so unüberbietbar herrlich, als wolle er damit jedem Versuch wehren, einen Keil zwischen Jesus und Volk Gottes zu treiben.

Es liegt nahe, diesen Keil treiben zu wollen. Aber wer das tut, hat die ganze Schrift gegen sich und hat nicht die Hälfte begriffen. Denn das unterscheidet den Messias von einem modernen Megastar oder Romanhelden: Er ist nicht einsam, sondern wird immer wieder »Sonne der Gerechtigkeit« genannt. Das heißt: Er schafft den Kitt zwischen den Menschen, er selbst ist dieser Kitt.

Immer wieder läßt sich beobachten: Fragen der Theodizee (Warum und wozu kann Gott Leiden zulassen?) verstecken sich oft hinter Unzufriedenheit mit »der Kirche«. Wo eigentlich Gott zu lange Geduld zu haben scheint, macht man »die Amtskirche« haftbar (und umgekehrt). J. B. Metz bemerkt zur »Kirchenkrise«: »Die Krise sitzt offensichtlich tiefer. Ich nenne sie ›Gotteskrise‹, und als solche hört sie auf, provinziell oder konfessionell zu sein, sie geht nicht nur die Kirchen an und nicht nur die Christen, sie wird gewissermaßen zur geistigen Signatur unserer Zeit. In ihr werden die Reformer gefragt, ob es für sie noch etwas gibt, das ihnen so ›heilig‹ ist, daß sie es sich auch vom modernen Diskurs ... nicht ausreden lassen wollen. Und was wäre das? Der Glaube? Der Glaube an einen Gott? Aber an welchen Gott? An einen Gott, der zu uns paßt? ... Es ist also allemal mit einem nicht passenden Gott zu rechnen, mit einem Gott..., der uns nicht nur jubeln, sondern auch schreien und schließlich verstummen läßt. Dieser Gott kann nicht wegreformiert werden, etwa um das Christentum ›menschenfreundlicher‹ zu machen, ›menschenfreundlicher‹ wiederum vor allem für unsere mitteleuropäische Bürgerlichkeit... Geht denn alles, was das Christentum heute so schwer lebbar macht und so wenig modernitätsverträglich, auf das Konto eines engstirnigen, reformunwilligen Kirchensystems, oder ist daran nicht auch das Evangelium, ist daran nicht auch Jesus selbst schuld?«

Kein Mitleid mit der Kirche

Wir neigen in unserem individualistischen Zeitalter dazu, den einzelnen in Schutz zu nehmen, zu entschulden, seine Missetaten irgendwie begütigend zu erklären. Denn mit ihm können wir uns identifizieren.

Mit der Kirche dagegen können sich wenige identifizieren,

und daher häufen sie alle Vorwürfe auf sie, gnadenlos und ohne Geduld. »Die Amtskirche« wird generell verantwortlich gemacht für alle Mißstände in ihrem Umkreis. Schon dem Pietismus unterlag jede Form und Institution dem Verdacht, nicht wirklich fromm zu sein; alles außer »frei« geübter Liebe und Frömmigkeit war von Grund auf verdächtig. Insofern haben wir es heute mit säkularisiertem Pietismus zu tun.

Das Ärgernis, das versagende Christen geben, ist besonders groß, weil das Christentum seiner Substanz nach wesentlich auf das Zeugnis angewiesen ist. Es spricht in der Tat gegen das Christentum, daß es unter dem Motto angetreten war, die Gerechtigkeit der Pharisäer (die schon beträchtlich war) noch zu überbieten, im Ergebnis aber die gottloseste und lascheste Religion aller Zeiten geworden ist, und dies in Verbindung mit der reichsten »Kirche«, die es je gab.

Warum ist dort, wo Gottes Herrschaft anerkannt wird, nicht nur genauso viel Böses wie andernorts auch, sondern weithin noch mehr als dort? Warum beginnt nicht wenigstens dort Ordnung? Macht es sich die Kirche oft nicht zu leicht, wenn sie fehlende Beweise ihrer Heiligkeit damit entschuldigt, daß sie sagt, es sei eben alles und jedes »unter dem Gegenteil verborgen«?

Wer aus der Bibel den Anspruch herauslesen wollte, in der Kirche seien »die besseren Menschen«, mißversteht sie gründlich. Und es ist eine Fiktion älterer Exegese, die ersten Christen hätten zunächst mit der völligen Sündlosigkeit aller Getauften gerechnet und erst im Laufe der Jahrzehnte zugeben müssen, daß weiter gesündigt wurde. Dieser Anspruch hat nie bestanden; schon die ältesten Dokumente der Christenheit setzen sich mit fortdauernden Sünden und Fehlern der Christen auseinander. Das ältere protestantische Geschichtsbild vom fortschreitenden Verfall der Kirche im Rahmen fortschreitender Verweltlichung (angesichts des Mythos von der »Parusieverzögerung«) hat hier den Betrachtern einen Streich gespielt, und es wurde auch zu einer wirklich gefährlichen Legende, weil es die Illusion nährte, daß man immer tiefer in den Dreck und damit immer weiter von den reinen Anfängen weg gelange.

Demgegenüber haben wir gerade in früheren Kapiteln dieses Buches gezeigt: Wer sich »bekehrt« hat und gläubig geworden ist, wird damit erst recht Versuchungen und, so war unsere Deutung, der Notwendigkeit ausgesetzt, im Glauben zu wachsen. Der Zustand der Kirche ist eine Versuchung im biblischen Sinn. Sie wird nur überwunden wie jede Versuchung: durch Gebet und indem man sich um so fester glaubend an Gott klammert. Das geht mit Individualismus nicht zusammen.

SCHLUSS

Was heute von Bedeutung ist

Verschiedene Gedankenstränge sind besonders für den heutigen Menschen von Bedeutung:
Wir haben festgestellt, daß die Bibel nicht nach dem Ursprung des Bösen, des Leids und der Sünde fragt, sondern nach der Art, wie Gott darauf reagiert, und nach dem Wozu dieser Größen. Gottes Schöpfung zeigt sich unter dieser Fragestellung von ihrer noch unvollendeten Seite. Denn Schöpfung heißt, daß Gott der Welt seine Ordnung aufprägt. Jesu Verkündigung des Reiches Gottes läßt sich genau hier einordnen.
Und wie wilde Monster in die Kapitelle romanischer Säulengänge hineingezwängt wurden, so werden auch die Chaosmächte auf diese oder jene Weise, jetzt oder dann in Gottes Bau einbezogen. Aber es ist ein verlustreicher, noch fortdauernder Kampf. Und es wäre nicht sinnvoll, ihn mit Formeln über Gottes »Allmacht« zu überspielen. Gott ist immer noch dabei, sein Reich kommen zu lassen, und der Beter ist daran beteiligt.

Ein zweiter Gedankenkreis betrifft den Abstand zu Hiob. Wie bei Hiob trifft den Menschen Leid in einem Drama, an dem auch Gott mitbeteiligt ist. Wie dort, so werden auch im Neuen Testament die Leiden und Katastrophen als Versuchungen oder Prüfungen dargestellt. Anders als bei Hiob kommt zu den Versuchungen jetzt der Tod hinzu, und entsprechend die Auferstehung als Gottes Antwort. Und das Neue Testament bleibt nicht dabei stehen, daß Gott, weil er der Herr und Schöpfer ist, aus seinem geheimen Ratschluß heraus eben geben und nehmen kann. Denn anders als bei Hiob gibt es jetzt das Allerschlimmste, gegenüber dem Leiden und Tod auf Erden wirklich weniger schrecklich sind: Es gibt die Möglichkeit, sich zu verfehlen, sich zu zerstören für hier und dort, für jetzt und dann, sichtbar und unsichtbar. Ob man das »seine Seele verlieren« oder »zweiten Tod«, Verlust des Selbst oder der Identität, Gottesferne oder Hölle nennt, ist ganz gleichgültig.

Damit diese Möglichkeit nicht Wirklichkeit wird, »schickt« Gott die Leiden als »Zeichen«. Sie sind nicht Erziehungsmittel, sondern werden, wie alles Irdische, zum Gleichnis.

Jesus Christus steht im Kreuzungspunkt dieser neutestamentlichen Linien. Er verkündet das Reich Gottes und kämpft damit gegen das Böse. Sein Leiden ist der extreme Skandal ungerechten Leidenmüssens. Seine Gottverlassenheit am Kreuz ist das größte vorstellbare Leiden. Er wird zum Urbild des versuchten Anhängers des Gottes Israels.

Daß er mit seinem stellvertretenden Leiden Hölle, Tod und Teufel prinzipiell entmachtet und vom Throne stößt, sichert ihm einen einmaligen Platz in der langen Geschichte der Durchsetzung von Gottes Lebensordnung.

Das Gerüst unseres Gedankengangs läßt sich so beschreiben:

In der Bibel gibt es keine Antwort auf das *Warum* des Leids, die Bibel sagt nur etwas über dessen *Wozu*.

Gott hat das Lebensfeindliche und Lieblose (das Böse) nicht gemacht, sondern findet es vor.

Gottes Schöpfung, die Ausbreitung seiner Herrschaft und die Sendung Jesu Christi haben nur das eine Ziel, eine lebensfreundliche Ordnung, Liebe und Gemeinschaft gegen die lebensfeindliche Wüste auszubreiten.

Gottes Schöpfung ist in diesem Sinne erst mit dem zweiten, dem eigentlichen Adam, Jesus Christus, vollendet.

Das Lebensfeindliche und Lieblose denkt die Bibel in Gestalt des Meerdrachens, der Urschlange, der Mächte und Gewalten. Das sind Bilder für Erfahrungen des Menschen. Zu ihnen gehört auch der Tod mit aller seiner Macht.
Grundsätzlich hat Gott mit seinem Schöpfungsvorhaben schon über diese Mächte gesiegt. Er ist der »Herr der Geister«. Durch Jesu Erhöhung hat er die Möglichkeit geschaffen, daß sich auch die Menschen vor diesen Mächten in Sicherheit bringen.

Auch wenn diese Mächte prinzipiell besiegt sind, sind sie doch nicht unwirksam. Das gilt zum Beispiel für den Tod. Gott »hat« mit seiner Schöpfung »recht«, aber er hat noch nicht »Recht bekommen«. Denn noch ist der Prozeß dieser Schöpfung nicht vollendet.
Warum das so lange dauert, das fällt wieder unter die unbeantwortbaren *Warum*-Fragen.

Die jüdische Auskunft, Gott müsse zuwarten, bis sich sechs-unddreißig Gerechte in der Welt gefunden hätten, hat ihre Weisheit in folgendem: Gott ist nicht einfach allmächtig, so daß er das Reich der Liebe beginnen lassen könnte, wann er will. Die Durchsetzung seiner Herrschaft ist abhängig davon, ob Menschen diese Herrschaft wollen.

Dennoch sind die Leiden, die fortbestehen, nicht jeweils Schuld des Betroffenen. So, wie Jesus keine Wunder wirken kann, wenn die Menschen nicht glauben (Markus 6,5f), kann auch Gott das Böse nicht enden lassen, solange seine Herrschaft sich nicht durchgesetzt hat. Das hängt nicht vom einzelnen ab, sondern vom Zustand der Welt.
In diesem Sinne treiben die andauernden Leiden die Menschen Gott in die Arme. Denn »Not lehrt beten«, und wenn man auch im äußersten Leiden, ja in der Stunde des Todes zu Gott schreien kann, zeigt es sich, daß man wirklich auf Gott setzt.
Die Leiden haben daher die Funktion eines Katalysators: Sie scheiden zwischen einem buchstäblich tragfähigen Verhältnis zur Wirklichkeit Gottes, genannt Glauben, und einem brüchigen und scheinhaften.

Jesus Christus zeigt durch die Art, in der er, obwohl sein Leiden extrem ungerecht ist, an Gott festhält und an ihn appelliert, daß er radikal an diesen Gott glaubt. Daher ist es für die frühen Christen seit seinem Tod über jeden Zweifel erhaben, daß er wirklich von Gott gesandt ist.

Christlich (und jüdisch-pharisäisch) ist der Ansatz: Die irdischen Leiden und der irdische Tod sind nur das Vorletzte. Sie zu erleiden kann daher zum Signal dafür, zur Warnung davor werden, nicht das Letzte, den Verlust des Selbst, der Seele, der Auferstehung zu riskieren. In diesem Sinne bekommen die Leiden auf Erden tatsächlich eine Funktion. Sie wecken und rütteln auf.

Die Art, in der Juden und Christen in Leid und Tod auf Gott setzen oder zu ihm finden, ist das Gebet, und zwar in allen seinen Formen, die von der Anklage bis zur demütigen Unterwerfung, vom Lobpreis bis zum Bekenntnis reichen.

Von Gottes »dunklen« oder »dämonischen« Seiten, von seinem unbegreiflichen Handeln in der Geschichte spricht man dann, wenn Gott negative Erfahrungen offensichtlich nicht verhindert oder wenn diese zum Signal werden, das dazu führt, sich Gott überhaupt oder intensiver zuzuwenden.

Das kann man leicht mißverstehen. Es geht dabei nicht um die Verkündigung des »bösen« statt des »lieben« Gottes, sondern nur um dies: Warnungen, Symptome, Signale nimmt man nicht gerne wahr. Sie schmerzen, oft sogar sehr. So wie einem Herzinfarkt warnende Schmerzen vorausgehen. Wir mögen diese Warnsignale nicht. Aber wenn sie recht haben? – Außer Leiden und Katastrophen haben auch alle Hinweise auf Gericht und Hölle diese warnende Funktion. Auch diese »mögen« viele Leute nicht und wollen sie Jesus lieber absprechen. Sie sind damit auf dem Holzweg.

Denn es ist wie bei einem Arzt, der auf Symptome aufmerksam macht. Natürlich kann man den Arzt wechseln und sich einen anderen »leisten«, der nicht so genau hinschaut und einen in Ruhe läßt. Aber ist der ehrliche und gründliche Arzt deswegen ein Tyrann, ist er lieblos, böse und grausam? Darf der Patient, dem man die Wahrheit sagt, es sich wirklich leisten, die Symptome zu überhören?

Gott ist wie ein guter, gründlicher Arzt, der sich nur einem verschrieben hat, dem Leben der Kranken. Dies will er unter allen Umständen. Nach allem, was wir erkennen können, will der Gott der Bibel Liebe und nicht die Hölle.

Aber weil der Mensch krank ist, muß er auf die Gefahren hingewiesen werden, die bestehen. Darf man mit Gerede über Liebe zudecken, daß es um wirkliche Gefahren geht?

Dieser Gott liebt unter allen Umständen, und gerade deshalb spricht er über die Gefahren, benennt er die Symptome, die gewiß nicht sein Werk sind, ordnet er Heilmittel an.

Die Leiden sind da, mit oder ohne Gott. Durch die Hinweise der biblischen Offenbarung werden diese Leiden als Symptome gedeutet. Und wo man Symptome erkannt hat, ist auch ein Weg zur Heilung leichter zu finden.

Der freudige Ausruf »Geheilt!« wäre im Sinne des Gottes der Bibel die letzte und schönste Bestätigung für sein Wirken als Arzt. Dann ist die Freude auf beiden Seiten, auf der Gottes und auf der des Menschen, und daher ist Freude überhaupt der letzte Sinn.

Die Hoffnung der Christen richtet sich nicht auf einen völlig leidfreien Zustand. Alle Hoffnungen auf »ewiges Leben« sind eine Frage nach der Liebe und Ausdruck der Erwartung, daß die Menschen auch durch den Tod nicht aus dem Bund herausfallen, den Gott mit ihnen geschlossen hat.

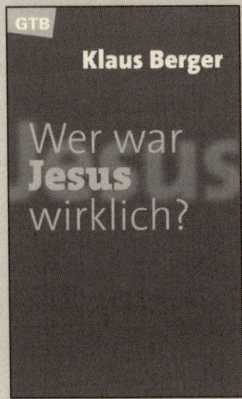

➡️ **Das Glaubensbuch für jedermann!**

➡ Harold Kushner

Harold Kushner

Wenn guten Menschen Böses widerfährt

Aus dem Amerikanischen übertragen von Ulla Galm-Friboes. Bearbeitet von Heinz Sponsel. 5. Auflage. 141 Seiten. Kt. [3-579-00965-6] GTB 965

Wie kann Gott es zulassen, daß Menschen, die an ihn glauben und ihr Leben an ihm ausrichten, von schweren Schicksalsschlägen getroffen werden? Harold Kushner, der dieses Buch aus Anlaß der Krankheit und des Todes seines Sohnes schrieb, will helfen, mit dem menschlichen Leid und der damit verbundenen Frage nach der Gerechtigkeit Gottes umzugehen.

Gütersloher Verlagshaus

Postfach 450 · 33311 Gütersloh
Tel. (052 41) 74 05-41 · Fax 74 05-48
Internet: http://www.guetersloher-vh.de
e-mail: info@guetersloher-vh.de